Bilder des Erwachens

TIBETISCHE KUNST
ALS INNERE ERFAHRUNG

Bilder des Erwachens

TIBETISCHE KUNST
ALS INNERE ERFAHRUNG

Jonathan Landaw und Andy Weber

DIAMANT VERLAG MÜNCHEN

Die Deutsche Bibliothek – CIP-Einheitsaufnahme

Landaw, Jonathan:
Bilder des Erwachens: tibetische Kunst als innere Erfahrung / Jonathan Landaw
und Andy Weber. [Übers.: Manfred Merker]. – 1. Aufl. – München: Diamant-
Verl., 1997
    Einheitssacht.: Images of enlightement <dt.>
    ISBN 3-9805798-1-6

Alle Rechte der deutschen Ausgabe beim Diamant Verlag München
ISBN 3-9805798-1-6
1.Auflage 1997

© des engl. Originals:
Jonathan Landaw und Andy Weber
Titel der Originalausgabe:
Images of Enlightenment, Tibetan Art in Practice
Erschienen bei:
Snow Lion Publications, Ithaca

Übersetzung: Manfred Merker
Lektorat: Cornelia Krause

Satz/Layout: type studio, Bozen
Druck, Buchbindung: Centro Arti Grafiche, Limena (Padova)

Inhaltsverzeichnis

Verzeichnis der Abbildungen 7
Einleitung 9

1 DER STIFTER UND SEINE LEHREN 23
   Shakyamuni Buddha 32
   Das Lebensrad 42
   Der Arhat Lam-chung 52
   Der Stupa der Erleuchtung 57

2 DER BODHISATTVA-WEG 62
   Prajnaparamita 67
   Avalokiteshvara 73
   Manjushri 81
   Vajrapani 86

3 DIE FÜNF BUDDHA-FAMILIEN 91
   Sambhogakaya-Aspekte
   der Buddhas der fünf Familien 94
   Amitabha 98

4 ERLEUCHTETES WIRKEN 103
   Grüne Tara 108
   Weiße Tara 115
   Ushnisha Vijaya 118
   Amitayus 122
   Der Medizin-Buddha 125
   Vaishravana 130

5 DER WEG VON GLÜCKSELIGKEIT
UND LEERHEIT   133
    Vajradhara   139
    Vajrasattva   144
    Guhyasamaja   148
    Yamantaka und Dharmaraja   153
    Heruka Chakrasamvara   163
    Vajrayogini   171
    Buddha Vajradharma   178
    Mahakala   180

6 EINE LEBENDIGE TRADITION   187
    Guru Rinpoche, Padmasambhava   194
    Atisha   200
    Sakya Pandita   206
    Marpa der Übersetzer und Jetsün Milarepa 211
    Je Tsong Khapa   218

7 MAITREYA, DER KÜNFTIGE BUDDHA   231

Nachwort des Künstlers   239
Liste der Eigennamen und Begriffe   245
Glossar   251
Anmerkungen   265
Bibliographie   395
Index   306

Verzeichnis der Abbildungen

VERZEICHNIS DER FARBTAFELN

Tafel 1 Shakyamuni Buddha
Tafel 2 Das Lebensrad
Tafel 3 Der Stupa der Erleuchtung
Tafel 4 Prajnaparamita
Tafel 5 Der vierarmige Avalokiteshvara
Tafel 6 Der tausendarmige Avalokiteshvara
Tafel 7 Manjushri
Tafel 8 Vajrapani
Tafel 9 Die Sambhogakaya-Aspekte der Buddhas
der fünf Familien
Tafel 10 Amitabha
Tafel 11 Die Grüne Tara
Tafel 12 Die Weiße Tara
Tafel 13 Amitayus
Tafel 14 Der Medizin-Buddha
Tafel 15 Vaishravana
Tafel 16 Vajradhara
Tafel 17 Vajrasattva
Tafel 18 Vajrasattva mit Gefährtin
Tafel 19 Guhyasamaja
Tafel 20 Yamantaka
Tafel 21 Dharmaraja
Tafel 22 Der zweiarmige Heruka Chakrasamvara
Tafel 23 Der zwölfarmige Heruka Chakrasamvara

Tafel 24 Vajrayogini
Tafel 25 Vajradharma
Tafel 26 Mahakala
Tafel 27 Guru Rinpoche, Padmasambhava
Tafel 28 Sakya Pandita
Tafel 29 Marpa der Übersetzer
Tafel 30 Jetsün Milarepa
Tafel 31 Je Tsong Khapa
Tafel 32 Maitreya

VERZEICHNIS DER ABBILDUNGEN

Abbildung 1 Raster für das Gesicht Shakyamuni Buddhas 33
Abbildung 2 Raster für den ungeschmückten Körper
              Shakyamuni Buddhas   35
Abbildung 3 Raster für den gewandeten Körper
              Shakyamuni Buddhas   37
Abbildung 4 Der Arhat Lam-chung   53
Abbildung 5 Die abstrakte Form eines Stupa und das
              entsprechende Buddha-Bild   59
Abbildung 6 Die tibetische Yogini Machig Labdrön   71
Abbildung 7 Nirmanakaya-Aspekte der Buddhas
              der fünf Familien   92
Abbildung 8 Ushnisha Vijaya   119
Abbildung 9 Atisha   201
Abbildung 10 Der Mahasiddha Tilopa   212
Abbildung 11 Je Tsong Khapa mit Gyaltsab Je (zur
              Rechten) und Khedrub Je (zur Linken)   225
Abbildung 12 Khedrub Jes Vision von Tsong Khapa   227
Abbildung 13 Die Augen des Stupa von Boudhanath   238

VERZEICHNIS DER ÜBERSICHTSTAFELN

Übersichtstafel 1 Die Attribute der fünf Buddha-Familien 93
Übersichtstafel 2 Transformation und die fünf Buddhas   95
Übersichtstafel 3 Symbolik der *Yab-yum*-Umarmung   142
Übersichtstafel 4 Guhyasamaja und die Buddha-Familien   149
Übersichtstafel 5 Die Phasen des Sterbeprozesses   160
Übersichtstafel 6 Entsprechungen zwischen Tod, Schlaf
                   und den drei Buddha-Körpern   162

Einleitung

ZUR ENTSTEHUNGSGESCHICHTE DIESES BUCHES

Die meisten der zweiunddreißig nach tibetischer Tradition gestalteten farbigen Gemälde oder *Thangkas* des vorliegenden Buches wurden 1983 von Hugh Clift, dem gegenwärtigen Leiter des Londoner Verlages *Tharpa Publications*, bei dem Künstler Andy Weber in Auftrag gegeben. Seit ihrer Vollendung hängen diese Gemälde im Meditationsraum des Manjushri-Instituts in Nordengland, wo sie von den vielen hundert Besuchern, die jedes Jahr in diesem buddhistischen Zentrum zu Gast sind, besichtigt werden können. Diese Besucher und viele andere, die auf Postkarten und Postern Reproduktionen dieser Gemälde [1] gesehen haben, fragen oft, wer die Gestalten auf diesen Thangkas sind und was sie darstellen. Obwohl in den vergangenen zwei Jahrzehnten viele Bücher über tibetische Kunst und Kultur geschrieben wurden, stellten wir fest, dass es nur sehr wenig Quellenmaterial gab, das einem ernsthaft Interessierten zu diesen Fragen eine zufriedenstellende Auskunft geben konnte. Vieles unter den verfügbaren Titeln setzte zum adäquaten Verständnis ein umfangreiches Vorwissen voraus, war zu unsystematisch, um nützlich zu sein, oder behandelte die tibetisch-buddhistischen Bildwerke wie leblose Artefakte einer untergegangenen Zivilisation. Äußerst selten fanden wir etwas, das den Funken der Inspiration überspringen ließ, den wir selber an dieser Kunst als so anziehend empfunden hatten, oder das zeigte, in welcher Weise diese Gestalten integraler Bestandteil einer beeindruckenden, noch sehr lebendigen spirituellen Tradition sind.[2]

Unserer Überzeugung nach besteht der einzige Weg, die Bilder dieser Kunst in einer mehr als nur oberflächlichen Weise zu verstehen, darin, mit dem Pfad spiritueller Selbsttransformation Bekanntschaft zu schließen, den sie sowohl illustrieren als auch ermöglichen sollen, nämlich dem *Vajrayana*. Obwohl Autor und Künstler diesen schwierigen Weg innerer Verwirklichung noch kaum betreten haben, hatten wir gleichwohl das höchst seltene Glück, von führenden Meistern aller vier großen Schulen des Tibetischen Buddhismus, Nyingma, Sakya, Kagyü und Gelug, Unterweisungen zu erhalten. Durch das Beispiel dieser inspirierenden Lehrer haben wir gesehen, dass dieser Weg, wenn er mit genügender Entschlossenheit und Ausdauer praktiziert wird, Wesen von unbestreitbarer Weisheit, mitfühlender Einsicht und Energie hervorbringt. Dieses Buch ist ein Versuch, einen kleinen Bruchteil der außerordentlichen Güte, die wir von diesen Meistern erfahren haben, zu vergelten, indem wir eine im Rahmen unserer Möglichkeiten möglichst genaue Darstellung des geistigen Weges geben, den sie uns offenbart haben, und indem wir somit diesen Weg und die mit ihm verbundene Kunst anderen zugänglicher machen.

Es liegt allerdings außerhalb der Möglichkeiten dieses Buches, einen umfassenden Überblick über die Lehren und die Kunst aller vier tibetischen Traditionen des Vajrayana-Buddhismus zu geben. Obwohl sie zahlreiche Überlieferungslinien gemeinsam haben und alle gleichermaßen in den Lehren Shakyamuni Buddhas wurzeln, besitzt jede Tradition ihre spezifische Art und Weise, den spirituellen Weg zu beschreiben und zu präsentieren. Außerdem besitzt jede Tradition ihren spezifischen Kanon von Bildern oder *Meditationsgottheiten*, die ihr besonders wichtig sind, und nicht alle, ja nicht einmal die Mehrzahl dieser Gottheiten könnten hier vorgestellt werden. Bei unserem Versuch, eine klare und kohärente Einführung in die ungeheuer reiche Gedanken- und Bildwelt des Vajrayana-Buddhismus zu geben, hielten wir es daher für angezeigt, uns auf diejenigen Gottheiten zu konzentrieren und im wesentlichen denjenigen Erklärungen zu folgen, die für die Tradition wesentlich sind, mit der wir selbst am ehesten vertraut sind. Dies ist die Gelugpa-Tradition von Je Tsong Khapa. Da sich diese Tradition als letzte der vier großen Schulen in Tibet entwickelt und demzufolge viele der Inhalte der ihr vorangegangenen in sich aufgenommen hat, lässt sich das hier präsentierte Material im wesentlichen auf die tibetisch-buddhistische Kunst als ganze beziehen. Jeder, der sich ausführlicher mit den übrigen tibetischen Traditionen beschäftigen will, sei auf die Anmerkungen und Literaturhinweise in Kapitel 6 verwiesen, das Kurzbiographien mehrerer der berühmtesten Meister dieser Traditionen enthält.

Anzumerken bleibt, dass wir bei aller Bemühung, dem Buchstaben und dem Geist der Unterweisungen, die wir erhalten haben, treu zu bleiben, nicht den Anspruch erheben können, im folgenden auch nur eine einzige Tradition des Vajrayana-Buddhismus gültig darzustellen. Wie deutlich werden wird, führt jedes Voranschreiten auf diesem Weg zur Entdeckung immer neuer Bedeutungsebenen; so lässt sich zum Beispiel die Symbolik jedes einzelnen Bildes in noch viel komplexerer Weise deuten, als wir es zur Zeit tun können. Zudem folgt die Anordnung der Bilder und der Erklärungen keinerlei traditonell tibetischem Vorbild [3]; die Abfolge ist ausschließlich von uns festgelegt und resultiert aus unseren Überlegungen, wie diese Einführung in die Kunst und den Übungsweg des Vajrayana ihrem Zweck am besten gerecht wird. Insofern tragen allein wir die Verantwortung für alle Unzulänglichkeiten, mit denen dieses Buch behaftet sein mag. Wir hoffen, dass die reinen Quellen unserer Inspiration und ebenso auch unsere Leserinnen und Leser mit diesen Unzulänglichkeiten Nachsicht haben werden und dass alle Fehler in der Darstellung der Fakten oder auf der Ebene der Interpretation möglichst bald berichtigt werden.

EINFÜHRUNG IN DAS VAJRAYANA

Jahrhundertelang blieben die spirituellen und künstlerischen Schätze des Vajrayana-Buddhismus verborgen, hermetisch abgeschottet hinter den nahezu unbezwinglichen Bergketten des Himalaya; mit der chinesischen Besetzung Tibets in den fünfziger

Jahren jedoch und den darauf folgenden Versuchen, diese alte Kultur und ihre eigenständige Identität auszulöschen, hat sich diese Situation grundlegend gewandelt. Ein Flüchtlingsstrom hat sich vom Dach der Welt herab in alle Richtungen ergossen und das vorher so wohl gehütete kostbare Erbe des Vajrayana mit sich getragen. In dem Maße, wie diese Flüchtlinge sich zunächst in den benachbarten Ländern Asiens – insbesondere in Indien, dem Land, in dem der Vajrayana-Buddhismus viele Jahrhunderte zuvor entstanden und gereift war – niederließen und sich dann in einer zeitgenössischen Diaspora um den ganzen Globus zerstreuten, kamen Tausende von Menschen auf der ganzen Welt mit Tibets einzigartiger, spirituell geprägter Kultur und den von ihr hervorgebrachten eindrucksvollen Kunstwerken in Berührung.

Das Interesse an allem Tibetischen wurde insbesondere verstärkt dadurch, dass Seine Heiligkeit der Vierzehnte Dalai Lama, der buddhistische Mönch Tenzin Gyatso, auf der Bühne der Weltöffentlichkeit in Erscheinung trat. Im Laufe der Zeit, die das weltliche und geistliche Oberhaupt des tibetischen Volkes außerhalb seines heimatlichen Schneelandes in seinem noch immer andauernden Exil verbringen musste, fand der Dalai Lama Anerkennung als einer der authentischsten und fähigsten geistigen Führer unserer Zeit, der Menschen aus allen Lebensbereichen durch seine Wärme, seine Weisheit und schlichte Menschlichkeit zu berühren versteht. Durch die Inspiration des Dalai Lama und die unverhältnismäßig große Anzahl spirituell hoch entwickelter Meister unter den Mitgliedern der tibetischen Exilgemeinden erhielten viele Menschen im Westen wie im Osten den Anstoß, sich ernsthaft mit dem Vajrayana-Buddhismus auseinanderzusetzen.

Doch was genau ist das Vajrayana? Während der Kommentar, der die folgenden Farbtafeln und Abbildungen begleitet, darauf abzielt, diese Frage im einzelnen zu beantworten, sind an dieser Stelle ein paar kurze Hinweise angebracht. *Vajrayana* ist ein Sanskrit-Ausdruck, der oft als *Diamant-Fahrzeug* übersetzt wird und den Gipfelpunkt in der Entwicklung jener Lehren bezeichnet, die vor 2500 Jahren in Indien durch Shakyamuni, den historischen Buddha (563-483 v.u.Z.), begründet wurden. *Vajra* bedeutet *unzerstörbar*, *diamanten* oder *diamanthart* und bezieht sich auf das unerschütterliche, diamantgleiche Gewahrsein der Wirklichkeit, das den völlig erwachten Zustand der Erleuchtung (skt. *bodhi*) kennzeichnet: das letztendliche Ziel des buddhistischen spirituellen Weges. *Yana* bedeutet *Fahrzeug* und bezieht sich auf die Mittel, durch die dieses letztendliche Ziel spirituellen Erwachens und Erfülltseins erreicht wird.[4]

Der Vajrayana-Buddhismus umfasst insofern das gesamte Spektrum der Lehren und Übungen, die qualifizierte und intensiv praktizierende geistig Suchende so rasch und so unmittelbar wie möglich zum vollen Erwachen führen können. Aufgrund der Kraft und der Geschwindigkeit dieses Weges heißt das Vajrayana auch *blitzschnelles Fahrzeug.*

Das Vajrayana zeichnet sich vor allem dadurch aus, dass hier alle Formen körperlicher, geistiger und emotionaler Energie – selbst die, die in anderen religiösen Systemen als nicht einsetzbar und zerstörerisch gelten – für den Weg des spirituellen Wachstums produktiv gemacht werden können. Kein Teil der menschlichen Erfahrung wird vom Vajrayana vernachlässigt oder geleugnet; vielmehr kann jeder Bestandteil unseres Wesens sich vermittels höchst wirkungsvoller Methoden auf gleichsam alchemistische Weise in spirituelles Gold verwandeln. Wir erhalten bereits einen Eindruck von der gewaltigen Bandbreite der vom Vajrayana benutzten Energien, wenn wir nur einen kurzen Blick auf die in diesem Buch abgedruckten Bilder werfen. Obwohl sie nur einen kleinen Bruchteil der Kunst des Vajrayana darstellen, umfassen sie so verschiedene und scheinbar gegensätzliche Bilder wie einen lächelnden, in Meditation versunkenen Buddha (Tafel 1) und ein zornvolles, dämonisch wirkendes, von Flammen umgebenes Wesen (Tafel 8); Göttinnen von zarter Schönheit (Tafeln 11 und 12) und ein tierköpfiges Geschöpf, das eine Vielzahl von Armen und Beinen aufweist (Tafel 20); die Gestalt eines Eremiten als Sinnbild asketischer Entsagung (Bild 4) und ein sich umarmendes Paar, das entfesselte Sexualität ausstrahlt (Tafel 22). Angesichts der zornvollen und erotischen Aspekte vieler dieser Bilder wird es verständlich, wieso manche frühen europäischen Besucher Tibets, die nicht fähig oder nicht willens waren, sich von ihren kulturellen Vorurteilen zu lösen, schockiert waren über das, was sie zu Gesicht bekamen, und deswegen das Vajrayana als eine entartete, degenerierte Form von Buddhas ursprünglich reinen Lehren charakterisierten.[5]

Tatsächlich geht das Vajrayana auf Buddha Shakyamuni selbst zurück; es steht zu seinen Unterweisungen über ethische Disziplin, Mitgefühl und einsichtsvolle Weisheit keineswegs in Widerspruch, sondern ist ein integraler Bestandteil des geistigen Weges, den er offenbart hat. Wie später noch ausführlicher dargelegt werden wird, verkündete Buddha seine Lehre einzig zu dem Zweck, andere in die Lage zu versetzen, sich aus ihrem selbstgeschaffenen Leiden zu lösen, ihre selbstauferlegten Grenzen zu überwinden, ihr höchstes Potential zu erfüllen und dann denjenigen, die sich noch in der Verstrickung befinden, dabei zu helfen, das Gleiche zu tun. Weil die Eignung, die Begabung und das Temperament seiner Schüler so unterschiedlich waren, behielt Buddha die machtvollsten Methoden der Selbsttransformation – diejenigen, die das gesamte Spektrum geistiger und körperlicher Energien für die spirituelle Entwicklung benutzen – denjenigen vor, die in der Lage waren, sie erfolgreich anzuwenden. Diesen Schülern trug er überdies auf, diese kraftvollen (und potentiell gefährlichen) Methoden vor denjenigen geheimzuhalten, die nicht imstande waren, sie richtig anzuwenden. Dies ist ein Grund, warum das Vajrayana auch *Fahrzeug des Geheimen Mantra* heißt; *Mantra* bezieht sich hier auf den höchsten Schutz, der dem Geist durch diesen tiefgründigen Weg gewährt wird [6], und *geheim* verweist auf das Gebot, diese äußerst wirkungsvollen Methoden gegenüber denen verborgen zu halten, die noch nicht von ihnen profitieren können.

Im Lauf der Zeit entwickelten und entfalteten sich in Indien verschiedene Vajrayana-Traditionslinien und wurden schließlich in den großen Klosteruniversitäten verbreitet, die gegen Ende des ersten Jahrtausends unserer Zeitrechnung in Nordindien blühten. An diesen Universitäten und andernorts wurden die Vajrayana-Traditionen von Gelehrten (Pandits) und vollendeten Meditationsmeistern (Mahasiddhas) studiert und praktiziert, und auf diese Weise wurden sie in kontinuierlicher Entwicklung jahrhundertelang weitergegeben. (Die Texte, in denen diese höheren Unterweisungen Buddhas, auf denen das esoterische Mahayana basiert, überliefert sind, werden *Tantras* genannt; insofern heißen die Vajrayana-Praktizierenden manchmal auch *Tantrikas* und das Fahrzeug, dem sie folgen, *Tantrayana*. In diesem Zusammenhang wird *Tantra* unterschieden von den *Sutra* genannten Lehrreden

Buddhas, auf denen die grundlegenden und allgemein zugänglichen Lehren des Buddhismus basieren.)

Bis zum dreizehnten Jahrhundert, als Invasorenheere die buddhistischen Klosteruniversitäten in Indien zerstörten und der Buddhismus aus seinem Ursprungsland so gut wie verschwand, waren diese Vajayana-Traditionen schon nach Tibet verpflanzt worden, wo sie bis in die fünfziger Jahre dieses Jahrhunderts praktiziert und weitergegeben wurden.[7] Durch die Unterdrückung der religiösen und politischen Freiheit in Tibet und die darauf folgenden Versuche der geflohenen Tibeter, ihre tödlich bedrohte Kultur im Exil am Leben zu erhalten, wurde das kostbare Vajrayana plötzlich für die gesamte Welt verfügbar, und die künstlerische Überlieferung, die für das Vajrayana so lebenswichtig ist, wurde einer größeren Öffentlichkeit zugänglich.

VISUALISIERUNG VON VAJRAYANA-BILDERN

Der Schlüssel zum Verständnis des Vajrayana im Allgemeinen und seiner Kunst im Besonderen liegt in der Übertragung von Wissen und Einsicht, die auf Shakyamuni Buddha zurückgehen und durch ununterbrochene Traditionslinien vollendeter Meister bis in unsere Zeit überliefert wurden. Von besonderem Interesse für uns hier ist die Art und Weise, in der die Bilder der Kunst des Vajrayana – insbesondere die der tibetischen Thangka-Malerei – eine zentrale Rolle bei der Übertragung dieses Wissens spielen. Wollen wir verstehen, wie diese Bilder im Vajrayana eingesetzt werden, um spirituelle Erkenntnisse zu übertragen, müssen wir jene grundlegende Meditationsmethode betrachten, die man *Visualisierung* nennt.

Visualisierung ist ein Prozess, bei dem wir mit positiven und förderlichen Bewusstseinszuständen in innige Berührung kommen, indem wir uns diese in Gestalt erleuchteter Wesen und anderer Bilder vor dem geistigen Auge sichtbar erscheinen lassen. Jedes visualisierte Bild funktioniert als Archetyp, der auf einer sehr subtilen Ebene unseres Wesens Reaktionen auslöst und dadurch den sensiblen Prozess der inneren Umwandlung unterstützt. Indem wir zum Beispiel ein Bild Avalokiteshvaras (Tafel 5) erzeugen, der Meditationsgottheit, die erleuchtetes Mitgefühl symbolisiert, und uns dann in schöpferischer Weise und mit unbeirrbarer, einsgerichteter Konzentration darauf ausrichten, regen wir das Wachstum unseres eigenen Mitgefühls an. Wir schaffen automatisch eine friedvolle innere Umgebung, in die die unzufriedenen, selbstbezogenen Gedanken des Ärgers und des Hasses nicht leicht eindringen können. Je mehr wir solche Visualisierungen – und die dazugehörigen Disziplinen oder *Yogas*, die unseren Körper, unsere Sprache und unseren Geist in entsprechender Weise trainieren – üben, desto tiefer ist ihre Wirkung. Schließlich kann unser Geist das visuell vermittelte Wesen seines Objekts in einem solchen Maß in sich aufnehmen, dass wir über unser gewöhnliches, beschränktes Verständnis unserer Ich-Identität hinausgelangen und tatsächlich zu Avalokiteshvara werden: Mitgefühl selbst, oder jedwede andere erleuchtete Qualität, auf die wir uns konzentriert haben.

Damit der Prozess der Visualisierung seine tiefste Wirkung entfaltet – nämlich den Vorgang der Selbsttransformation zu unterstützen -, genügt es keineswegs, ein bestimmtes Bild ab und zu anzuschauen. Vajrayana-Gemälde sind alles andere als dekorative Wandbehänge, die gelegentlich bewundert oder für einen flüchtigen Moment der Inspiration betrachtet werden wollen. Diese Bilder sollen vielmehr so internalisiert werden, dass wir auf dem tiefsten Grund unseres Wesens innig mit ihnen verschmelzen. Während wir anfangs vielleicht die Abbildung einer bestimmten Gottheit mit den Augen anschauen, findet echte Visualisation nur dann statt, wenn wir dieses Bild fest im Geist behalten können, ohne es zu vergessen. Auch sollen wir nicht ein zweidimensionales, starres Bildwerk von fixen Größenverhältnissen visualisieren, sondern vielmehr ein lebendiges, strahlendes Lichtwesen, das unendlich groß oder klein erscheinen kann, je nach der speziellen Meditation, die wir üben. Nur indem wir die Meditationsgottheit als wirklich lebendig, aber durchscheinend, strahlend und *leer von festgefügter Eigenexistenz*[8] erblicken, kann unser Geist – der selbst grenzenlos, klar und lichthaft ist – in der gewünschten Weise umgewandelt werden.

Vajrayana-Praktizierende vermögen die verschiedenen Meditationsgottheiten deswegen als lebendig wahrzunehmen, weil diese Gestalten Kräfte darstellen, die eine genuine, eigene Realität besitzen. Sie sind nicht lediglich willkürliche Schöpfungen eines begrenzten Geistes oder das Phantasieprodukt der Vorstellungskraft eines Künstlers. Jedes einzelne Bild verdankt seine Existenz dem völlig erleuchteten Geist, dem es ursprünglich entsprang, und transportiert die zeitlosen Eigenschaften eines solchen unbegrenzten Bewusstseins. Überdies ist es für ernsthaft Praktizierende nicht damit getan, zufällig irgendwo einem bestimmten Bild zu begegnen und es beiläufig zum Hauptgegenstand ihrer Meditation zu machen. Vielmehr wird die zu übende Gottheit dem Schüler im Kontext einer *Initiation* oder *Einweihungs*zeremonie (skt. *abisheka;* tib. *wang*) präsentiert, die von einem qualifizierten tantrischen Meister geleitet wird, zu dem der Schüler bereits ein Vertrauensverhältnis aufgebaut hat. Der Meister ist in den Methoden der jeweiligen Gottheit ausgebildet und kann daher dem Schüler alles das vermitteln, was er benötigt, um mit ihrer Essenz in Kontakt zu treten.

Während der Initiation und der anschließenden Übungen sieht der Schüler die Gottheit und den Meister als ununterscheidbar eins miteinander und mit der Überlieferungslinie der erleuchteten Meister, die bis Shakyamuni Buddha zurückreicht. Die Meditationsgottheit ist dabei kein statisches Abbild, sondern offenbart sich als die lebendige Verkörperung der erleuchteten Energie und Inspiration, die das gesamte innere und äußere Universum durchdringt. Die direkte, intuitive Erfahrung, dass der Geist des spirituellen Meisters, die visualisierte Meditationsgottheit und der eigene Geist des Praktizierenden eine unauflösliche Einheit bilden, ist das Zeichen für den Erfolg der Praxis. Wenn diese Erfahrung stabil ist, dann hat die gewünschte Verwandlung stattgefunden, und die vormaligen Schüler sind jetzt dazu befähigt, ihren Platz in der fortwährenden Abfolge vollendeter Meister einzunehmen und den Samen erleuchteter Inspiration an andere weiterzugeben.

Allem Vajrayana-Denken und -Üben liegt die Prämisse zugrunde, dass die eigentliche Natur des Geistes eines jeden Wesens rein und klar ist und dass die Hauptaufgabe auf dem geistigen Weg darin besteht, diese essentielle Reinheit oder *Buddha-Natur* zu entdecken und sich mit ihr zu identifizieren. Visualisierung und andere verwandte Übungen, bei denen Bilder von Meditationsgottheiten Verwendung finden, unterstützen diesen Prozess des Entdeckens und Sich-Identifizierens, weil diese Bilder die Erfahrung derer, die diese essentielle Reinheit bereits verwirklicht haben, auf diejenigen übertragen, die dies noch nicht getan haben. Die wichtigste Aufgabe eines vollendeten Meisters (skt. *guru;* tib. *lama*) besteht darin, uns die wahre Natur unseres eigenen Geistes zu offenbaren. Insofern liegt der Schlüssel zum Verständnis der Vajrayana-Kunst und zum Befolgen des Vajrayana-Weges in der Lehrer-Schüler-Beziehung; sie ist das eigentliche Fahrzeug der erleuchteten Inspiration.

Wir haben versucht, die lebendige, inspirierende Kraft der in diesem Buch präsentierten Bilder dadurch zu vermitteln, dass wir vor allem die Rolle herausarbeiten, die der jeweiligen Gottheit im Rahmen einer exemplarischen Darstellung des gesamten Vajrayana-Weges zukommt. Eingestreut in die Erläuterungen der symbolischen Bedeutungen eines jeden Bildes finden sich Legenden, Mythen und Anekdoten, die Vajrayana-Meister über die jeweilige Meditationsgottheit erzählen. Für diejenigen Leser, die sich über die hier berührten Themen ausführlicher unterrichten wollen, wurde der Text durchgehend mit Anmerkungen versehen, aus denen hervorgeht, woher diese zusätzliche Information zu beziehen ist. Im Anhang findet sich außerdem eine Liste weiterführender Literatur sowie ein Glossar tibetischer und Sanskrit-Eigennamen. Es sollte jedoch stets bedacht werden, dass die, die den vollen Nutzen aus der Vajrayana-Tradition ziehen wollen, sich nicht mit dem Inhalt von Büchern begnügen sollten. Sie sollten vielmehr versuchen, mit qualifizierten Vajrayana-Meistern in Kontakt zu treten und, geführt von deren Inspiration und gestützt auf deren Rat, den Pfad geistiger Entwicklung und Verwirklichung in die Praxis umsetzen, um dadurch anderen zu nützen.

GLIEDERUNG DES TEXTES

Die Bilder und ihre Erläuterung wurden in die folgenden sieben Kapitel unterteilt:

Eins: Der Stifter und seine Lehren. Als Einführung beginnt dieses Kapitel mit einer knappen Darstellung des Lebens und der grundlegenden Unterweisungen von Shakyamuni Buddha und mit einer einfachen Visualisationsübung. Es folgt eine Erklärung der *zwölf Glieder des bedingten Entstehens* – jenes Mechanismus, durch den Buddhas Erklärung zufolge gewöhnliche Wesen in Unwissenheit und Illusion gefangen bleiben und zu einem Leben der Frustration verurteilt sind. Die Befreiung aus dieser selbsterzeugten Gefangenschaft innerhalb des sogenannten *Lebensrades* findet sich dargestellt im Bild eines befreiten Wesens, eines *Arhat*, und das Kapitel schließt mit der Abbildung eines Stupa, eines Symbols des völlig erwachten Geistes.

Zwei: Der Bodhisattva-Weg. Das erste Kapitel behandelte den Weg der individuellen Befreiung vom eigenen Leiden. Im zweiten Kapitel wenden wir uns dann den Lehren zu, die den Weg des *Bodhisattva* darstellen, jenes mit vollkommenem Mitgefühl ausgestatteten Wesens, das nicht lediglich nach der eigenen Befreiung, sondern nach dem vollkommenen Erwachen der Buddhaschaft zum Nutzen der anderen strebt. Dieser Weg des *Mahayana* oder *Großen Fahrzeugs* wurzelt in jenen Lehren Buddhas, die als *Sutras von der Vollkommenheit der Weisheit* bekannt sind. Das erste Bild dieses Kapitels ist somit das der Großen Mutter Prajnaparamita, der Verkörperung jener tiefgründigen Lehren. Ihm folgen Darstellungen der drei Bodhisattvas – Avalokiteshvara, Manjushri und Vajrapani -, die die drei wesentlichen Attribute der vollkommenen Erleuchtung eines Buddha symbolisieren: grenzenloses Mitgefühl, grenzenlose Weisheit und grenzenlose wirkungsvolle Methoden.

Drei: Die fünf Buddha-Familien. Der im vollkommenen Erwachen gipfelnde Prozess der Selbsttransformation wird hier dargestellt anhand der fünf *Buddha-Familien* oder Buddha-Abstammungslinien. Diese fünf repräsentieren die Formen ursprünglichen Gewahrseins, in die sich unsere eingeschliffenen Muster der Unwissenheit verwandeln, wenn wir das vollkommene geistige Erwachen erreichen. Entsprechend unserem erklärten Interesse an dem visuellen Aspekt dieser Bildwelt wird hier besonders hervorgehoben, in welcher Art und Weise die Farbe in der Kunst des Vajrayana eingesetzt wird, um diese Transformation zu bewirken und sie symbolisch darzustellen. Dabei gehen wir ausführlicher ein auf das Oberhaupt einer dieser fünf Familien, Buddha Amitabha, und zwar durch die Darstellung der Übungen des *Reinen*

Landes, die mit dieser von vielen Buddhisten besonders verehrten Gestalt verbunden sind.

Vier: Erleuchtetes Wirken. Im Mittelpunkt dieses Kapitels steht die Art und Weise, wie ein nach Erleuchtung strebendes Wesen Mitgefühl, Weisheit und wirkungsvolle Methoden im Dienst an anderen einsetzt. Es beginnt mit zwei Formen der weiblichen Gottheit Tara, die dieses erleuchtete Tun verkörpert, und behandelt dann Ushnisha Vijaya, Amitayus, den Medizin-Buddha und Vaishravana – Gottheiten, deren jeweilige Praxis langes Leben, Gesundheit und Wohlstand verleiht.

Fünf: Der Weg von Glückseligkeit und Leerheit. Die Vajrayana-Methoden der Selbstransformation werden traditionellerweise in vier Stufen zunehmender Tiefgründigkeit und Wirksamkeit unterteilt, und das bisher Dargestellte bezieht sich zumeist auf die anfängliche, grundlegende Ebene tantrischer Praxis. In diesem Kapitel werden die Übungen der tiefgründigsten Stufe – des Höchsten Yoga-Tantra – dargestellt; dabei stehen einige der dieser Stufe zugeordneten persönlichen Meditationsgottheiten oder *Yidams* im Mittelpunkt: Vajradhara, Vajrasattva, Guhyasamaja, Yamantaka und der Schützer Dharmaraja, Chakrasamvara, Vajrayogini, Vajradharma und der Schützer Mahakala.

Sechs: Eine lebendige Tradition. Im gesamten Text haben wir uns bemüht, aufzuzeigen, wie sämtliche Übungen des Vajrayana auf der essentiellen Verbindung zwischen Lehrer und Schüler basieren. In diesem Kapitel geben wir einen Überblick über die verschiedenen Traditionen – Nyingma, Kadam (später: Gelug), Sakya und Kagyü -, durch die die wesentlichen Qualitäten dieser Beziehung seit der Einführung des Vajrayana-Buddhismus in Tibet tradiert worden sind. Dieser Überblick beinhaltet kurze Biographien von fünf der wichtigsten Meister dieser Traditionen, nämlich Guru Rinpoche, Atisha, Sakya Pandita, Marpa und Milarepa. Etwas ausführlicher, wenn auch immer noch sehr gerafft, wird die jüngste der großen Traditionen, nämlich die Schule der Gelugpa, anhand des Lebens ihres Begründers, Je Tsong Khapa, dargestellt.

Sieben: Der kommende Buddha. Um die Kontinuität der lebendigen Tradition hervorzuheben, schließt dieses Buch mit einem Bildnis Maitreyas, des Buddhas, der den spirituellen Weg in einem künftigen Zeitalter so darlegen soll, wie Buddha es in unserem getan hat.

EINE PERSÖNLICHE BEMERKUNG

Den Impuls zu der Entwicklung, die zur Entstehung des vorliegenden Buches führte, empfingen wir Mitte der siebziger Jahre im Kathmandu-Tal in Nepal. In der Nähe des weltberühmten Stupa von Boudhanath begegneten sich der Künstler und der Autor dieses Buches zum ersten Mal. Beide waren wir an diesen ehrwürdigen Platz gekommen, weil sich im nahegelegenen Kloster Kopan zwei außergewöhnliche Meister der tibetischen Tradition des Vajrayana-Buddhismus aufhielten: Lama Thubten Yeshe und sein Hauptschüler Lama Thubten Zopa Rinpoche. Diese Lamas sollten nicht nur auf uns, sondern auch auf eine ständig wachsende Anzahl von Schülern in der ganzen Welt einen tiefgreifenden Einfluss ausüben.

Vor unserer ersten Begegnung hatte der Künstler – Andy Weber – mehrere Jahre lang in dem kleinen Dorf um den großen Stupa gelebt, während der Autor zuerst im indischen Dalhousie und dann in Dharamsala, dem Exilsitz seiner Heiligkeit des Dalai Lama, studiert hatte. Seit den frühen sechziger Jahren hatten sowohl Nepal wie Indien den Zustrom einer großen Zahl tibetischer Flüchtlinge erlebt. Durch diese aus ihrer Heimat vertriebenen, aber gleichwohl unbeschwert heiteren Menschen kamen wir zum ersten Mal mit der befremdlichen, unbekannten Welt des Vajrayana-Buddhismus und ihren faszinierenden geistigen und künstlerischen Schätzen in Berührung. Jeder für sich trafen wir auf Geshe Ngawang Dhargye, einen namhaften Meditationsmeister, der später lange Jahre in Neuseeland lebte und unterrichtete, und unter seiner Leitung beschritten wir beide formell den buddhistischen Weg. Unsere Verbindung zueinander und zu den Vajrayana-Traditionen sollte sich vertiefen, als wir beide zufällig zu gleicher Zeit nach England zogen und im Manjushri-Institut zu studieren begannen. Dies war eines der vielen buddhistischen Zentren, die von Schülern gegründet wurden, die wie wir in Asien dem Vajrayana begegnet waren und nach ihrer Rückkehr in ihr jeweiliges Heimatland seine Lehren weiter praktizieren wollten.

Bilder des Erwachens

Während unseres Aufenthalts im Manjushri-Institut hatten wir beide oftmals Gelegenheit, von dem Gelehrten und Meditationsmeister Geshe Kelsang Gyatso Unterweisungen zu erhalten. Zudem hatten wir das Glück, mehrere seiner Kommentare zur buddhistischen Philosophie und Praxis für die Publikation illustrieren und redigieren zu dürfen. Auf Anregung von Hugh Clift, der die hier abgebildeten Gemälde ursprünglich in Auftrag gab, unternahmen wir es schließlich, diese Einführung in die sakrale Kunst Tibets – ein Gemeinschaftsprojekt von Autor und Künstler – zu verfassen, und damit auch den Versuch, die Essenz dessen erfahrbar zu machen, was uns auf unseren Reisen nach Indien und Nepal so bewegt und inspiriert hatte.

An dieser Stelle gebührt besondere Erwähnung unserem verehrten ersten und wichtigsten Lehrer, Lama Thubten Yeshe (1935-1984). Mehr als jeder andere war er es, der uns ermutigte, für uns selbst die lebendige Essenz des Vajrayana zu entdecken und sie dann durch Wort und Bild anderen mitzuteilen. Trotz unserer begrenzten Fähigkeiten drängte er uns, unser Wissen um den *Buddhadharma*, so gering es auch sei, einer breiteren Öffentlichkeit zugänglich zu machen. Seine feste Überzeugung, dass die reinen Lehren Buddha Shakyamunis anderen selbst dann von großem Nutzen sind, wenn sie von so unvollkommenen Menschen wie uns selbst übermittelt werden, ermöglichte uns bei unserer Arbeit genügend geliehenes Selbstvertrauen, um eine solche Aufgabe zu Ende zu bringen. Sollte also in diesem Buch etwas Wesentliches enthalten sein, so ist es der Güte unseres geliebten Lama Yeshe zu verdanken, dessen Andenken *Bilder des Erwachens* hiermit gewidmet sei.

Jonathan Landaw
Capitola, Kalifornien
6. November 1993
Lha Bab Duchen, Jahrestag der Herabkunft
Shakyamunis aus dem himmlischen Bereich,
nachdem er seine Mutter Abhidharma gelehrt
hatte.

1 Der Stifter und seine Lehren

Um die Bedeutung der in diesem Buch präsentierten Bilder zu verstehen, ist es notwendig, etwas über die Lehren des Buddhismus und den Stifter dieser Lehren, Shakyamuni Buddha (Tafel 1), zu erfahren. Einer traditionellen Auffassung zufolge erlangte Shakyamuni vor vielen Äonen, lange bevor er als historischer Buddha vor zweitausendfünfhundert Jahren auf diese irdische Ebene hinabstieg, bereits die Buddhaschaft. Die folgende knappe Darstellung seiner Lebensgeschichte folgt einer abweichenden Tradition, nach welcher er während unserer geschichtlichen Epoche Erleuchtung erlangte. [1]

Shakyamuni wurde im sechsten Jahrhundert v.u.Z. in Lumbini im heutigen Südnepal als Prinz und Thronerbe im nordindischen Geschlecht der Shakya geboren und erhielt den Namen Siddhartha. Sein Vater, König Shuddodana, setzte alles daran, seinen einzigen Sohn zum Thronfolger zu machen. Aus Furcht, Siddharta könne aufgrund seines empfindsamen Wesens stattdessen ein Leben als Wanderasket wählen, hielt er den Prinzen in eigens erbauten Vergnügungspalästen wie einen Gefangenen, abgeschirmt von allen harten Realitäten der Außenwelt.

Schließlich erhielt der neunundzwanzigjährige Siddhartha nach seiner Vermählung mit Prinzessin Yasodhara die Erlaubnis, die Hauptstadt Kapilavastu zu besichtigen – auf Befehl des Königs war zuvor alles, was möglicherweise Anlaß zu Irritation oder Verstörung hätte bieten können, beseitigt worden. Diese Vorsichtsmaßnahmen erwiesen sich jedoch als vergeblich, denn bei seinen ersten Ausflügen außerhalb der schützenden Mauern seiner Paläste traf der Prinz auf völlig unerwartete Bilder von Alter, Krankheit und Tod. Diese erschütternde Erfahrung rüttelte Siddhartha so auf, dass er bei einer darauf folgenden Begegnung mit einem umherziehenden Wahrheitssucher sofort den Drang verspürte, dem Leben als König völlig zu entsagen und nach einem Heilmittel für die Leiden zu suchen, deren er sich so plötzlich und so schmerzhaft bewusst geworden war.

Nachdem er aus dem Königreich seines Vaters geflohen war, übte sich Siddharta unter zwei führenden geistigen Lehrern seiner Zeit in Techniken tiefer meditativer Versenkung, in der Hoffnung, darin ein wirksames Gegenmittel gegen das Leiden der Welt zu finden. Bald hatte er diese Techniken so gründlich erlernt, dass seine Lehrer bereit waren, ihn als ihren geistigen Erben einzusetzen. Siddharta jedoch spürte, dass die Methoden, die er gemeistert hatte, trotz ihrer Wirksamkeit nicht ausreichten, um die tiefliegenden Gründe der Unzufriedenheit aus seinem Geist zu tilgen, und kam zu dem Schluss, einzig durch die Befolgung strengster Askese könne er die notwendige Selbstkontrolle erlangen, um das Leiden vollständig zu überwinden. Also machte er sich auf den Weg in das Königreich Magadha, in dem ein Wald lag, den Asketen seit alters her als Ort ihrer strengen Übungen benutzten.

Siddharthas Selbstkasteiung war so konsequent und inspirierend, dass sich ihm fünf andere Übende anschlossen, weil sie hofften, vom Resultat seines Strebens zu profitieren. Aber nach sechs Jahren härtester Askese, nach denen sein Körper fast nur noch ein Skelett war,[2] gelangte Siddhartha zu dem Schluss, dass dieser Weg der Selbstüberwindung fruchtlos und in Wahrheit sogar schädlich sei, da sein geschwächter körperlicher Zustand die Klarheit seines Geistes ernsthaft beeinträchtigte. Wenn er jemals sein ersehntes Ziel erreichen wollte, so erkannte er, dann würde er einen mittleren Weg einschlagen müssen, der sowohl das Extrem der Sinnenlust wie das der völligen Abtötung der Sinne vermied. Um seine Gesundheit wiederherzustellen, nahm er daraufhin den Milchreis an, den Sujata, die Frau eines Hirten aus der Umgebung, ihm darbrachte – was seine fünf Gefährten mit Verachtung erfüllte. Weil sie glaubten, er habe damit dem Leben der geistigen Suche abgeschworen, begaben sie sich zum Rehpark in Sarnath nahe der alten Stadt Benares, um ihre Praxis ohne ihn fortzusetzen. So blieb Siddhartha, gestärkt durch den Milchreis, in seiner Suche allein. Er fertigte sich ein Kissen aus Grasbüscheln, errichtete sich einen Sitz unter dem Baum, der später als Bodhi-Baum oder Baum der Erleuchtung berühmt werden sollte, und beschloss, dort so lange zu verweilen, bis er den Weg entdeckt haben würde, der zum Ende allen Leidens führt. Es war eine Vollmondnacht, und als er so in Versenkung unter dem Baum saß, wurde er von den Heerscharen Maras heimgesucht, jenen widrigen Kräften, die sich dem entgegenstellen, der sich von den Ursachen des Leidens reinigen will. In dem wild entschlossenen Versuch, Siddharthas Konzentration zu brechen, erzeugten die dämonischen Kräfte der Verblendung heftigste Stürme, erfüllten die Luft mit markerschütterndem Gebrüll und versuchten, ihm mit Bildern alptraumhaften Entsetzens Angst und Schrecken einzujagen. Aber während all dieser Attacken blieb der Versunkene ungestört, denn seine strahlende Aura liebender Güte machte die Kräfte des Hasses unschädlich und wirkungslos.[3]

Nachdem er auf diese Weise Siddharthas Konzentration nicht zu erschüttern vermochte, verfiel Mara auf ein anderes Mittel: er wollte die Aufmerksamkeit des Meditierenden ablenken, indem er Bilder erregendster Sinnlichkeit heraufbeschwor. Plötzlich war Siddhartha von der Erscheinung verlockendster Frauengestalten umgeben, aber auch diese vermochten seinen Geist nicht zu beirren noch seinen eisernen Entschluss zu brechen.

Die einzige Hoffnung, die Mara nun noch hatte, Siddhartha den Sieg zu entreißen, bestand darin, in seinem Geist den Samen des Zweifels zu säen. Er entließ seine Heerscharen, erschien in eigener Gestalt vor dem in Meditation Versunkenen und begann, ihn zu verspotten. Wie konnte jemand, der sein Leben zunächst in Sinnenlust und dann in fruchtloser Selbstkasteiung vergeudet hatte, jemals hoffen, das Ziel zu erreichen, um das so viele sehr viel würdigere Suchende sich vergeblich bemüht hatten? Wer war der Zeuge, der verbürgen würde, dass Siddhartha würdig sei, dort zu siegen, wo andere gescheitert waren? Ohne seine Konzentration zu verlassen, reagierte Siddhartha auf diese Herausforderungen, indem er seine rechte Hand ausstreckte und die Erde unter seinem Sitz berührte (siehe Tafel 1). Auf diese Weise rief er schweigend und vertrauensvoll die Erde selbst zum Zeugen an. Sogleich erschien die Erdgöttin Vasundhara und bekundete, dass der Meditierende in zahllosen vergangenen Leben die *Vollkommenheiten* der Freigebigkeit, ethischen Disziplin, Geduld, Bemühung, Sammlung und Weisheit praktiziert und sich so auf jenen Sieg vorbereitet hatte, den er in dieser Nacht erringen würde. Mara ward überwunden und verschwand, so dass Siddhartha seine innere Suche ungestört fortsetzen konnte.

Im Laufe dieser Nacht erreichte der Übende immer tiefere Ebenen der meditativen Versenkung.[4] Er durchschaute das bedingte Entstehen und Vergehen aller Phänomene und erkannte unmittelbar, dass es nirgendwo in diesem Universum ein Atom gibt, das auch nur den winzigsten Bruchteil inhärenter Existenz besitzt. Er sah ebenfalls, dass jegliches Leiden seine Wurzel in der Unwissenheit hat, die die abhängige Existenzweise aller Dinge nicht erfasst. In dem Maße, wie seine Weisheit immer durchdringender wurde, erreichte er immer umfassendere Zustände von Einsicht und Gewahrsein und beseitigte so immer subtilere Schichten der Verdunkelung, die die reine, klare Lichtnatur seines Geistes trübten. Nachdem er schließlich den letzten Schleier, der zwischen ihm und der Allwissenheit lag, überwunden hatte, erhob er sich im Morgengrauen des folgenden Tages als ein vollständig Erwachter, ein vollkommener, vollendeter Buddha.

In seinem fünfunddreissigsten Lebensjahr hatte sich Siddhartha also in Shakyamuni Buddha, den Vollkommen Erwachten Weisen (Muni) aus dem Geschlecht der Shakya verwandelt. Die folgenden sieben Wochen blieb er in der Nähe des Bodhi-Baums und genoss das grenzenlose, glückselige Bewusstsein, das nur ein vollkommen erwachtes Wesen erfährt. In dieser Zeit unterließ er es, andere zu belehren, und bekundete Zweifel, ob ein Mensch überhaupt genügend Kraft und Willensstärke aufbringen könne, um den Weg zur Erleuchtung zu gehen, so wie er selbst es getan hatte. Doch in Erfüllung einer Bitte, die die weltlichen Götter Indra und Brahma an ihn gerichtet hatten, ließ er der mitfühlenden Motivation, die ihn von Anfang an angetrieben hatte, freien Lauf und begann, anderen zu offenbaren, was er erfahren hatte. In der Erkenntnis, dass die fünf Asketen, die die sechs Jahre der Kasteiung mit ihm geteilt hatten, am geeignetsten waren, das aufzunehmen, was er zu lehren hatte, begab er sich in den Rehpark zu

Sarnath, wo er seine erste Lehrrede (Sutra) verkündete. Dieses Sutra bedeutete Shakyamunis erste Drehung des Rades des *Dharma*, der geistigen Wahrheit, die er entdeckt hatte. Darin erklärte er *die Vier Edlen Wahrheiten* vom Leiden, dem Ursprung des Leidens, seiner Beendigung und von dem Pfad, der zu dieser Beendigung führt. In all seinen folgenden Lehren sollten diese vier Wahrheiten eine zentrale Stellung einnehmen.[5]

In den verbleibenden fünfundvierzig Jahren seines Lebens entfaltete der Buddha seine spontane mitfühlende Aktivität einzig zu dem Zweck, das durch Unwissenheit geschaffene und selbstauferlegte Leiden der anderen zu lindern. Doch wie er selber darlegte, nimmt der Buddha das Leiden nicht in der Weise hinweg, in der jemand einem anderen etwa einen Dorn aus dem Fleisch zieht. Obwohl Shakyamuni eine ungeheuer inspirierende und charismatische Gestalt war, die eine zutiefst heilende Wirkung auf die ausübte, die ihm begegneten, bestand seine hauptsächliche Methode, anderen zu nützen, daher nicht im Einsatz seiner Wunderkräfte. Stattdessen widmete er sich hauptsächlich der Darlegung jener Lehren, die als Buddhadharma bekannt sind; und eine der hervorragendsten Qualitäten dieser Lehren bestand und besteht immer noch in ihrem spezifischen Zuschnitt auf die jeweilige Aufnahmefähigkeit und Lebenssituation des einzelnen. Den hoch Gebildeten erläuterte er zum Beispiel diffizile philosophische Argumentationsgänge, die die tiefstverwurzelten falschen Vorstellungen über die Wirklichkeit und die Natur der Existenz[6] aufzulösen vermochten. Ein andermal erzählte er einfachen, naiven Menschen Fabeln, die eine sittliche Wahrheit geschickt auf leicht verständliche Weise illustrierten.[7] Aber welchen Zugang auch immer er wählte, sein Ziel war stets dasselbe: anderen zu zeigen, wie sie sich durch ihre eigene Anstrengung aus zerstörischen und einschränkenden Denk- und Verhaltensmustern befreien und durch die Erfüllung ihres höchsten Potentials dauerhaftes Glück erreichen könnten.

Wenn es auch Shakyamunis Absicht war, den Weg zum vollkommenen Erwachen aufzuzeigen, so blieb die Entscheidung, diesem Pfad zu folgen, immer dem einzelnen überlassen. Überdies verwies Buddha mit Nachdruck darauf, dass geistige Entwicklung nicht darin besteht, seine Äußerungen passiv als wahr hinzunehmen; sie beinhaltet vielmehr eine aktive Erforschung der

Bilder des Erwachens

Dharmalehren mit dem Ziel, zu überprüfen, ob sie gültig, für die eigene Situation anwendbar und für das eigene Wachstum förderlich sind. Wenn sich die Lehren nach gründlicher Prüfung als verlässlich und hilfreich erweisen, dann kann man mit Zuversicht den Weg beschreiten und ernsthaft mit der geistigen Schulung beginnen. Das Tor zum buddhistischen Weg ist die formelle Entscheidung, sich den *Drei Juwelen der Zuflucht* anzuvertrauen. Diese sind der *Buddha*, der vollkommen erwachte Lehrer; der *Dharma*, die Lehren, die einen zum vollkommenen Erwachen führen; und der *Sangha*, die geistige Gemeinschaft, die diese Lehren in die Praxis umzusetzen versucht.

Aufgrund seines Mitgefühls und seiner Fähigkeit, das Leiden anderer zu lindern, spricht man von Shakyamuni oft als dem Großen Arzt. Seine Behandlung beginnt, wie die eines Arztes, mit der exakten Diagnose der Leiden, mit denen alle fühlenden Wesen geschlagen sind. Eine seine grundlegenden Einsichten besteht in der Erkenntnis, dass alle Erfahrungen von Glück und Leid ausnahmslos im Geist des einzelnen verwurzelt sind. Wie es im *Dhammapada*, einem der am häufigsten zitierten Sammlungen von Aussprüchen Buddhas, heißt:

> Wir sind, was wir denken...
> Sprich oder handle mit einem unreinen Geist,
> Und Leid wird dir folgen
> Wie das Rad dem Ochsen, der den Wagen zieht...
> Sprich und handle mit einem reinen Geist,
> Und Glück wird dir folgen
> Unbeirrbar wie dein Schatten.[8]

Wenn wir wirklich wünschen, Frustration zu überwinden, Glück zu erfahren und unser höchstes Potential zu erfüllen, dann reicht es nicht aus, die äußeren Umstände unseres Lebens zu verändern. Stattdessen müssen wir uns nach innen wenden und uns von den Unreinheiten reinigen, die gegenwärtig die ihrem Wesen nach reine Natur unseres Geistes trüben. Nur wenn wir unsere Gier, unseren Hass, unsere Eifersucht und andere Verblendungen von der Wurzel her beseitigen, können wir wahres, dauerhaftes Glück erfahren und das uns innewohnende Potential der Erleuchtung, die Buddha-Natur, entfalten. Weil diese verunreinigenden Verblendungen für unser gesamtes Leiden verantwortlich sind, müssen wir ein möglichst genaues Verständnis ihrer Funktionsweise erreichen: wie sie entstehen [9] und wie sie uns zwingen, uns gegen unseren Willen aus einer frustrierenden Situation in die nächste zu bewegen. Nur dann werden wir erfahren, wie wir diesen inneren Feinden am besten begegnen und sie schließlich für immer unschädlich machen können.

Eine genaue Beschreibung der Art und Weise, in der verblendete Bewusstseinszustände uns an ständig wiederkehrende Muster des Leidens und der Frustration – das heißt: an den Daseinskreislauf (Skt. *samsara*) – fesseln, enthalten Buddhas verschiedene Belehrungen zum Thema des *Bedingten Entstehens* (skt. *pratityasamutpada*). Diese tiefgründigen Lehren werden eindrucksvoll illustriert in der sehr verbreiteten Darstellung des Lebensrades (Tafel 2). Obwohl es uns auf den ersten Blick verwirrend und unserem Erleben fremd vorkommen mag, ist das Lebensrad eine genaue Spiegelung unserer inneren und äußeren Verhältnisse innerhalb des Daseinskreislaufs, und es ist genauso gültig für unsere gegenwärtige Situation wie damals vor zweieinhalbtausend Jahren, als es zum ersten Mal offenbart wurde. Solange Wesen unerleuchtet sind – solange ihr in seinem Wesen reines Buddha-Potential von Unwissenheit verhüllt ist –, werden sie sich immer und immer wieder in genau derselben Weise einkerkern, wie sie es seit jeher getan haben. Und solange sie sich ernsthaft bemühen, die Natur des Geistes zu verstehen, und wirksame Methoden anwenden, um die durch Unwissenheit erzeugten Verblendungen, die ihn trüben, restlos zu überwinden, werden sie immer und immer wieder Freiheit aus ihrem selbstgeschaffenen Kerker erlangen und sich vollständig aus diesem Kreislauf des Leidens befreien.

Buddha zeigte drei wechselseitig verbundene Schulungswege, durch die völlige Befreiung von Leiden und Frustration zu erlangen ist. Diese drei – die Schulungen in ethischer Disziplin, Sammlung und Weisheit [10] – werden oft am Beispiel eines Holzfällers erläutert. Damit die Axt des Holzfällers einen Baumstamm durchschlagen kann, muss nicht nur die Axt scharf genug sein, sondern der Holzfäller muss auch genau genug zielen, um immer wieder dieselbe Stelle zu treffen, und zudem stark genug sein, um einen wirksamen Schlag zu führen. In ähnlicher Weise muss jeder, der die Unwissenheit – die Wurzel der Verblendungen und die Quelle allen Leidens – durchdringen will, eine messerscharfe, durchdringende Weisheit entwickeln. Doch diese wird nutzlos sein, wenn die beruhigende Wirkung tiefer geistiger Konzentration fehlt, und schließlich wird es nicht möglich sein, Konzentration oder Weisheit zu entwickeln ohne die Kraft, die von ethischer Disziplin herrührt. Nur auf der Basis der adäquaten und gründlichen Übung aller *drei Schulungen* ist es daher möglich, die Unwissenheit zu überwinden, die Verblendungen zu besiegen und wahre *Befreiung* (skt. *nirvana*) zu erreichen. Jeder Mann oder jede Frau, die einen solch überragenden Sieg über die geistigen und emotionalen Plagen erlangt hat, gilt als ein Feindzerstörer (skt. *arhat*). Im Kreis von Shakyamunis Schülern gab es viele, die durch ihre eigene geistige Reife und ihre Ausdauer, in Verbindung mit der Inspiration durch Buddha und seine Lehren, in der Lage waren, Nirvana schnell zu erreichen. Ein Beispiel für einen dieser Schüler ist der Arhat Lam-chung (Bild 4).

In seinem achtzigsten Lebensjahr, nach einem Leben, das in Wort und persönlichem Beispiel der Unterweisung anderer gewidmet war, hielt Shakyamuni den Zeitpunkt für gekommen, seinen Schülern zu zeigen, wie man mit derselben Gelassenheit und klaren Bewusstheit stirbt, die er sie in ihrem Leben zu entwickeln gelehrt hatte. Auf einer Reise an die Stätte seiner Geburt hielt er Rast in Kushinagar. Dort gab er seinen Schülern seine letzte Belehrung:

> Nun, ihr Mönche, verkünde ich euch: alles Bedingte ist von Natur her dem Verfall unterworfen; übt euch unermüdlich. [11]

Dann legte er sich auf die rechte Seite, versenkte sich in immer tiefere Zustände meditativer Sammlung und ging ein in jenen Zustand, der *Parinirvana* oder endgültige Befreiung genannt wird.

So wie er es angeordnet hatte, wurde sein Körper verbrannt, die Überreste wurden als Reliquien aufbewahrt in monumentalen Bauwerken (skt. *stupa*), die in verschiedenen Königreichen Nordindiens errichtet wurden. Im Lauf der folgenden Jahrhunderte fanden Denkmäler wie der Erleuchtungsstupa (Tafel 3) und Bauwerke ähnlichen Typs – wie die ceylonesische *Dagoba*, die burmesische *Pagode* und der tibetische *Chörten* – in ganz Asien weite Verbreitung. Jedes einzelne verkörpert in seiner Architektur die wesentlichen Elemente des Weges zur vollständigen Befreiung und Erleuchtung, den Shakyamuni offenbart hat. Stupas werden in unserer Zeit in jenen Ländern erbaut, in die sich die Lehren Buddhas ausbreiten; für Millionen von Menschen veranschaulichen sie das Erwachen, das Buddha vor zweitausendfünfhundert Jahren unter dem Bodhi-Baum der Welt offenbart hat und das auch heute noch erreichbar ist.

Shakyamuni Buddha

Shakyamuni Buddha – der vierte der eintausend Gründer-Buddhas, die den Prophezeiungen zufolge im gegenwärtigen Weltzeitalter erscheinen – wird dargestellt, wie er auf einem juwelengeschmückten Podest sitzt, auf dem ein vielfarbener Lotos liegt, der wiederum Kissen der Sonne (von der nur der goldfarbene Rand sichtbar ist) und des Mondes als Unterlage dient. Acht Schneelöwen (zwei in jeder Ecke) als Symbole der Furchtlosigkeit tragen diesen speziellen Thron, zum Zeichen, dass jeder, der auf ihm sitzt, die Furchtlosigkeit [12] eines vollkommen erwachten Wesens besitzt. Lotos, Sonne und Mond versinnbildlichen die *drei Hauptaspekte* des Weges, der zur Erleuchtung eines Buddha führt: nämlich die *Entsagung* gegenüber den Leidensursachen, die *Weisheit*, die die Natur der Wirklichkeit völlig erfaßt, und die mitfühlende *altruistische Motivation*, anderen zu nützen. Da diese drei Symbole in der Kunst des Buddhismus immer wieder auftauchen, ist es hilfreich, sie jetzt näher zu erläutern.

Der Lotos wächst in schlammigen Tümpeln und Sümpfen, doch wenn er seine schön gefärbten Blätter über der Wasseroberfläche entfaltet, sind sie stets unbefleckt und makellos. Die Fähigkeit des Lotos, unter solchen unreinen Bedingungen zu gedeihen und zu blühen, ohne beschmutzt zu werden, macht ihn zu einem aussagekräftigen Sinnbild für die Art und Weise, wie ein geistig hoch entwickeltes Wesen aus der Welt hervorgeht, ohne von einer der Befleckungen des weltlichen Daseins beeinträchtigt zu werden.[13] Hier symbolisiert der Lotos die Entwicklung reiner Entsagung: den wagemutigen Entschluss, die Anhaftung an alles zu durchtrennen, was uns im Daseinskreislauf gefangenhält, so dass wir wahre Befreiung erfahren können. Der Buddha wird auf einem Lotos sitzend dargestellt, um zu zeigen, dass er nach der vollständigen Überwindung der Ursachen des Leidens unbefleckt ist durch die gewöhnlichen Sorgen um Gewinn und Verlust, Lob und Tadel, Freude und Leid, Ruhm und Schmach. Eine solche Darstellung des Buddha soll überdies den Betrachter dazu anhalten, einen Geist herauszubilden, der in ähnlicher Weise auf die vollkommene Befreiung aus weltlichen Fesseln ausgerichtet ist.

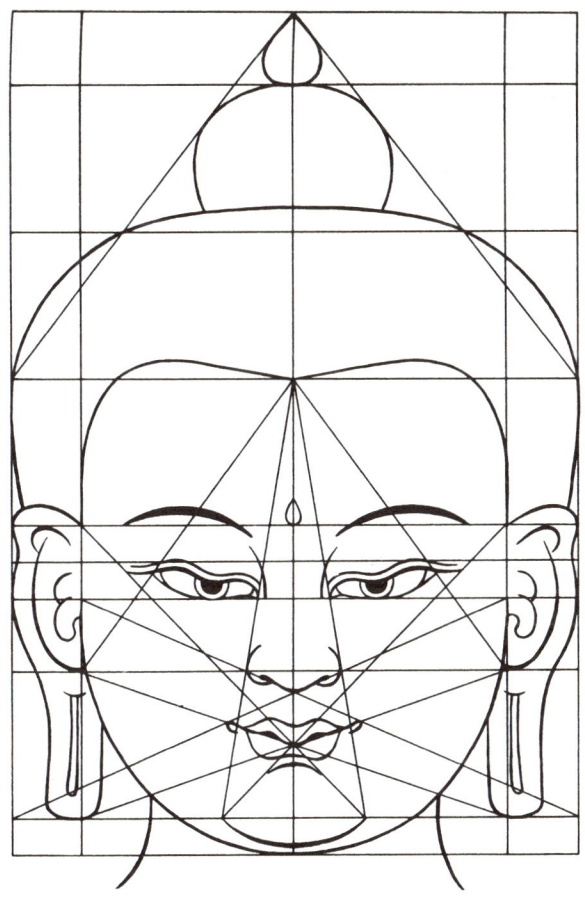

Abbildung 1: Raster für das Gesicht Shakyamuni Buddhas

Sonne und Mond versinnbildlichen allwissende Weisheit (skt. *prajna*) und mitfühlende *Methode* (skt. *upaya)*, die beiden unverzichtbaren Eigenschaften, die gemeinsam entwickelt werden müssen, wenn die Erleuchtung erreicht werden soll. Diese beiden erscheinen auch in der oberen rechten und linken Ecke aller Bilder dieser Folge. So wie die Sonnenstrahlen alle Finsternis vertreiben, so zerstört die Weisheit, die die tatsächliche Bestehensweise der Dinge erkennt, die Unwissenheit – die grundlegende Ursache allen Leidens -, wenn sie den Geist durchstrahlt. Und so wie der Mond ein kühles, besänftigendes Licht verbreitet, so befrieden die mitfühlenden Methoden, die zum Nutzen anderer angewandt werden, alles unerwünschte Leiden. Jeder, der nach der Erleuchtung eines Buddha strebt, muss eine solche Vereinigung von Weisheit und Methode entwickeln, denn Methode, so heißt es, ohne Weisheit ist blind, und Weisheit ohne Methode ist fruchtlos und leer.

Shakyamuni Buddha sitzt mit vollständig gekreuzten Beinen in der sogenannten *Vajra-Haltung*, zum Zeichen der Stärke und unerschütterlichen Kraft seiner Konzentration. Seine rechte Hand zeigt die Geste (skt. *mudra)* der Erdberührung, ein Symbol seines Sieges über alle Anfechtungen und der Niederlage Maras, während seine linke Hand – in der Mudra der tiefen meditativen Versenkung in die Natur der Wirklichkeit – in seinem Schoß ruht. In seiner linken Hand hält er eine Bettelschale – eines der wenigen persönlichen Besitztümer eines buddhistischen Mönchs -, die mit den drei Arten von Nektar, dem Nektar der Weisheit, dem Nektar des langen Lebens und dem Nektar der Freiheit von Krankheiten, gefüllt ist. Der Künstler hat die Schale mit Stücken einer mythischen Frucht verziert, der spirituelle und heilende Kraft zugesprochen wird.

Shakyamunis Körper ist von strahlender, goldener Farbe und weist noch weitere spezifische Merkmale auf wie die Scheitelerhebung (skt. *ushnisha*) und längliche Ohrläppchen, an denen der höchste *Ausstrahlungskörper* (skt. *nirmanakaya*) eines Buddha zu erkennen ist.[14] Er sitzt in den kreisförmigen Auren seiner eigenen strahlenden Weisheit und trägt das traditionelle Mönchsgewand. Sein Obergewand besteht aus Flickwerk, also aus vielen zusammengenähten Stofffetzen. Dies kennzeichnet die Sitte der Mönche, Kleidungsstücke zu tragen, die aus ausrangierten Stoffteilen

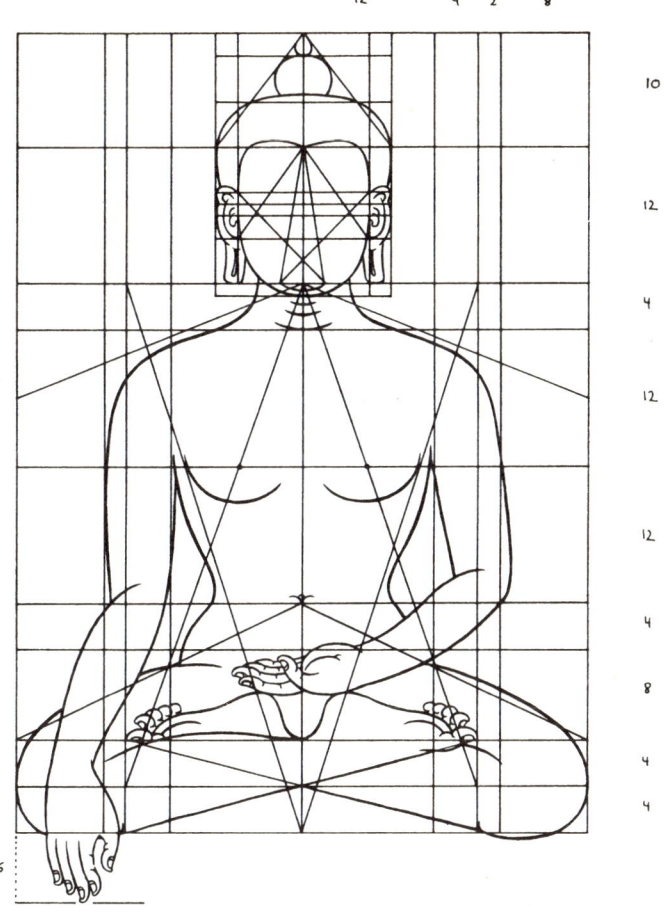

Abbildung 2: Raster für den ungeschmückten Körper
Shakyamuni Buddhas

gefertigt und dann mit den billigsten und am leichtesten verfügbaren Farbstoffen eingefärbt wurden; damit bekundeten sie ihre
Nichtanhaftung an weltliche Belange wie Status und Selbsterhöhung.

Wie die Kleidung aller in dieser Folge abgebildeten erleuchteten
Wesen liegt auch das Gewand Shakyamunis nicht unmittelbar auf
seiner Haut, sondern schwebt etwas über ihr und zeigt so etwas
von seiner andersfarbigen Innenseite. Dies verweist auf das große
Ausströmen weiser, mitfühlender Energie, die fortwährend vom
Herzen aller Buddhas ausgeht. Als König Bimbisara aus Magadha
einem Freund das erste von Buddha anzufertigende Bildnis
schenken wollte, so wird berichtet, fanden die beauftragten
Künstler Buddhas Ausstrahlung so überwältigend, dass sie ihn
nicht direkt anschauen konnten. Buddha begab sich daher an das
Ufer eines Sees, wo die Künstler die abgeschwächte Spiegelung
seines Bildes im Wasser abzeichnen konnten.[15] Bei dieser Wiedergabe maßen sie die Größenverhältnisse seiner Spiegelung in Fin-
gerbreiten. Diese Maße bildeten die Grundlage für alle zukünftigen Buddha-Darstellungen und wurden in Rastern (siehe Abbildung 1 bis 3) überliefert, die noch mehr als zweitausend Jahre
danach von Künstlern aller buddhistischen Traditionen verwendet werden.

Vor der sitzenden Gestalt von Shakyamuni Buddha hat der
Künstler eine Auswahl schöner Opfergaben für die verwandelten
Sinne des Erwachten plaziert. Diese Gaben bestehen aus einer
Blume (für den Geruchssinn), aus einem Saiteninstrument (für das
Gehör), einem Spiegel (für den Sehsinn), einer Auswahl verschiedener Speisen (für den Geschmackssinn) und einem Stück Stoff
(für den Tastsinn). Für gewöhnliche, unerleuchtete Wesen perpe-
tuiert das gierige Haften an solchen Sinnesobjekten das Verlangen, die Frustration und die Enttäuschung, die für das auf Unwissenheit gegründete Dasein so kennzeichnend sind. Doch für
jemanden, der alle weltliche Anhaftung überwunden hat, dienen
dieselben Gegenstände einzig dazu, die erleuchtete Erfahrung
glückseliger Weisheit zu fördern. Dass der Künstler diese anziehenden Gegenstände einbezog und solche Sorgfalt auf sie verwandte, zeigt Ehrfurcht, Dankbarkeit und Hingabe gegenüber
der dargestellten Gestalt, in diesem Fall dem mitfühlenden Grün-

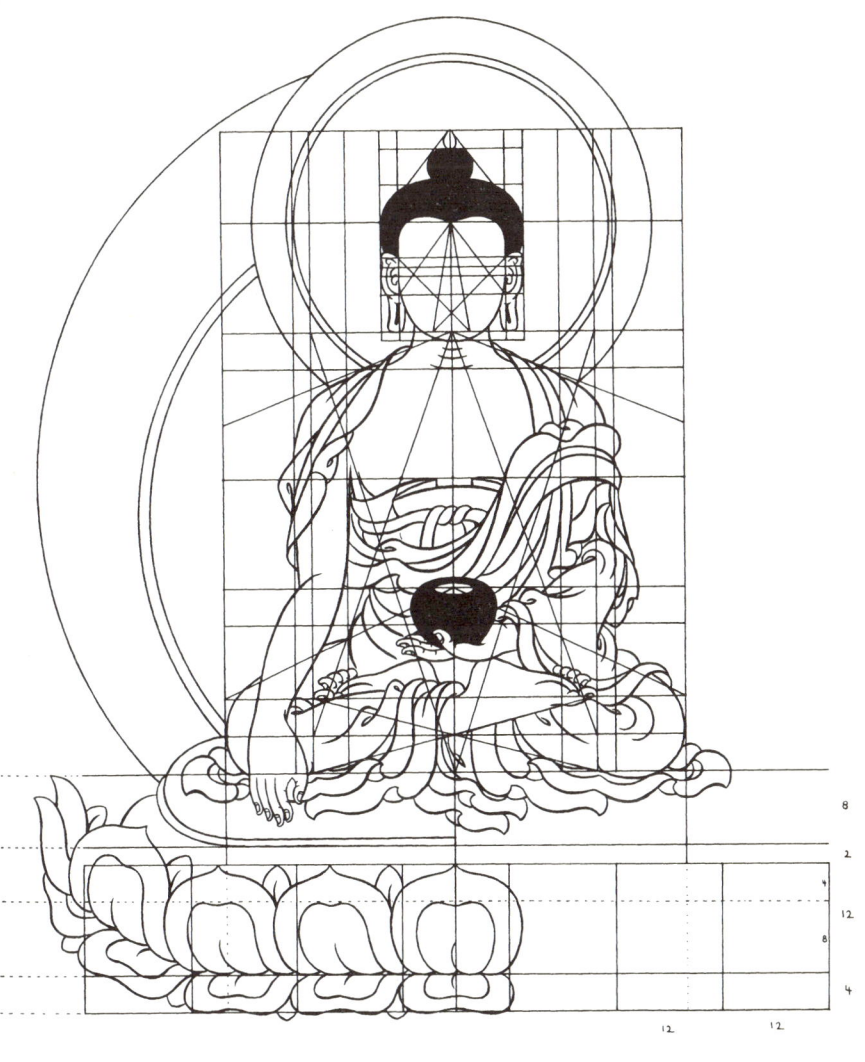

Abbildung 3: Raster für den gewandeten Körper Shakyamuni Buddhas

der Buddha, der für das gegenwärtige Weltzeitalter das Rad des Dharma gedreht hat.

Bei der Meditationsübung der Visualisierung wird ein Bild, das einen Aspekt der erleuchteten Erfahrung versinnbildlicht, vor das geistige Auge gestellt und durch die Kraft einsgerichteter Konzentration dort festgehalten. Sodann können wir, je nach der gewählten Praxis, zum Beispiel Lichtstrahlen visualisieren, die von der vorgestellten Gottheit ausgehen und andern und uns Wogen der Inspiration zuführen, oder wir können visualisieren, wie das Bild in uns verschmilzt und eins wird mit der tiefsten Ebene unseres Wesens. Um einen Begriff davon zu geben, wie eine solche schöpferische Visualisierung durchgeführt wird, folgt hier eine vereinfachte Meditationsanweisung für eine Praxis auf der Basis eines Bildes von Shakyamuni Buddha.[16]

Beginn der Visualisierung

Auf der Höhe deiner Stirn, ungefähr einen Meter vor dir, befindet sich ein großer goldener, mit Juwelen geschmückter Thron, der an jeder Ecke von einem Paar Schneelöwen getragen wird. Weder der Thron noch die Löwen noch sonst irgendein Teil der Visualisierung besitzt auch nur ein Atom kompakter, stofflicher Substanz. Stattdessen ist die gesamte Visualisierung lediglich eine aus Licht bestehende Spiegelung des Geistes – transparent, ungreifbar und strahlend.

Auf dem Thron befindet sich ein Sitz aus einem großen offenen Lotos und aus Kissen von Sonne und Mond, die jeweils Entsagung, Weisheit und Mitgefühl versinnbildlichen. Darauf sitzt dein eigener geistiger Lehrer in der Gestalt von Shakyamuni Buddha, die Verkörperung aller erleuchteten Wesen.

Sein Körper besteht aus goldenem Licht, und er trägt das safranfarbene Mönchsgewand, das seinen Leib jedoch nicht berührt, sondern etwas über ihm schwebt. Er sitzt in der Vajra-Haltung mit der rechten Hand in der Erdberührungsgeste zum Zeichen seiner großen Macht; seine linke Hand ruht in der Meditationsgeste in seinem Schoß und hält eine mit den drei Arten von Nektar gefüllte Bettelschale.

Buddhas Gesicht ist sehr schön. Sein lächelnder, mitfühlender Blick ist auf dich und zugleich auf sämtliche anderen Lebewesen gerichtet. Wecke in dir das Empfinden, dass dieses mitfühlende

Wesen frei ist von allen beurteilenden, wertenden Gedanken und dass es dich so akzeptiert, wie du bist. Seine Augen sind lang und schmal. Seine Lippen sind kirschrot und seine Ohrläppchen lang. Sein Haar ist blauschwarz, und jede Strähne lockt sich einzeln nach rechts. Jedes Merkmal seiner Erscheinung steht für ein Attribut seines allwissenden Geistes. Lichtstrahlen strömen aus jeder Pore von Buddhas reinem Körper und erreichen jeden Winkel des Universums. Diese Strahlen, die aus vielen kleinen Buddhas bestehen, strömen aus, bringen den Lebewesen Hilfe und lösen sich nach Verrichtung ihrer Aufgabe wieder in seinem Körper auf.

Reinigung

Spüre die lebendige Präsenz Buddhas, begreife ihn als eins mit deinem geistigen Lehrer und nimm von Herzen Zuflucht zu ihm, indem du dir seine hervorragenden Qualitäten und seine Bereitschaft und Fähigkeit, dir zu helfen, vergegenwärtigst. Bitte von Herzen, von all deiner negativen Energie, deinen falschen Vorstellungen und allen anderen Nöten und Begrenzungen frei zu werden und alle Verwirklichungen auf dem Weg zur Befreiung zu erlangen.

Spüre, dass deine Bitte erhört worden ist. Ein Strom von weißem reinigendem Licht, eins mit der Natur des erleuchteten Geistes, fließt aus Buddhas Herz und strömt durch deinen Scheitel in deinen Körper, wobei es die Finsternis deiner negativen Energie augenblicklich vertreibt. Rezitiere gleichzeitig Shakyamunis Mantra *OM MUNI MUNI MAHAMUNAYE SVAHA* und spüre, wie das weiße Licht die erleuchtete Energie des Mantras aus Buddhas Herz direkt in dein eigenes Herz überträgt. Fahre mit dieser Visualisierung und Mantrarezitation fort, bis dein Körper sich leicht und beseligt anfühlt, und konzentriere dich dann eine Weile auf dieses Gefühl.

Das Empfangen inspirierender Kraft

Dann visualisiere, wie ein Strom goldenen Lichts aus Buddhas Herz herabfließt und durch deinen Scheitel in deinen Körper strömt. Die Essenz dieses goldenen Lichtes ist Buddhas unbefleckte Weisheit. Rezitiere das Mantra wie zuvor. Dein Körper fühlt sich leicht und glückselig an; konzentriere dich wieder eine Weile auf dieses Gefühl.

Das Auflösen der Visualisierung

Jetzt visualisiere, dass die acht Schneelöwen sich in Licht auflösen und in den Thron verschmelzen, der Thron löst sich auf in den Lotos und der Lotos in Sonne und Mond. Diese verschmelzen wiederum in den Buddha, der sich jetzt über deinem Kopf befindet, sich in goldenes Licht auflöst und mit deinem Körper verschmilzt.

Deine gewöhnliche Vorstellung von dir selbst – als unwert und mit Fehlern behaftet – und all deine irreführenden Konzepte verschwinden vollständig. In diesem Augenblick wirst du eins mit Buddhas glückseligem, allwissendem Geist in dem Aspekt des allumfassenden, leeren Raumes.

Konzentriere dich so lange wie möglich auf dieses Erlebnis des Raumes, ohne dich von anderen Gedanken ablenken zu lassen.

Erneutes Hervorbringen

Dann stelle dir vor, dass aus diesem leeren Raum an dem Ort, an dem du sitzt, der von Löwen getragene Thron, der Lotos, die Sonne und der Mond und auf diesen dein eigener Geist in der Gestalt von Shakyamuni Buddha erscheinen. Alles ist aus Licht, genauso, wie du es zu Anfang visualisiert hattest. Spüre, dass du Buddha *bist*. Identifiziere dich mit seiner erleuchteten Energie, seinem Mitgefühl und seiner Kraft anstatt mit deinem gewöhnlichen begrenzten Selbstbild.

Anderen Nutzen bringen

Jetzt visualisiere, dass alle lebenden Wesen dich auf allen Seiten umgeben und die unermessliche Weite des Raumes ausfüllen. Bringe Liebe und Mitgefühl für sie hervor, indem du dich daran erinnerst, dass auch sie Glück und Freiheit von Leiden erreichen wollen.

Aus deinem Herzen strömen Lichtstrahlen und verbreiten sich in alle Richtungen. Während du das Mantra rezitierst, erreichen diese Strahlen die zahllosen Lebewesen, die dich umgeben, und erfüllen sie mit Inspiration und Kraft. Visualisiere, dass sie alle sich in Buddhas verwandeln und große, glückselige Weisheit erfahren.

Abschluss

Widme alle positive, verdienstvolle Energie und jedwede Einsicht, die du vielleicht hervorgebracht hast, deiner zukünftigen Erleuchtung zum Wohle aller Wesen.

Beim Üben einer derartige Visualisierung werden die Schüler aufgefordert, sich nicht darum zu sorgen, ob sich dieses Üben nicht ausschließlich in der Phantasie abspielt und ob sie dadurch vielleicht nicht einmal auch nur einer einzigen Person geholfen haben. Solche Meditationen bringen nach Aussage der Tradition »das künftige Ergebnis in den gegenwärtigen Weg« und dienen als wirksame Ursachen für unsere eigene letztendliche Erleuchtung, wenn wir einst fähig sind, das auszuführen, was wir uns jetzt lediglich vorstellen können. Durch diese Meditationen entwickeln wir tiefes Vertrauen in unsere eigene angeborene Vollkommenheit und beginnen, die begrenzenden Konzepte und verblendeten Gewohnheitsmuster abzulegen, die die Erfüllung dieses Potentials verhindern.

Das Lebensrad

Das als das Lebensrad (Tafel 2) bekannte Bild, das die verschiedenen Bereiche des Existenzkreislaufs und die sie bevölkernden Wesen darstellt, ist zunächst ein visuelles Hilfsmittel, anhand dessen wir ein klares Verständnis der Funktionsweise unseres Geistes erlangen können. Indem wir es intensiv betrachten und die durch es versinnbildlichten Lehren studieren, können wir erkennen, dass die Ursache all unseres unerwünschten Leidens in den Verblendungen wurzelt, welche die ihrem Wesen nach reine Natur unseres Geistes trüben. Dann erwacht in uns die Motivation, diese Verblendungen vollständig zu tilgen und uns dadurch aus Samsara zu befreien.

Seit den frühesten Tagen des Buddhismus haben solche visuellen Hilfsmittel bei der Vermittlung spiritueller Lehren an den einfachen Menschen eine wichtige Rolle gespielt, und auch jetzt noch werden sie zu diesem Zweck eingesetzt. Im heutigen Nepal zum Beispiel ist ein umherziehender Mönch, der auf seinem Weg von Dorf zu Dorf unter anderem ein eingerolltes Thangka mit der Abbildung des Lebensrades oder eines anderen Lehrinhalts mit sich führt, kein ungewöhnlicher Anblick. Sobald er in einem Dorf ankommt, wird er rasch zum Anziehungspunkt für die Bewohner, die gerne Neuigkeiten aus der Umgebung oder aus fernen Städten erfahren möchten. Dann entrollt er sein Thangka (wörtlich: »schriftliche Aufzeichnung«) und bietet sowohl Unterhaltung wie Belehrung, indem er seine Bedeutung erklärt, manchmal in gewöhnlicher Prosa und manchmal in eingängigen Versen oder Liedern. Wie dieses Beispiel deutlich macht, sind buddhistische Kunst und buddhistische Lehre immer Hand in Hand gereist, und die Ausbreitung der einen bedeutete auch immer die Ausbreitung der anderen.

Das Bild des Lebensrades soll folgendermaßen entstanden sein: Einer von Shakyamunis wichtigsten Gönnern, König Bimbisara von Magadha, hatte von einem Nachbarkönig ein kostbares Geschenk erhalten und war um das passende Gegengeschenk verlegen. Als Buddha von Bimbisaras Problem erfuhr, legte er dar, wie das Lebensrad zu zeichnen sei und sagte: »Gib dieses Bild deinem Freund, und er wird sicherlich zufrieden sein.« Bimbisaras

Freund war so reif für die geistige Unterweisung, und Buddhas inspirierende Kraft war so stark, dass er, kaum hatte er die Verse unter dem Bild gelesen, sogleich Entsagung und eine tiefe Einsicht in die wahre Natur der Dinge entwickelte. Als diese Illustration des Lebensrades und die darin versinnbildlichten Lehren in seinem Reich weithin bekannt wurden, zogen auch die, die sich in sie vertieften, großen Nutzen daraus.

Wenn wir den Mittelpunkt des Rades betrachten, finden wir drei Tiere, welche die drei Wurzelverblendungen oder geistigen Gifte darstellen, die für alles Leiden und alle Frustration verantwortlich sind: ein Schwein als Bild der Unwissenheit, eine Taube[18] als Bild der gierigen Anhaftung und eine Schlange als Bild des Zorns. In dieser Darstellung kommen die Taube und die Schlange aus dem Mund des Schweines, zum Zeichen, dass die zerstörerischen Plagen der gierigen Anhaftung und des furchterregenden Zorns beide aus der grundlegenden Unwissenheit über die tatsächliche Bestehensweise der Phänomene herrühren. In anderen Darstellungen bilden die drei Tiere einen Ring, was die wechselseitige Abhängigkeit aller drei Verblendungen verdeutlicht.

Der größte Teil des Rades ist in sechs Abschnitte eingeteilt, die das Erleben derjenigen versinnbildlichen, die unter dem übermächtigen Einfluss der grundlegenden Unwissenheit entweder als Götter, Halbgötter, Menschen, Tiere, Hungergeister oder Höllenwesen geboren werden. Diese Bereiche werden nicht durch einen Schöpfergott geschaffen, sondern durch das Heranreifen der zuvor durch unsere heilsamen oder unheilsamen Handlungen (skt. *karma*) erzeugten Eindrücke. Da geistige Absichten sämtlichen Handlungen von Körper, Sprache und Geist vorausgehen, sind diese *sechs Bereiche* allesamt Schöpfungen unseres eigenen Geistes. Diese sechs Daseinsbereiche lassen sich auch als Bewusstseinszustände auffassen, die wir durchaus auch jetzt als Bewohner des menschlichen Bereichs erfahren können, zum Beispiel in der Begegnung mit extremen Schmerz- oder Lustempfindungen.

Zuunterst in dem Rad liegt der *Höllenbereich* (skt. *narak*) des heftigen Leidens. Über ihn herrscht Yama, der Herr des Todes, der in seiner rechten Hand einen Stock hält, den er als Zeigestock benutzt, und in seiner linken einen Spiegel. Vor ihm kniet ein frisch Verstorbener – in dem man sich selber erblicken soll -, und die verschiedenen heilsamen und unheilsamen Taten des gerade zu

Ende gegangenen Lebens werden in Yamas Spiegel reflektiert und auf der Waage des vor ihm stehenden Dämons gewogen. Wenn die unheilsamen Handlungen die heilsamen überwiegen, wird das unglückliche Wesen abgeführt, um die Hitze, die Kälte, die Einkerkerung, den peinigenden Schmerz und andere spezifische Martern dieses qualvollen Daseinsbereiches zu erdulden.

Wir sollten uns stets bewusst sein, dass trotz dieser grellen und dramatischen Bildlichkeit die schmerzhaften Erfahrungen dieses und der anderen Daseinsbereiche keine von außen verhängten Strafen sind. Und diese Bereiche sollten auch nicht als vorab existierende Verliese aufgefasst werden, in die das leidende Wesen durch eine äußere Macht verbannt wird. Wie der große indische Meister Shantideva schrieb:

> Wer schuf willentlich
> all die Waffen für die Wesen in der Hölle?
> Wer schuf den versengenden Eisenboden?
> ... Der Buddha hat gesagt, dass all dies
> das Resultat eines unheilsamen Geistes ist;
> Darum brauche ich in den drei Bereichen der Welt
> nichts anderes zu fürchten als meinen Geist.[19]

Die wesentlichen Ursachen für das Erleben von Qualen wie derjenigen der Höllen sind die giftigen Verblendungen unseres eigenen ungezähmten Geistes in Form von entfesseltem Zorn und von äußerst unheilsamen Taten (wie zum Beispiel Mord), die wir unter dem Einfluss einer derart massiven Verblendung begehen. Selbst im menschlichen Bereich können wir ein gewisses Maß dieses Höllenleidens erfahren, wenn wir vor Zorn kochen oder uns im Gefängnis paranoiden Wahns bewegen.

Links vom Höllenbereich ist der Bereich der Hungergeister (skt. *preta*) abgebildet. Die Hauptverblendung, die zu einer Geburt dort und zum Erleiden der dort dargestellten Qualen führt, ist der Geiz. Als Resultat negativer Handlungen, die dieser Verblendung entspringen, leiden Pretas hauptsächlich an unstillbarem Hunger und Durst. Sie werden dargestellt mit dünnen, oft überdies noch verknoteten Hälsen und großen, hohlen Bäuchen. Zudem erfahren sie viele andere Erschwernisse bei ihrer Suche nach Speise und Trank. Selbst wenn es ihnen gelingen sollte, etwas

Essbares zu finden, werden sie zum Beispiel durch furchtein-
flößende Dämonen, der Projektion ihrer eigenen Negativität,
darin gehindert, darauf zuzugehen. Und selbst wenn sie es schaffen, etwas Nahrung durch ihre dürren Hälse hindurch in ihren
Magen zu zwängen, wird diese oft zur Säure und bringt ihnen
nichts als Schmerz.

Rechts vom Höllenbereich befindet sich der Bereich der *Tiere*.
Die Hauptursache für die Wiedergeburt in diesem Bereich besteht
darin, sich sklavisch und töricht vom eigenen sinnlichen Verlangen leiten zu lassen, und obwohl die Erfahrungen in diesem
Bereich äußerst unterschiedlich ausfallen, leiden die Tiere allgemein unter geistiger Beschränktheit. Zudem werden sie von anderen Tieren als Beute verfolgt und gefressen, von Menschen gejagt
und zu schwerer Arbeit eingesetzt, müssen Hitze und Kälte ertragen und werden ständig von Hunger und Durst gequält. Vielleicht
wissen wir von Menschen, deren Lebensumstände von solchem
Elend zeugen, dass sie keine menschliche Existenz mehr zu
führen, sondern auf die Stufe des Tieres herabgesunken zu sein
scheinen.

In der oberen Hälfte des Rades figurieren die drei höheren
Bereiche des Daseinskreislaufs, die deswegen 'höher' genannt
werden, weil sie im Vergleich zu den drei niederen Bereichen
weniger offensichtliches Leiden beherbergen. Doch auch in diesen höheren Bereichen erfährt man große Unzufriedenheit und
Frustration. Oben und rechts befinden sich die aufeinander bezogenen Bereiche der *Götter* (skt. *deva*) und *Halbgötter* (skt. *asura*),
die manchmal zu einem einzigen Bereich zusammengefasst werden. Weil sie vormals genügend heilsame Handlungen vollbracht
haben, erfreuen sich die Wesen im Bereich der Halbgötter einer
äußerst angenehmen Umgebung, der Gesellschaft schöner
Gefährten und Gefährtinnen und intensiver sinnlicher Genüsse.
Doch empfinden die Asuras so brennende Eifersucht gegen die
noch über sie gestellten Götter, dass sie (wie im Lebensrad dargestellt), anstatt das ihnen Gegebene zu genießen, mit diesen in stän-
digem Krieg liegen.

Bei den Devas befinden sich einige im Abwehrkampf gegen die
Angriffe der weniger begünstigten Asuras, während andere fortwährend in sinnlichen Genüssen schwelgen. Wieder andere, in
noch höheren Stufen, verbringen ihr gesamtes – äußerst langes –

45

Bilder des Erwachens

Leben in einem schlafartigen Zustand meditativer Versenkung und erfahren darin weder Lust noch Schmerz, sondern völlige geistige Leere. Devas verkennen ihre Erfahrung leicht als wahre Befreiung vom Leiden, aber da sie die grundlegende Verblendung der Unwissenheit in ihrem Geist noch nicht getilgt haben, sind sie keineswegs befreit. Irgendwann, und das gilt für alle Bereiche, sind die Ursachen für ein Dasein in ihrem Bereich erschöpft. Weil ihr Vorrat an heilsamer Energie aufgebraucht ist, müssen selbst die langlebigsten Devas dem Tod, und was noch schlimmer ist, dem unvermeidlichen Abstieg in einen der niederen Bereiche entgegengehen. Es heißt, die geistige Qual eines einst glücklichen Deva, der diesen Abstieg vorhersieht, sei eine noch größere Marter als die körperlichen Qualen des unglücklichsten Höllenwesens.

Schließlich liegt links von den Devas der uns vertraute Bereich der *Menschen*. Das Leben in ihm ist, wie Prinz Siddhartha so schmerzlich erkannte, erfüllt von den Leiden von Geburt, Krankheit, Alter und Tod sowie von Unsicherheit, Unzufriedenheit, Frustration, Langeweile und dergleichen. Überdies sind die hier erreichbaren Glücksgefühle sehr flüchtig und können sich schnell in eine Last verkehren, so wie Völlerei zu Bauchgrimmen führt. Trotz ihrer Wünsche, Glück zu erleben und Unglück zu vermeiden, werden die Menschen von ihrer Unwissenheit ständig in die Irre geführt und treffen immer und immer wieder auf unerwünschte Leiden.

Als Gelegenheit zu spirituellem Wachstum aber gilt der menschliche Bereich als der günstigste von allen. Denn Menschen genießen im Allgemeinen ein Maß an Freiheit, das weder die völlig von Schmerz überwältigten Wesen der niederen Bereiche noch die von Genuss betäubten Götter besitzen. Angetrieben von dem Leiden und dem Gefühl der Vergeblichkeit, das sie tatsächlich erleben, und mit einem gewissen Maß an Unterscheidungsvermögen ausgestattet, sind Menschen in einer besonders guten Position, etwas Sinnvolles mit ihrem Leben zu beginnen. Inbesondere können sie lernen, die ethische Selbstkontrolle, die Konzentration und die einsichtsvolle Weisheit zu entwickeln, die nötig sind, um die Leidensursachen zu tilgen und Freiheit von der ständig wiederkehrenden Geburt in den Bereichen des Daseinskreislaufs zu erlangen.

Keine der Erfahrungen in einem dieser sechs Bereiche von Samsara ist beständig oder ewig; unsere Situation ist völlig abhängig von sich wandelnden Ursachen und Bedingungen. Psychologisch gesprochen können wir binnen weniger Augenblicke aus der gehetzten Geistesverfassung eines Preta erhoben werden zu dem glückseligen Zustand eines Deva und von dort hinabstürzen in eine Hölle voller Qualen. Und gleich in welchem Bereich des Daseinskreislaufs wir uns gegenwärtig aufhalten – früher oder später wird unsere Zeit darin zu Ende gehen. Der Daseinskreislauf ist von Vergänglichkeit geprägt, und dies wird versinnbildlicht durch den furchterregenden Herrn des Todes, der das gesamte Lebensrad zwischen seinen Reißzähnen und Klauen hält.

Wie Shakyamuni gelehrt hat, ist der Tod nicht die endgültige Auslöschung oder Vernichtung, für die manche Menschen ihn irrigerweise halten. Vielmehr stellt er lediglich den Übergang von einem Leben zum nächsten dar. Der Geist ist ein anfangsloses Kontinuum, das sich von einem Leben zum nächsten und von einem Körper zum andern fortbewegt, so wie ein Reisender eine Herberge nach der andern aufsucht. Und so wie wir uns innerhalb eines Lebens auf- und abwärts bewegen und dabei je nach den Umständen abwechselnd Freude und Schmerz erleben, so bewegen wir uns auch von einem Leben zum andern auf- und abwärts, abhängig von dem Heranreifen der Eindrücke, die die von uns begangenen positiven und negativen Handlungen in unserem Geist hinterlassen haben.

Zwischen dem Ende eines Lebens und dem Beginn des nächsten liegt der *Zwischenzustand* (tib. *bardo),* der dargestellt wird durch den zur einen Hälfte schwarzen und zur andern Hälfte weißen Kreis zwischen der Nabe der Verblendungen und dem Teil der Kreisfläche, der die sechs Bereiche von Samsara abbildet. Der Bardo-Zustand ist wie ein Traum zwischen dem Schlaf des Todes und dem Wiedererwachen der nächsten Geburt, und auf diesem Gemälde sind sechs Bardo-Wesen in den Gestalten dargestellt, die sie annehmen werden, wenn sie in den Bereichen ihrer nächsten Wiedergeburt »aufwachen«.[21]

Auf der linken Seite sind jeweils ein künftiger Mensch, Asura und Deva dargestellt, wie sie sich hinauf in die höheren Bereiche bewegen, während rechts jeweils ein künftiges Tier-, Preta- und Höllenwesen in die niederen Bereiche hinabsteigt.

Der exakte Mechanismus, durch den die Wesen infolge ihrer Unwissenheit gezwungen sind, sich von einem Bereich zum andern hin und her zu bewegen, wird im äußeren Ring des Lebensrades dargestellt. Dieser äußere Ring ist in zwölf Abschnitte unterteilt, und jeder einzelne entspricht einem Glied in der Kette des bedingten Entstehens. Beginnend mit dem obersten Glied rechts sind diese zwölf und ihre sinnbildliche Darstellung:

1. *Unwissenheit:* eine alte, blinde Person
2. *Gestaltende Taten:* ein Töpfer, der Gefäße herstellt
3. *Bewusstsein:* ein Affe, der einen Baum herauf- und herunterklettert
4. *Name und Form:* ein Mann in einem Ruderboot
5. *sechs Sinnesquellen:* ein leeres Haus mit fünf Fenstern
6. *Berührung:* Mann und Frau, die sich umarmen
7. *Empfindung:* ein Mann mit einem Pfeil im Auge
8. *Verlangen:* ein Mann, der Alkohol trinkt
9. *Ergreifen:* ein Affe, der nach einer Frucht hascht
10. *Werden:* eine schwangere Frau, die gerade niederkommt
11. *Geburt:* ein Kind, das geboren wird
12. *Alter und Tod:* ein Mann, der einen Leichnam trägt

Eine ausführliche Erörterung dieser zwölf Glieder würde den Rahmen dieses Buches überschreiten, doch eine geraffte Darstellung anhand des Beispiels einer Wiedergeburt als Mensch lässt sich folgendermaßen geben (man beachte, dass aus Gründen der Einfachheit die Reihenfolge in der Erklärung ein wenig von der Reihenfolge in der bildlichen Darstellung abweicht.[22])

In einem vergangenen Leben wurden wir unter dem beherrschenden Einfluss der (1) *Unwissenheit* bezüglich der Natur der Wirklichkeit dazu getrieben, unsere anscheinend unabhängig existierende Ich-Identität zu bewahren und zu verteidigen. Wir begingen darum eine große Zahl sehr unterschiedlicher, positiver und negativer (2) *Gestaltender Taten* und hinterließen dadurch zahlreiche Eindrücke oder Samen karmischen Instinkts in unserem (3) *Bewusstsein.* Einige dieser Taten waren genügend konstruktiv oder tugendhaft, um die Samen für eine künftige menschliche Wiedergeburt zu hinterlassen.

Der Stifter und seine Lehren

Als jenes frühere Leben sich dem Ende zuneigte, empfanden wir große Verunsicherung und eine tiefe Furcht vor dem Sterben. Da unsere Ich-Identität sich mit der drohenden Vernichtung konfrontiert sah, verlangten und griffen wir sowohl nach jenem Körper, den wir zurückließen, als auch nach einem neuen Körper als Ersatz für den, den wir zu verlassen gezwungen waren. Durch die Kraft dieses (8) *Verlangens* und (9) *Ergreifens* zum Zeitpunkt des Todes gelangten bestimmte in unserem Bewusstsein abgelegte Eindrücke – in diesem Fall jene, die zu einer menschlichen Wiedergeburt führten – selektiv zur Reife, und dieser Reifungsprozess gipfelte schließlich im (10) *Werden,* der entscheidenden geistigen Tat, die sicherstellte, dass unser sterbendes Bewusstsein in einem neuen Menschenleben Wiedergeburt annehmen würde. (Weil dieser entscheidende Vorgang dazu führt, dass ein neues Leben ins Dasein tritt, erhält er den Namen seines letztendlichen Resultats und heißt *Werden* oder manchmal auch *Dasein.*)

Als der Tod eintrat, wurde unser Bewusstsein immer subtiler, löste sich schließlich vom Körper und trat dann in den Zwischenzustand oder ins Bardo ein. »Von den Winden des Karma getrieben«, erfuhr unser Geist verschiedene traumartige anziehende oder abstoßende Visionen, bis er schließlich einem menschlichen Paar begegnete, das die notwendige Verbindung mit uns besaß, um zu unseren Eltern werden zu können. Unser Bewusstseinsstrom wurde abermals immer subtiler und trat schließlich in Berührung mit den verschmelzenden Samen- und Eizellen unserer künftigen Eltern. Die Empfängnis kennzeichnete unsere (11) *Geburt* in den menschlichen Bereich und den Anfang unserer Embryonalentwicklung, die mit (4) *Name und Form* begann. (*Name* bezieht sich darauf, dass unser Bewusstseinsstrom verschiedene Eindrücke und Potentiale aus der Vergangenheit mit sich trägt, während *Form* sich auf die Basis bezieht, aus der sich unser physischer Körper entwickeln wird – das befruchtete Ei als solches.) Noch im Schoß bildeten sich (5) *die sechs Sinnesquellen* heraus – die fünf Sinne und der Geist -, die zur (6) *Berührung* mit den entsprechenden Sinnesobjekten führten. Dies provozierte schließlich unsere ersten (7) *Empfindungen* von Wohlbefinden, Schmerz und Gleichgültigkeit in Bezug auf diese Objekte als Ergebnis vergangener positiver, negativer und neutraler Handlungen.

Bilder des Erwachens

Vom ersten Augenblick nach der Empfängnis an beginnen wir zu altern und sind den verschiedensten, mit dem menschlichen Dasein verbundenen Veränderungen und Leiden ausgesetzt, indem wir (12) das *Altern* und schließlich den *Tod* erfahren. Während unser künftiger Tod den Abschluss eines vollständigen Zyklus von zwölf Gliedern darstellen wird, haben wir in der Zwischenzeit begonnen, im Verlauf unseres ganzen Lebens dadurch unzählige neue Ketten zu bilden, dass wir fortwährend zusätzliche Eindrücke in unser (3) *Bewusstsein* eingepflanzt haben, indem wir neue, von (1) *Unwissenheit* motivierte (2) *Taten* begingen. Auf diese Weise bleiben wir an den Kreislauf des stets wiederkehrenden, frustrierenden Daseins gebunden, der *Samsara* (wörtlich »Wandern« oder »Kreisen«) genannt wird.

Bevor wir und alle anderen Wesen, die in Samsara gefangen sind, nicht durch die Entwicklung umfassender Weisheit die Unwissenheit getilgt haben, verurteilen wir uns selber dazu, unaufhörlich von einem unbefriedigenden Daseinsbereich zum nächsten zu wandern. Doch obwohl dieser immer wiederkehrende Zyklus von Tod, Geburt und fortwährender Frustration 'Lebensrad' genannt wird, gibt es auch eine andere Art von Leben, die außerhalb dieses Teufelskreises liegt. Dieses andere Leben wird in der oberen Ecke dieses Gemäldes durch die Gestalt eines Buddha – eines Wesens, das aus dem Alptraum der Unwissenheit völlig erwacht ist – versinnbildlicht, und dieser Buddha deutet auf den Mond, der das Erreichen des Nirvana, die vollkommene Überwindung aller Verblendung und allen Leidens, darstellt. So wie das Lebensrad als solches die beiden ersten Edlen Wahrheiten vom Leiden und seiner Ursache symbolisiert, so stellen die Gestalten außerhalb dieses Rades die beiden letzten Wahrheiten dar: die Beendigung des Leidens und den Weg geistiger Entwicklung, der zu dieser Beendigung führt.

Zu erwähnen sind schließlich noch die Verse, die Shakyamuni unter den unteren Rand der ersten Abbildung des Lebensrades, die eine solch tiefgreifende Wirkung auf König Bimbisaras Freund ausübte, setzen ließ. Diese Verse lauten:

Dieses beginne, jenes gib auf,
Lasse dich ein auf die Lehre des Buddha.

Wie ein Elefant ein Haus aus Stroh
Zerstöre die Kräfte des Todes.

Wer mit gründlicher Bemühung
Diesen Pfad der Selbstzucht übt,
Wird das Rad der Geburt verlassen
Und dem Leiden ein Ende setzen.[23]

In diesen Zeilen erklärt Buddha, dass sich durch genügend intensives Bemühen in den im Dharma dargelegten drei Schulungen der ethischen Disziplin, der Sammlung und der Weisheit selbst die schwersten Leiden des Samsara vollständig und für alle Zeit überwinden lassen. Weil die Quellen allen Leidens – die Unwissenheit und die anderen daraus folgenden Verblendungen – völlig leer von Eigenexistenz sind, können geschulte Praktizierende den Herrn des Todes so leicht überwinden, wie ein starker Elefant eine wacklige Grashütte niedertrampelt.

Der Arhat Lam-chung

Jedes Wesen, das die Unwissenheit aus seinem Geist getilgt und dadurch alle Verblendungen überwunden und die Quelle aller befleckten und schädlichen Handlungen ausgemerzt hat, hat die völlige Befreiung des Nirvana erreicht und erlangt dementsprechend den Titel *Arhat*. Dieser Terminus, der manchmal einfach mit *Heiliger* übersetzt wird, heißt wörtlich »Feind-Zerstörer«, denn ein Arhat hat den größten Feind des Glücks zerstört – die inneren Gifte, die die ihrem Wesen nach reine Natur des Geistes verschmutzen.

Wie der Buddha im *Dhammapada*[24] sagt:

> Das Umherwandern des Arhat ist beendet. Er ist frei von Leiden, vollkommen frei. Leiden gibt es nicht mehr für den, der alle Fesseln durchtrennt hat.

> Die Sinne des Arhat sind zur Ruhe gekommen wie die gut abgerichteten Rosse, die der Lenker gezügelt hat. Der Arhat hat dem Stolz entsagt und die Leidenschaften zum Verlöschen gebracht, so dass selbst die Götter wünschen, ihm gleich zu sein.

> Der Arhat ist so stark wie die Grundfesten der Erde; stark in seiner geistigen Übung ist er wie eine Klinge aus gehärtetem Stahl. Klar und ungestört wie ein tiefer See, ist ein solches Wesen nicht mehr gebunden an die Welt.

> Beruhigt ist der Geist, beruhigt der Körper und die Sprache. Durch wahrhaftes Wissen völlig befreit, hat solch ein Wesen wirklichen Frieden.

Zu Buddhas Lebzeiten gab es viele Männer und Frauen, die sowohl durch ihre eigenen Anstrengungen wie durch die Inspiration und geschickte Führung Buddhas den Triumph der Arhatschaft zu erlangen vermochten. Die verschiedenen künstlerischen Traditionen innerhalb des Buddhismus schildern verschiedene Gruppen solcher befreiten Wesen als Gefolgschaft Shakyamunis.

Abbildung 4: Der Arhat Lam-chung

Bilder des Erwachens

In der tibetischen Tradition findet sich eine Gruppe von sechzehn Arhats [25] häufig dargestellt, und einer von diesen ist bekannt als Lam-chung – wörtlich »Kleiner Weg« (Abbildung 4).

Als junger Mann erntete Lam-chung (skt. *chuda-panthaka)* den nicht eben beneidenswerten Ruf besonderer Beschränktheit und Dummheit. Er wurde der Schule verwiesen, weil seine Lehrer behaupteten, er könne sich den Stoff nie merken, und danach entließ ihn der Brahmane, zu dem er zum Studium der Veden geschickt wurde, aus ähnlichen Gründen. Später ließen ihn seine Eltern von seinem älteren Bruder Lam-chen (»Großer Weg«; skt. *panthaka),* der ebenfalls zu den sechzehn Arhats gezählt wird und persönlich die Verantwortung für Lam-chungs Ausbildung übernahm, zum buddhistischen Mönch ordinieren. Lam-chen gab Lam-chung als erstes einen Vers aus Buddhas Lehren zum Auswendiglernen, aber selbst dies erwies sich als zu schwierig für ihn; alles, was er morgens lernte, hatte er bis abends vergessen; und alles, was er nachts lernte, war am nächsten Tag dahin. Aufgrund von Lam-chungs wiederholten Misserfolgen sah schließlich auch Lam-chen sich gezwungen, ihn fortzuschicken.

Lam-chung war ganz und gar untröstlich. Verzweifelt und ratlos begann er zu weinen, als er seine hoffnungslose Situation überdachte. Durch die Kraft seiner Hellsichtigkeit sah Shakyamuni alles, was geschehen war, und ging zu ihm hin. »Warum weinst du?«, fragte er den verzagten Mönch, und Lam-chung antwortete: »Ich bin so dumm, dass selbst mein Bruder mich aufgegeben hat.«

Buddha tröstete ihn und gab Lam-chung eine einfache Anweisung, um die Schleier zu reinigen, die seinen Geist trübten und ihn am Lernen hinderten. Er ernannte den Mönch zum Tempelkehrer und wies ihn an, während seiner Arbeit lediglich zu rezitieren »Fort mit dem Staub, fort mit den Flecken«.

Lam-chung war mit seiner neuen Position sehr zufrieden. Er fegte den Tempel mit großer Hingabe und rezitierte dabei die wenigen Worte, die Buddha ihn gelehrt hatte. Er fegte und fegte und fegte, aber durch Buddhas Eingreifen bekam er den Boden nie völlig sauber. Sobald er die eine Seite des Tempels fegte, erhob sich ein Wind und wehte den Staub auf die andere Seite. Unverdrossen fegte und putzte Lam-chung weiter, wie Buddha ihn angewiesen hatte, und rezitierte dabei immer weiter »Fort mit dem Staub, fort mit den Flecken.«

Diese Situation blieb lange unverändert, bis Lam-chung eines Tages eine tiefe Erkenntnis aufging: der Staub, um dessen Beseitigung er sich so hartnäckig mühte, besaß keine inhärente Eigenexistenz. Er sah, dass nicht nur der Staub, sondern auch alle anderen Phänomene einschließlich seiner selbst vollständig ohne Selbst waren, ohne auch nur ein Atom unabhängiger Existenz. All die lastenden, undurchdringlichen falschen Vorstellungen, die seinen Verstand getrübt hatten, wurden durch die Kraft seiner plötzlichen Erkenntnis zunichte, und er erlangte eine unmittelbare, intuitive Einsicht in die letztgültige Natur der Wirklichkeit. Indem er sich diese Einsicht von Grund auf zu eigen machte, verwandelte er sich von einem stumpfsinnigen Tempelfeger in einen glorreichen Arhat.

Shakyamuni Buddha sah, dass die Reinigungsübungen, die er Lam-chung gegeben hatte, außerordentlich gefruchtet hatten, und beschloss, die überragenden Fähigkeiten des neuen Arhat öffentlich kundzutun. Er wies seinen Diener Ananda an, einer bestimmten Nonnengemeinschaft mitzuteilen, Lam-chung werde ab jetzt ihr neuer geistiger Lehrer sein. Die Nonnen waren darüber entsetzt: »Wie sollen wir uns von einem Mönch unterrichten lassen, der zu dumm ist, um auch nur einen Dharma-Vers im Kopf zu behalten?« Wenn sie Lam-chungs Beschränktheit ans Tageslicht brächten, so dachten sie, dann müssten sie ihn nicht als ihren Abt akzeptieren, und so heckten sie einen Plan aus, um ihn öffentlich zu demütigen. Sie verbreiteten in den umliegenden Städten die Nachricht, ein Mönch, der so weise sei wie Buddha selbst, werde in ihrer Versammlungshalle Belehrungen geben, und alle, die ihm zuhörten, würden gewiss Verwirklichungen erlangen. Um seine zu erwartende Verlegenheit noch zu steigern, errichteten sie überdies einen großen, auffälligen Thron und ließen ihn absichtlich ohne Stufen, über die man den hohen Sitz hätte erreichen können.

Als der Tag der anberaumten Belehrungen gekommen war, versammelten sich Tausende von Menschen in der Halle, manche, um den Erklärungen zuzuhören, und andere, um Lam-chungs Demütigung mitzuerleben. Als Lum-chung den großen Thron erblickte und erkannte, dass dieser dazu gedacht war, ihn bloßzustellen, streckte er wie einen riesigen Elefantenrüssel seinen Arm aus und ließ den Thron auf die Größe eines winzigen Körnchens zusammenschrumpfen. Dann brachte er ihn wieder auf seine vorherige Größe und flog – zum Staunen der Versammlung – auf ihn hinauf! Nachdem er in tiefe meditative Versenkung eingetreten war und weitere Wundertaten vollbracht hatte, erklärte er: »Hört mir gut zu. Ich werde jetzt eine einwöchige Belehrung über eben jenen Dharma-Vers geben, den ich selbst nach monatelangem Mühen nicht verstehen oder auch nur auswendig lernen konnte.«

Als die sieben Tage der Belehrung vorüber waren, hatten viele Zuhörer ein direktes Verständnis der Wirklichkeit erlangt, während andere höhere Stufen der Verwirklichung bis hinauf zur Arhatschaft erreicht hatten. Und die, die gekommen waren, um ihn gedemütigt zu sehen, spürten, dass sich ihr Vertrauen in die Drei Juwelen der Zuflucht, Buddha, Dharma und Sangha, vertieft hatte. Später prophezeite Shakyamuni selbst, dass von allen seinen Schülern Lam-chung die größte Fähigkeit besitzen werde, den Geist anderer zu zähmen.

Der Stupa der Erleuchtung

Der Zustand des Nirvana oder die Arhatschaft wird dann erreicht, wenn alle Verblendungen des eigenen Geistes restlos beseitigt sind. Wenn der völlig befreite Geist eines Arhat zur Zeit des Todes den Körper verlässt, lässt er alles Befleckte für immer zurück. Dies bezeichnet man manchmal als die endgültige Befreiung oder Parinirvana. Im Fall von Shakyamuni Buddha fand sein manifestes Parinirvana, als er achtzig Jahre alt war, in Kushinagar statt, das – zusammen mit der Stätte seiner Geburt (Lumbini), seiner Erleuchtung (Bodh Gaya) und seiner ersten Lehrrede (Sarnath) – zu einer der vier Hauptpilgerstätten des Buddhismus wurde und bis heute geblieben ist.[26]

Buddha hatte seine Schüler angewiesen, nach seinem Tod seinen Körper zu verbrennen und die Überreste in einem eigens dafür errichteten Monument (skt. *stupa*) zu verwahren, wie es bei den großen Persönlichkeiten der Vergangenheit in Indien üblich war. Das Ziel, das Shakyamuni mit der Anweisung zum Bau solcher Denkmäler verfolgte, war nicht Selbsterhöhung, sondern bestand, in den Worten des verstorbenen Lama Govinda, darin, »künftige Generationen an die großen Pioniere der Menschheit zu erinnern und sie zu inspirieren, ihrem Beispiel zu folgen, sie in ihrem eigenen Ringen um Befreiung anzuspornen[27].«

Als Shakyamunis Leichnam verbrannt worden war, erhob sich Streit darüber, wem die sterblichen Überreste gehören sollten und wem dementsprechend die Ehre zukäme, das Denkmal zu errichten. Dieser Zank drohte sich zu einem ernsthaften Konflikt zu entwickeln, bis ein Brahmane namens Drohne einschritt. Er erinnerte die Streithähne daran, dass ein so militantes Verhalten den Lehren und dem Beispiel des mitleidsvollen Buddha völlig zuwiderlief, und schlug vor, seine Überreste gerecht unter den streitenden Parteien aufzuteilen. Darauf einigte man sich, und dementsprechend wurden zur Unterbringung der Reliquien in den verschiedenen Königreichen Indiens acht verschiedene Stupas erbaut.

Diese achtfache Unterteilung spiegelt sich in den acht verschiedenen Ausführungen von Stupas zur Aufbewahrung der Reliquien großer Lehrer, die in den tibetischen Traditionen heute noch verwendet werden. Diese verschiedenen Typen erinnern an die acht großen Taten im Leben Shakyamunis. Der Typ, der in der Mitte von Tafel 3 gezeigt wird, heißt *Stupa der Erleuchtung* und würdigt Buddhas Sieg über die Kräfte der Verblendung. Diese und die verbleibenden sieben Varianten sind zusammen mit den Taten, an die sie erinnern, und deren jeweiligen Orten im folgenden aufgeführt.[28]

1. *Der Stupa der Lotosberge:* Shakyamunis Geburt in Lumbini
2. *Der Stupa der Erleuchtung:* sein Sieg über Maras Heerscharen unter dem Bodhi-Baum in Bodh Gaya
3. *Der Stupa der vielen Tore:* das Drehen des Dharma-Rades in Sarnath
4. *Der Stupa des Abstiegs aus dem Götterbereich:* sein Abstieg zur Erde, nachdem er seiner Mutter in Sankhya Belehrungen erteilt hatte
5. *Der Stupa der Wundertaten:* sein Vollbringen von Wundern in Shravasti
6. *Der Stupa der Versöhnung:* sein Vermitteln zwischen streitenden Gruppierungen innerhalb der Dharma-Gemeinschaft am Bambushain in Rajagriha
7. *Der Stupa des vollkommenen Sieges:* seine willentliche Verlängerung des eigenen Lebens in Vaishali
8. *Der Stupa des Parinirvana:* sein Hinscheiden in Kushinagar

Ein Stupa ist mehr als nur ein Denkmal, das Reliquien beherbergt; er ist ein abstraktes Bild des für alle Wesen erreichbaren Zustandes der Erleuchtung. Wie so vieles in der buddhistischen Kunst wirkt die Symbolik dieses Architektur gewordenen Bildes auf mehreren verschiedenen Ebenen gleichzeitig. Auf einer vielleicht archetypisch zu nennenden Ebene beinhaltet ein Stupa fünf geometrische Grundformen, die den fünf Elementen – Erde, Wasser, Feuer, Luft und Raum – entsprechen, aus denen die Welt und alle sie bildenden Atome zusammengesetzt sind. Außerdem weist die Form eines Stupa eine starke Ähnlichkeit zu der Gestalt eines sitzenden Buddha auf (vergleiche Abbildung 5). Solche harmonisch ausgewogenen Bilder auch nur zu betrachten hat bereits

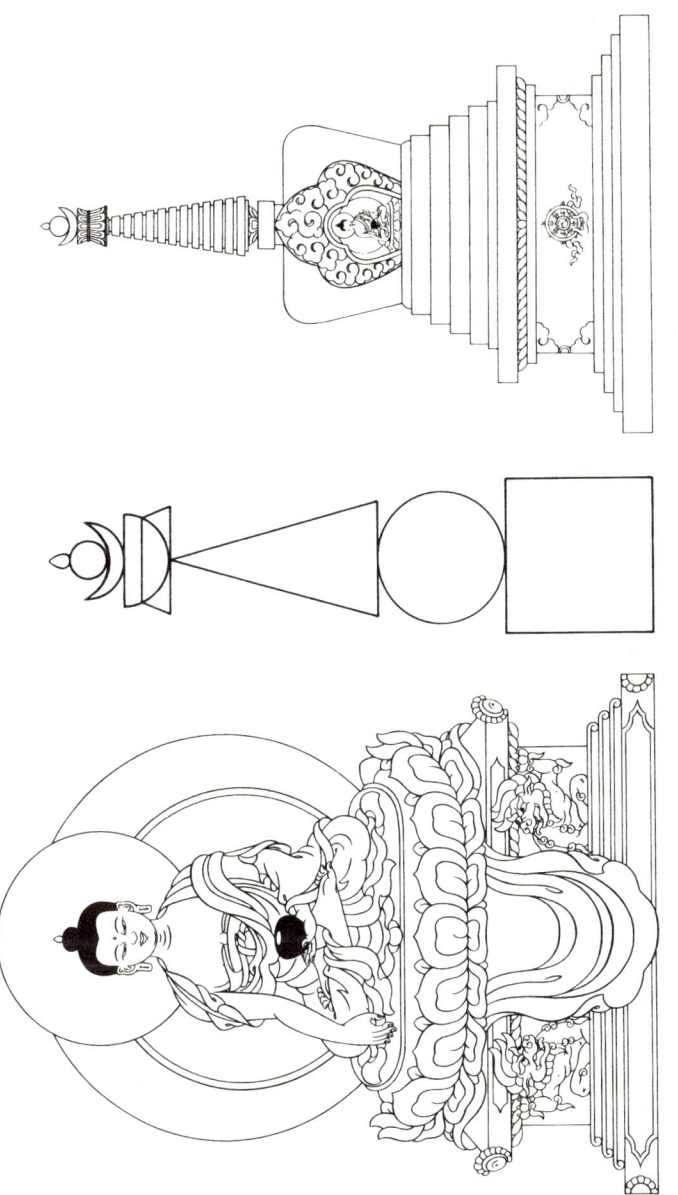

Abbildung 5: Die abstrakte Form eines Stupa und das entsprechende Buddha-Bild

eine subtile heilsame Wirkung, die sich in einem Gefühl von Frieden, Wohlbefinden und Ganzheit äußert. Und schließlich entsprechen die verschiedenen Stufen des Stupa den verschiedenen Stufen des geistigen Weges, der durch das vollkommene Erwachen gekrönt wird.[29]

Neben ihrer symbolischen Bedeutung dienen Stupas auch als Mittelpunkt in der weit verbreiteten Übung des Umschreitens. An buddhistischen Stätten sieht man häufig Pilger und Praktizierende im Uhrzeigersinn einen Stupa umschreiten und dabei Gebete und Mantras rezitieren. Eine solche Übung hilft, das Bild des Erwachens und alle damit verbundenen Inhalte im Mittelpunkt der eigenen Aufmerksamkeit zu halten; insofern wird ihr sowohl auf bewusster wie auf unbewusster Ebene eine große Wirksamkeit zugesprochen. Doch der eigentliche Wert jeglichen rituellen Tuns wie zum Beispiel des Umschreitens heiliger Stätten hängt vor allem ab von der Haltung und der Motivation, mit der es ausgeführt wird. Dies kommt zum Ausdruck in der folgenden Geschichte[30] um Dromtönpa, den tibetischen Hauptschüler des großen indischen Meisters Atisha:

Eines Tages sah Dromtönpa einen alten Mann, der das tibetische Kloster Radreng umschritt. Dromtönpa sagte zu ihm:»Umschreiten ist gut, aber Dharma praktizieren ist noch besser.« Als der alte Mann darüber nachdachte, beschloss er, mit dem Umschreiten aufzuhören und stattdessen ein paar buddhistische Texte zu lesen. Als Dromtönpa ihn beim Studium im Hof des Tempels sah, sagte er zu ihm:»Texte lesen ist gut, aber Dharma praktizieren ist noch besser.«

»Vielleicht ist die Meditation das, worauf es ankommt«, dachte der alte Mann und war bald mit gekreuzten Beinen auf einem Meditationskissen zu sehen. Wieder ging Dromtönpa zu ihm hin und sagte:»Meditation ist gut, aber Dharma praktizieren ist noch besser.«

Nun war der alte Mann gründlich verwirrt und sagte:»Und was sollte ich tun, um Dharma zu praktizieren?«

Dromtönpa gab zur Antwort:»Löse dich von der Anhaftung an die Dinge dieses Lebens. Dein Geist selbst muss zur Praxis werden, und damit dies geschehen kann, darfst du dich von deinen gewöhnlichen weltlichen Interessen nicht länger ablenken lassen. Andernfalls kannst du tun, was du willst, es wird keine Dharma-Praxis.«

Stupas sind Bauwerke von äußerst unterschiedlicher Größe. Manche, wie der Große Stupa in Boudhanath [31] in Nepal, sind gigantisch und täglich Ziel Tausender Pilger, wohingegen andere sehr viel bescheidener sind und vielleicht nicht einmal einen kleinen Meditationsraum beherbergen. Wieder andere sind lediglich Modelle: Diese Miniaturstupas stehen oft neben einer Buddhastatue und einem buddhistischen Text auf dem Altar eines Praktizierenden, was jeweils den geläuterten Geist, den geläuterten Körper und die geläuterte Rede eines vollkommen erleuchteten Wesens versinnbildlichen soll.

2 Der Bodhisattva-Weg

Ohne ein klares Bewusstsein von unserem persönlichen Leiden und eine tiefe, aufrichtige Entschlossenheit, uns von diesem Leiden und seinen Ursachen völlig zu lösen, besteht keine Möglichkeit, die geistige Suche ernsthaft zu beginnen. Denn so wie Prinz Siddharthas plötzliche und unerwartete Wahrnehmungen von Alter, Krankheit und Tod ihm sein Bild von der Welt als einem Vergnügungspalast schmerzhaft als trügerisch entlarvten, so müssen alle Suchenden auf dem geistigen Weg sich die zutiefst unbefriedigende Natur ihres Lebens so eindringlich vor Augen führen, dass sie der gewöhnlichen menschlichen Daseinsform gründlich überdrüssig werden. Wenn wir die unbequemen Wahrheiten unseres vergänglichen Daseins nicht ausgiebig und nüchtern betrachten, können wir die Zeit zwischen dem jetzigen Augenblick und unserem unausweichlichen Tod sehr leicht mit im Grunde wertlosen Beschäftigungen vergeuden, ohne die kostbare Chance zu nutzen, etwas wirklich Wertvolles mit unserem Leben anzufangen. Wie der stumpfsinnige Häftling, der an die Enge seiner Zelle so sehr gewöhnt ist, dass er für keine Fluchtmöglichkeit mehr ein Auge hat, verdammen wir uns selbst zu geistiger Stagnation und zu den endlos wiederkehrenden Plagen des Daseinskreislaufs.

Doch es reicht nicht aus, einfach nur unseres gegenwärtigen Zustands überdrüssig zu werden; jeder fühlt sich irgendwann einmal unzufrieden, aber nur sehr wenige versuchen ernsthaft, dem Abhilfe zu schaffen. Und tatsächlich binden uns die gewohnten Methoden, mit Problemen und Enttäuschung umzugehen – jemand anderen dafür verantwortlich zu machen oder sie aus dem Gedächtnis zu verdrängen – nur noch fester auf das Rad des Leidens. Es gilt für uns zu erkennen, dass die wahren Ursachen all unserer Nöte in unseren auf Unwissenheit beruhenden falschen Vorstellungen liegen und dass diese nur durch die Entwicklung einer klaren, durchdringenden Einsicht in die Natur der Wirklichkeit beseitigt werden können. Nur durch die stete Entfaltung solcher durchdringenden Weisheit wird es schließlich möglich sein, Freiheit von allen durch Unwissenheit bedingten Daseinszuständen zu erlangen und für immer vom Leiden frei zu sein.

So notwendig es auch ist, die starke Entschlossenheit zu entwickeln, absolute Befreiung vom Leiden zu erlangen, letztendlich müssen wir unser Blickfeld dennoch über die Sorge um unsere eigene Befreiung hinaus erweitern. Wenn wir unser erleuchtetes Potential in größtmöglichem Umfang entfalten und ein noch über die Selbstbefreiung hinausgehendes Ziel erreichen wollen, muss unser Anliegen universell werden und das Wohlergehen ausnahmslos *aller* Wesen umfassen.

Die Situation wird auf dramatische Weise veranschaulicht durch das folgende Beispiel: Angenommen, wir befänden uns mit unserer Familie in einem brennenden Haus; würde es uns genügen, allein zu entkommen und zu wissen, dass unsere Angehörigen rettungslos der Gefahr ausgeliefert sind? Sicherlich nicht. Weil unsere Liebsten uns sehr viel bedeuten und weil wir ihr Leiden als so schmerzhaft empfinden wie unser eigenes, könnten wir nicht einfach die Hände in den Schoß legen, bevor wir sie nicht so wie uns selbst außer Gefahr gebracht hätten. In ähnlicher Weise wird der, der erkennt, dass die grundlegenden und immer wiederkehrenden Nöte des Daseinskreislaufes die anderen genauso stark in Mitleidenschaft ziehen wie uns selbst – und der überdies die Verwandtschaft erkennt, die alle Wesen zu einer einzigen Familie verbindet –, sich niemals nur mit der eigenen Befreiung zufrieden geben. Stattdessen wird dieses hochgesinnte Wesen den Antrieb spüren, Shakyamuni Buddha selber nachzueifern und die vollendete Erleuchtung zu erlangen: das Erwachen universeller Weisheit, universellen Mitgefühls und wirkungsvoller Methoden, die weit über die eines Arhat hinausgehen. Angetrieben von dem kostbaren *Bodhicitta* – dem Gedanken (skt. *citta*), das völlige Erwachen (skt. *bodhi*) zu erlangen in der Absicht, anderen von Nutzen zu sein -, überwindet dieses von Altruismus motivierte Wesen (skt. *sattva*) alle ich-zentrierten Triebe und verwandelt sich in einen Bodhisattva, einen nach Erleuchtung strebenden Sucher auf dem geistigen Weg, und in einen wahren Sohn oder eine wahre Tochter der Erwachten.

Die Lehren des Mahayana oder Großen Fahrzeugs, in denen Shakyamuni den Bodhisattva-Weg darlegte, wurden ursprünglich in Rajagriha in Nordindien verkündet und sind in ihrer Gesamtheit als die Sutras von der Vollkommenheit der Weisheit bekannt. In diesen Lehrreden wird aufgewiesen, dass der Weg zur Buddhaschaft aus zwei aufeinander bezogenen Aspekten besteht: aus Methode und Weisheit. Methode bedeutet hier die Übungen und Handlungen, die aus der mitfühlenden Bodhicitta-Motivation, anderen Nutzen zu bringen, entspringen, und diese werden zusammengefasst als die fünf Vollkommenheiten (skt. *paramita*) der Freigebigkeit, ethischen Disziplin, Geduld, der freudigen Bemühung und der meditativen Sammlung. Die sechste Vollkommenheit ist die Weisheit selbst: das fehlerfreie Verständnis darüber, wie die Dinge jenseits aller in Unwissenheit wurzelnden Projektionen und Verkennungen existieren. Die mitfühlende Methode allein, ohne Leitung durch das Auge der Weisheit, ist blind und kann die Wurzel des Leidens nicht durchtrennen; Weisheit allein ohne Unterstützung durch die mitfühlende Methode besitzt nicht genügend Kraft, um das vollständige Erwachen zu erreichen. Nur durch die gemeinsame Praxis von mitfühlender Methode und durchdringender Weisheit gleichzeitig – verkörpert als weibliche Gottheit Prajnaparamita (Tafel 4) – kann der Bodhisattva alle Schleier beseitigen und so die tiefste Sehnsucht seiner selbst und der anderen erfüllen.

Zur Entwicklung dieser kostbaren Bodhicitta-Motivation – die das Herz des Mahayana-Buddhismus darstellt – sind Lippenbekenntnisse in Form frommer Wünsche, andere erlösen zu wollen, nicht genug. Und es reicht auch nicht aus, bewundernd auf Shakyamuni und die anderen erleuchteten Meister der Vergangenheit zurückzuschauen und um ihre Inspiration zu bitten; dies allein wird den Abgrund nicht überwinden, der unsere begrenzten Fähigkeiten von ihren grenzenlosen Verwirklichungen zu trennen scheint. Stattdessen müssen wir die Überzeugung in uns tragen, dass die Erleuchtung ein erreichbares Ziel ist und, was noch wichtiger ist, dass wir selber sie erreichen können.

Der Zustand vollendeten Erwachens zeichnet sich durch drei herausragende Qualitäten aus: durch umfassendes Mitgefühl, durch Weisheit und durch Kraft. In der Bildwelt des Vajrayana werden diese drei durch die Meditationsgottheiten Avalokiteshvara, Manjushri und Vajrapani (Tafeln 5 bis 8) dargestellt. Obwohl es heißt, dass sie bereits vor vielen Äonen die volle Erleuchtung erlangt hatten, gehörten sie zur Zeit Shakyamunis zu seinen acht berühmten Bodhisattva-Schülern und lehrten durch ihr Beispiel, wie der Bodhisattva-Weg zu beschreiten sei.

So wie diese drei Bodhisattvas in der Epoche Shakyamuni Buddhas ihre damaligen Zeitgenossen inspirierten, so inspirierten sie auch durch die ganze Geschichte des Buddhismus hindurch Menschen dazu, das Mitgefühl, die Weisheit und die Kraft des völlig erwachten Geistes zu entwickeln. Obwohl Statuen und Gemälde dieser erhabenen Wesen uns in gewissem Maße berühren können, kann die ganze transformative Kraft ihrer Inspiration nur durch die Vermittlung eines Guru – eines Trägers der lückenlosen, bis auf Shakyamuni Buddha zurückgehenden Traditionslinien – in unserem innersten Wesenskern wirksam werden. Wie es manchmal als Gleichnis heißt: Der Guru ist das Brennglas, das die Strahlen der sonnengleichen Buddhas und Bodhisattvas bündelt, um in unserem eigenen Herzen die Flamme der Inspiration zu entzünden.

Durch die Sensibilität für die Stärken und Schwächen eines bestimmten Schülers kann der geistige Lehrer unterscheiden, welche der drei Qualitäten in der jeweiligen Entwicklungsphase am meisten entwickelt werden muss. Ist dies zum Beispiel Mitgefühl, dann eröffnet der Guru dem Schüler vielleicht einen Zugang zur Praxis des Avalokiteshvara. Damit diese Praxis erfolgreich ist, führt der Guru eine Einweihungszeremonie durch, wobei zwischen dem Geist des Schülers und der gewählten Meditationsgottheit eine tiefe Verbindung geschaffen wird.[3] Im Lauf einer solchen Zeremonie erhalten die Schüler die Erlaubnis, die *Sadhana* der Gottheit zu praktizieren und ihr Mantra zu rezitieren: eine

Folge von Sanskrit-Silben, die im Klang dieselben erleuchteten Qualitäten vergegenwärtigt, die das Bild der Gottheit in Form und Farbe verkörpert. Indem sie täglich die Sadhana praktizieren, das Mantra rezitieren und sich ständig geistig die Einheit von Gottheit und Guru vergegenwärtigen, können die Schüler rasch die von der Gottheit verkörperten erleuchteten Qualitäten erwecken und weiterentwickeln.

Prajnaparamita

Shakyamuni Buddha gab viele verschiedene Unterweisungen über die Vollkommenheit der Weisheit, und diese sind von sehr unterschiedlicher Länge. Die längste ist als *Sutra von der Vollkommenheit der Weisheit in hunderttausend Versen* bekannt, während die kürzeste, gedacht für die, deren Geist besonders reif für Verwirklichungen war, einfach aus der Silbe *AH* besteht. Wenn sie auch unterschiedlich lang sind, verfolgen sie doch alle den gleichen Zweck: darzulegen, wie sich ein Bodhisattva in der richtigen Sicht der Wirklichkeit üben und so das vollkommene Erwachen erreichen sollte.

Nach der Aussage dieser tiefgründigen Weisheitslehren sind alle unsere Wahrnehmungen von uns selbst und der Welt trügerisch. Warum verhält sich das so? Weil dem gewöhnlichen, unerleuchteten Geist alles so erscheint, als wäre es *inhärent* oder *wahrhaft existent*.[4] Wie es in einem zeitgenössischen Kommentar zum *Herzsutra*, der meistrezitierten Version der Sutras von der Vollkommenheit der Weisheit, heißt:

> Wenn wir gewöhnliche Wesen sind, dann erscheinen uns alle Objekte so, als seien sie inhärent existent. Die Objekte scheinen unabhängig von unserem Geist und unabhängig von anderen Phänomenen zu sein. Das Universum scheint aus einzelnen, abgegrenzten Objekten zu bestehen, die ein je eigenes Dasein als Sterne, Planeten, Berge, Menschen besitzen und »darauf warten«, von bewussten Wesen erfahren zu werden. Normalerweise kommt es uns nicht in den Sinn, dass wir in irgendeiner Weise an der Existenz dieser Phänomene beteiligt sein könnten. Stattdessen scheint jedes einzelne Objekt eine von uns und von allen anderen Objekten völlig unabhängige Existenz zu besitzen.[5]

Buddhas Weisheitslehren zufolge gibt es im gesamten Weltall keinen einzigen Gegenstand, der auch nur ein Atom einer derartigen wahren, unabhängigen Eigenexistenz besitzt. Wir sind unserer gewöhnlichen Sicht jedoch so verhaftet, dass es äußerst schwierig ist, die Dinge anders denn als wahrhaft existent zu betrachten. Ja, es ist schon schwierig genug, auch nur eine klare Vorstellung davon zu bekommen, was unsere gewöhnliche Sicht überhaupt ist; sie ist so sehr Teil unserer grundlegenden Verfassung, dass es sehr schwer fällt, sie exakt zu identifizieren. Aus all diesen Gründen ist es nicht einfach, den Geist in der Vollkommenheit der Weisheit zu üben. Doch für jemanden, der nach dem vollständigen Erwachen oder auch nur nach dem geringeren Ziel der eigenen Befreiung[6] strebt, ist es unabdingbar, die eigene irrige Sichtweise zu erkennen, sie gründlich zu widerlegen und eine tiefe Einsicht in die *Leerheit* (skt. *shunyata*), die Freiheit von allen illusionsverhafteten Bestehensweisen, zu entwickeln. Nur auf diese Weise können wir unsere übertrieben verhärtete Sicht der Dinge durchlässiger werden lassen, uns aus den Fesseln unserer falschen Vorstellungen lösen und Freiheit von Leid und Unzufriedenheit erlangen.

Die höchste Sicht, die es zu entwickeln gilt, trägt den Namen *Mittlerer Weg* (skt. *madhyamika*), weil sie zwei gefährliche Extreme vermeidet. Das erste ist die extreme Auffassung, die Dinge existierten inhärent so, wie sie uns jetzt erscheinen. Sie führt dazu, dass wir für immer in unseren jetzigen Fehlinterpretationen gefangen bleiben. Die zweite extreme Auffassung kommt dann zum Tragen, wenn wir, in der Erkenntnis, dass mit unserer gewöhnlichen Sicht der Wirklichkeit etwas nicht stimmt, zu viel negieren. In diesem Fall missverstehen wir, was Leerheit wirklich bedeutet – lediglich das Fehlen inhärenter Existenz -, und ziehen den irrigen Schluss, dass *nichts* existiere. Die Verwechslung der Leerheit mit dem Nichts ist in der Tat ein schwerwiegender Trugschluss.[7] Indem wir die Art und Weise negieren, in der die Dinge tatsächlich existieren, verlieren wir jeden möglicherweise vorhandenen Glauben an den Zusammenhang von Ursache und Wirkung, mit dem Ergebnis, dass wir unsere ethische Disziplin – die Grundlage aller geistigen Übung – aufgeben. Die Herausforderung besteht also darin, die falsche Auffassung von inhärenter Existenz zu negieren und gleichzeitig zu akzeptieren, dass alle Phänomene, einschließlich unserer selbst, eine gültig erwiesene, nicht-inhärente, konventionelle Existenzweise besitzen.

Weil unsere irrigen Vorstellungen all unseren Leiden zugrunde liegen, ist die Meditation über die Vollkommenheit der Weisheit das beste Instrument, um Angst zu überwinden und störende Einflüsse abzuwehren. Wie der Siebte Dalai Lama gesagt hat:

> Betrachte ich diese Seite, dann gibt es weder den Körper noch den Geist als Objekte, denen Schaden zugefügt werden könnte.
>
> Betrachte ich jene Seite, dann ist der, der Schaden zufügt, ebenfalls wie die »Schlange«, die jemand auf ein Seil projiziert.
>
> Möge ich ein für allemal erkennen, dass die Auffassung, lediglich benanntes bedingt Entstandenes sei wahrhaft existent, eine Projektion meines halluzinierenden Geistes ist.[8]

Zum Abwenden störender Einflüsse gibt es eine wirksame Übung, in der die Gottheit Prajnaparamita (abgebildet auf Tafel 4) visualisiert und das *Herzsutra* rezitiert wird. Wir beginnen mit der bereits beschriebenen Visualisierung Shakyamuni Buddhas. Dann stellen wir uns folgendes vor:

> In Buddha Shakyamunis Herz befindet sich ein zweiter Sitz aus Lotos, Mond und Sonne. Darauf sitzt die Große Mutter Prajnaparamita, die Verkörperung des Weisheits-Wahrheitskörpers aller Buddhas. Sie hat einen Körper aus goldenem Licht mit einem Gesicht und vier Armen. Ihre erste rechte Hand hält einen goldenen Vajra mit neun Zacken an jedem Ende. In ihrer ersten linken Hand hält sie das *Sutra von der Vollkommenheit der Weisheit*. Die übrigen beiden Hände ruhen in der Geste des meditativen Gleichgewichts in ihrem Schoß. Sie ist geschmückt mit kostbaren Kleinodien und Juwelen und trägt schöne Gewänder aus luftigen, himmlischen Stoffen.[9]

Wir gehen dann über zu den vorbereitenden Übungen: nehmen Zuflucht zu den Drei Juwelen, erzeugen die Bodhicitta-Motivation, huldigen, bringen Opfergaben dar und erbitten den Segen. Dann folgt der Hauptteil der Praxis: die Rezitation des *Herzsutra* und des Mantras von Prajnaparamita, wobei wir die entsprechenden Meditationen durchführen. Zu diesem Zeitpunkt ist es besonders wichtig, uns zu vergegenwärtigen, »dass wir selbst und alles, was uns verletzt und Schaden zufügt, leer sind von inhärenter Existenz«.[10] Die Praxis endet mit Bittgebeten, mit einer Visualisierung, in der sich alle Hindernisse vollständig in Leerheit auflösen, und mit der abschließenden Widmung:

> Mögen alle Arten von störenden Einflüssen, Krankheiten und Dämonen befriedet werden.
> Möge ich befreit sein von ungünstigen Umständen
> Und möge ich günstige Umstände und alle Vorzüglichkeiten erreichen.
> Mögen uns durch dieses günstige Geschick in dieser Zeit Glück und Gesundheit zuteil werden.[11]

Wir sollten dabei jedoch nicht vergessen, dass die Wirksamkeit dieser Praxis davon abhängt, wie gut wir die Leerheit verstehen und wie stark unser Vertrauen zu Shakyamuni Buddha und zu Prajnaparamita ist. Wenn unsere Weisheit und unser Glaube stark sind, dann, so heißt es, lassen sich mit dieser Methode alle Hindernisse überwinden. Eine Geschichte, die die Wirksamkeit dieser Übung illustrieren soll, bezieht sich auf den im Lebensrad dargestellten Krieg, der zwischen Göttern und Halbgöttern tobt:

> Einmal war der Gott Indra aufgrund eines Angriffs der mächtigen Heere eifersüchtiger Halbgötter in Lebensgefahr. Indra hatte zuvor Unterweisungen von Buddha erhalten und wusste, dass es ein schwerwiegender Verstoß gegen diese Lehren wäre, die Halbgötter zu töten. In dem Wunsch, die anstürmenden Feinde auf friedlichem Weg zu überwinden, kontemplierte Indra die tiefgründige Bedeutung des *Sutra von der Essenz der Weisheit* (d.h. das *Herzsutra*) und rezitierte dabei seinen Wortlaut. Durch die Kraft dieser Kontemplation und Rezitation ließen die Halbgötter von ihrem Angriff ab; ihr Groll legte sich, und ihr Geist wurde friedfertig und glückselig.[12]

Es gibt noch eine weitere Praxis in Verbindung mit Prajnaparamita, die hier zumindest kurz erwähnt zu werden verdient. Dies

Abbildung 6: Die tibetische Yogini Machig Labdrön

ist das *Chöd*, das Durchschneiden; ein Ritual, das »lehrt, wie das Anhaften an das Konzept eines inhärent existenten, persönlichen Selbst zu durchtrennen ist«.[13] Dieses Ritual geht auf die tibetische Yogini Machig Labdrön (Abbildung 6) zurück, die als Wiedergeburt von Guru Rinpoches Gefährtin Yeshe Tsogyal und als Emanation der Großen Mutter Prajnaparamita selbst angesehen wird.[14] Schon in ihrer Jugend war Machig Labdrön (1055-1152) in den Sutras von der Vollkommenheit der Weisheit wohl bewandert und wurde oft gebeten, sie zu rezitieren. Schließlich entwickelte sie, inspiriert durch den großen indischen Yogi Padampa Sangye, das Chöd-Ritual, um durch das Durchtrennen der Anhaftung an Körper und Selbst Einsicht in die Leerheit zu erlangen.

Traditionellerweise wird Chöd an öden, furchteinflößenden Orten wie zum Beispiel Bestattungsplätzen ausgeführt. Die Angst, die einen an solchen Örtlichkeiten überkommt, stellt eine hervorragende Gelegenheit dar, das inhärent existierende »Ich«, das durch die Weisheit der Leerheit negiert werden soll, zu erkennen; die Praxis soll auf möglichst direkte Weise Unwissenheit und Selbstsucht überwinden.

Den Abschluss dieses Abschnitts über Prajnaparamita – die Große Mutter, die Weisheit, die ans jenseitige Ufer gegangen ist – bildet die folgende Huldigungsstrophe, die Übende oft rezitieren, um Inspiration für die Entwicklung erleuchteter Einsicht zu erbitten:

Die Wirklichkeit ist unvorstellbar und unausdrückbar,
Erfahrbar nur durch die ans andere Ufer gegangene Weisheit.
Wie die Natur des Raumes ist sie ungeboren und nie endend;
Sie ist ein Objekt, das nur von der einspitzigen,
Absoluten Weisheit selber erkannt wird,
Die die wahre Natur aller Phänomene sieht.
Der Mutter der Buddhas der drei Zeiten
Huldige ich.[16]

Der Vierarmige Avalokiteshvara und der Tausendarmige Avalokiteshvara

Avalokiteshvara – Der mit unverwandtem Blick herabschaut – ist die Verkörperung des unendlichen Mitgefühls aller Buddhas. Er ist von weißer Farbe; Tafel 5 zeigt ihn in seiner vierarmigen Form. Seine ersten beiden Hände sind vor seinem Herzen gefaltet und bitten alle Buddhas und Bodhisattvas, sich der fühlenden Wesen anzunehmen und sie vor Leiden zu schützen. Diese Hände halten ein wunscherfüllendes Juwel, das Avalokiteshvaras mitfühlende Bodhicitta-Motivation versinnbildlicht. Seine andere rechte Hand hält einen kristallenen Rosenkranz als Sinnbild seiner Fähigkeit, Wesen durch die geeignetsten Mittel aus Samsara zu befreien, und zur Erinnerung für den Übenden, sein sechssilbiges Mantra *OM MANI PADME HUM* zu rezitieren. In seiner linken Hand hält er den Stengel einer blauen Utpala-Blume, ein weiteres Sinnbild seiner unbefleckten und mitfühlenden Bodhicitta-Motivation. Die voll erblühte Utpala-Blume mit zwei Knospen steht für die drei Zeiten und verdeutlicht, dass Avalokiteshvaras mitfühlende Weisheit Vergangenheit, Gegenwart und Zukunft umspannt.

Über seiner linken Schulter trägt er die Haut einer wilden Antilope, die das gütige, sanfte Wesen des mitfühlenden Bodhisattva und seine Fähigkeit, die ungezähmten Verblendungen zu unterwerfen, darstellt. Wie ein traditioneller Kommentar darlegt:

Es heißt, diese Art Antilope lebe auf den Bergen in dem Übergangsbereich zwischen Schnee und Fels. Sie besitzt ganz unvergleichliche Kraft, ist ihrem Wesen nach jedoch äußerst mitfühlend. Jäger wenden manchmal die Taktik an, in ihr Revier einzudringen und dann untereinander einen Schwertkampf vorzutäuschen. Bei diesem Anblick verliert die Antilope die Ruhe und verlässt voller Mitgefühl ihre Deckung, um zu vermitteln. Dies gibt den Jägern die Möglichkeit, sie zu töten. Wenn man ihre Haut nur mit dem Fuß berührt, wird der eigene Geist bereits besänftigt und von Glückseligkeit erfüllt.[17]

Die Antilopenhaut erinnert auch daran, wie wichtig es für einen Übenden ist, eine starke, stabile meditative Konzentration zu entwickeln. Alte indische Traditionen, die mindestens bis zu den Upanishaden zurückreichen, empfehlen Yogis – also denen, die sich mit vollem Einsatz der Meditation widmen –, auf solchen Häuten zu sitzen, um sich gegen disharmonische, von der Erde übertragene Energien abzuschirmen, und dieser Rat wird heute noch befolgt. Erfolgreiche Meditation hängt entscheidend von der Fähigkeit ab, die eigenen geistigen und physischen Energien zu kontrollieren und auszurichten, was sehr schwierig, wenn nicht unmöglich ist, wenn wir fortwährend durch äußere Impulse abgelenkt sind. Aus diesem Grunde wird auch das Sitzen im vollen Lotossitz empfohlen; in Verbindung mit anderen Aspekten der Meditationshaltung hilft es, unsere Energien zu zentrieren und sie nach innen zu richten. Obwohl unsere Hauptabsicht darin besteht, nach außen zu gehen und anderen zu helfen, ist es dennoch von größter Wichtigkeit, unsere inneren Kraftquellen zu schützen. Wir dürfen realistischerweise nicht erwarten, andern helfen zu können, wenn wir selbst von den wechselnden Strömungen weltlicher Energie hin und her getrieben werden.

Wie es im alten Indien für Könige üblich war, ist Avalokiteshvara in Seidengewänder gehüllt und mit mehreren juwelenbesetzen Kleinodien wie Armreifen, Halsketten und ähnlichen Kostbarkeiten geschmückt, die versinnbildlichen, dass er die sechs Vollkommenheiten gemeistert hat. In der Art eines Prinzen trägt er sein schwarzes Haar lang; es ist teils hochgebunden, teils fällt es über seine Schultern herab. Dadurch wird ausgedrückt: So wie ein Prinz der Abkömmling und Nachfolger eines Königs ist, genauso ist dieser Bodhisattva der geistige Abkömmling und Nachfolger der königlichen Buddhas. Seinen Kopf ziert eine Krone, die mit fünf verschiedenfarbigen Juwelen[18] geschmückt ist; diese versinnbildlichen die fünf Buddha-Familien, auf die in Kapitel 3 näher eingegangen wird. Er sitzt in einer durchscheinenden Aura, und der Künstler hat ihn vor eine friedliche Kulisse von Hügeln und Seen plaziert.

Mit seinem mitfühlenden Blick schaut Avalokiteshvara auf die Wesen in allen Bereichen des Daseinskreislaufs mit dem innigen Wunsch, dass sie von allen geistigen und körperlichen Leiden, die sie erfahren, befreit werden mögen. Jede Silbe seines Mantras ist auf jeweils einen Bereich gerichtet und wird innerhalb bestimmter Übungen in der diesem Bereich entsprechenden Farbe visualisiert, und zwar

OM	weiß	Götter
MA	grün	Halbgötter
NI	gelb	Menschen
PAD	blau	Tiere
ME	rot	Pretas
HUM	schwarz	Höllenwesen

Wenn die Person, die die Praxis Avalokiteshvaras übt, das Mantra rezitiert, dann visualisiert sie, dass Licht in der entsprechenden Farbe zu den Wesen eines jeden Bereiches ausstrahlt, ihr jeweiliges Leiden stillt und sie dann auf den Pfad zur Befreiung und Erleuchtung führt.[19]

Wie visuelle Bilder wirken Mantras auf verschiedenen Ebenen gleichzeitig. Auf der elementarsten Ebene, der der Schwingung, beziehen sie ihre Kraft aus dem Klang als solchem. Da sie auf die tiefgründigen Erfahrungen erwachter Wesen zurückgehen, sind diese »Worte der Kraft« durchdrungen von erleuchteter Inspiration und Segen.[20] Mit festem Vertrauen *OM MANI PADME HUM* zu rezitieren ist daher ein außerordentlich wirksames Gegenmittel gegen die negativen Kräfte, die uns in die immer wiederkehrenden Leiden der sechs Bereiche von Samsara hinunterziehen wollen.

Zusätzlich zu seiner rein klanglichen Kraft wirkt ein Mantra auch aufgrund seiner Bedeutung, die sich auf verschiedene Arten auffassen lässt. Im Fall von *OM MANI PADME HUM* lassen sich alle vierundachtzigtausend Belehrungen, die Shakyamuni Buddha der Tradition zufolge gegeben hat, anhand dieser sechs Silben darlegen. Eine der vielen möglichen Interpretationen wird im folgenden wiedergegeben.[21]

Weil die Silbe *OM*, die am Anfang fast aller Mantras erscheint, in ihrer Ursprungssprache, dem Sanskrit, aus drei Elementen besteht, steht sie für die Drei Tore: unseren gegenwärtigen Körper, unsere Sprache und unseren Geist. *MANI* bedeutet wörtlich »Juwel« und bezeichnet die mitfühlende Methode eines erleuchteten Wesens; so wie das sagenumwobene wunscherfüllende

Juwel die Kraft hat, unser Verlangen nach Reichtum zu befriedigen, so erfüllt Mitgefühl das Verlangen aller Wesen nach Befreiung vom Leiden. *PADME* ist abgeleitet von »padma«, was »Lotos« bedeutet; dieser versinnbildlicht hier das Wissen um die letztendliche Wirklichkeit; so wie ein Lotos nicht beschmutzt wird durch den Schlamm, in dem er wächst, so ist die Weisheit nicht befleckt durch irgendwelche einengenden Konzepte von inhärenter Eigenexistenz. Die Silbe *HUM* schließlich besteht aus fünf Elementen, die für die fünf Buddha-Familien stehen, in die sich unsere gewöhnlichen geistigen und physischen Bestandteile, auch *Aggregate* genannt, verwandeln, wenn die vollständige Erleuchtung erlangt wird (siehe Tafel 9).

Das Mantra *OM MANI PADME HUM* lässt sich also folgendermaßen interpretieren: Durch den Segen von Guru Avalokiteshvara und die gemeinsame Praxis von Methode und Weisheit werden Körper, Sprache und Geist, wie wir sie gewöhnlich erfahren, umgewandelt, und wir erlangen die vollständige Erleuchtung der fünf Buddha-Familien.

Zur Zeit Shakyamuni Buddhas manifestierte sich Avalokiteshvara als einer seiner großen Bodhisattva-Schüler. In dieser Eigenschaft spielt er eine große Rolle in vielen Reden Buddhas, insbesondere in dem oft rezitierten und studierten *Herz-Sutra*. Darin ist er der Hauptredner, der durch die Inspiration Buddhas dem Arhat Shariputra und einer großen Versammlung von Laien- und Mönchsschülern erklärt, wie ein Bodhisattva unmittelbare Einsicht in die letztendliche Natur der Wirklichkeit erlangt:

... Shariputra, wenn jemand, ob Mann oder Frau, die tiefe Praxis des Hinübergelangens ans jenseitige Ufer der Weisheit ausüben will, sollte er sich in folgender Weise ganz und gar darauf konzentrieren, dass die fünf Skandhas leer von Eigenexistenz sind. Form ist leer; Leerheit ist Form. Leerheit ist nichts anderes als Form; Form ist nichts anderes als Leerheit. Ebenso sind Empfindung, Unterscheidung, Gestaltungskräfte und Bewusstsein leer. Shariputra, auf diese Weise sind alle Phänomene leer, ohne Charakteristik, ohne Entstehen, ohne Vergehen. Sie sind nicht befleckt und nicht getrennt von der Befleckung. Sie sind weder abnehmend noch zunehmend...

Daher, Shariputra..., stützen sich die Bodhisattvas auf das Hinübergelangen ans jenseitige Ufer der Weisheit und verweilen darin; in ihrem Geist gibt es keine Verdunkelung und keine Furcht. Indem sie alle Irrtümer vollständig hinter sich lassen, gelangen sie über die Grenzen des Leidens hinaus. Auch alle Buddhas der drei Zeiten haben sich auf das Hinübergelangen ans jenseitige Ufer der Weisheit gestützt und damit die höchste Erleuchtung, die vollendete Buddhaschaft, erlangt.[22]

In einem anderen Sutra verkündete Shakyamuni selbst, dass Avalokiteshvara durch viele Zeitalter hindurch eine besondere Beziehung zu dem Schneeland Tibet hatte, und prophezeite, dass er einst seine rauhen Bewohner bezähmen und sie auf den Weg zur Erleuchtung führen werde. Dies alles werde das Ergebnis eines Gelöbnisses sein, das Avalokiteshvara vor langer Zeit in Anwesenheit der tausend Buddhas dieses glücklichen Zeitalters abgelegt hatte. In jenem Gelöbnis verlieh er seiner mitfühlenden Absicht Ausdruck:»Möge ich dazu fähig sein, alle Lebewesen im barbarischen Schneeland, wo die Wesen so schwer zu zähmen sind und das noch kein Buddha der drei Zeiten betreten hat, aus der Knechtschaft zu führen... Möge ich dazu fähig sein, sie zur Reife zu bringen und zu befreien, jeden in der ihm zukommenden Weise. Möge dieses düstere, barbarische Land hell und strahlend werden wie eine Insel aus kostbaren Juwelen.«[23] Shakyamuni berichtete auch, wie Avalokiteshvara auf wunderbare Weise aus einem Strahlenbündel von Licht geboren wurde, das aus dem Herzen von Buddha Amitabha (Tafel 10), dem Herrn des Glücklichen Reinen Landes des Westens, ausstrahlte und sich in einen herrlichen Lotos verwandelte. In diesem Lotos wurde die vierarmige Inkarnation Avalokiteshvaras entdeckt, und Amitabha prophezeite, dies sei der Aspekt, der die Tibeter bezähmen werde.

Im Angesicht Amitabhas, seines geistigen Vaters, wiederholte Avalokiteshvara sein Gelöbnis, unablässig für das Wohl aller Wesen zu wirken. Seine mitfühlende Motivation war so stark, dass er erklärte:»Bevor ich nicht allen Lebewesen geholfen habe, möge ich nie auch nur für einen Augenblick versucht sein, den Nutzen anderer zugunsten meiner eigenen Zufriedenheit und meines eigenen Glücks aufzugeben. Sollte ich jemals an mein eigenes Glück denken, möge mein Haupt in zehn Stücke zerspringen... und möge mein Körper in tausend Stücke auseinanderbrechen wie die Blätter eines Lotos.«[24] Danach begab er sich in einen Zustand tiefer meditativer Versenkung, in dem er sehr lange ohne Unterbrechung verweilte. Er rezitierte konzentriert das Sechs-Silben-Mantra und richtete sein Mitgefühl auf jedes einzelne der fühlenden Wesen, mit dem Wunsch, sie möchten sämtlich frei sein von ihrem Leiden.

Als er sich schließlich aus seiner tiefen Versenkung erhob und auf das Schneeland schaute, war er bitter enttäuscht, als er erkannte, dass er nur einer winzigen Anzahl von Wesen aus ihrem Elend herausgeholfen hatte; die große Mehrheit war nach wie vor in ihrer Verblendung gefangen. Verzweifelt rief er aus: »Was nützt mein Streben? Ich kann nichts für sie tun. Es ist besser für mich, wenn ich selbst zufrieden und glücklich bin.« Kaum waren ihm diese Worte über die Lippen gekommen, da zersprang sein Kopf durch die Kraft seines früheren Gelöbnisses in zehn Stücke, sein Körper in tausend, und dies erfüllte den verzagten Bodhisattva mit unerträglichem Schmerz.

Avalokiteshvara rief nach Amitabha, der sofort vor ihm erschien. Der Buddha des Westens blickte liebevoll auf seinen Sohn und redete ihm zu, nicht zu verzweifeln:

> Alle Umstände entstehen aufgrund von Ursachen,
> Die bedingt sind durch den Augenblick der Absicht.
> Jegliches Geschick, das jemandem widerfährt,
> Ist das Ergebnis seines früheren Wunsches.
> Deine machtvollen Wunschgebete
> Wurden von allen Buddhas gepriesen;
> In einem Augenblick
> Wird die Wahrheit gewiss offenbar.[25]

Dann stellte Amitabha Avalokiteshvaras zerrissenen Körper wieder her; er verwandelte sein zerfetztes Fleisch in tausend Hände, deren jede mit einem eigenen Weisheitsauge versehen war. Desgleichen verwandelte er die zerbrochenen Teile seines Kopfes in zehn Gesichter, in neun friedliche und ein zornvolles, so dass er gleichzeitig in alle Richtungen schauen und mit Mitgefühl und Kraft alle Wesen erreichen konnte. Und um zu zeigen, wie sehr er mit seinem Herzenssohn zufrieden war, krönte er die zehn Gesichter des Bodhisattva mit einer Nachbildung seines eigenen. Auf diese Weise entstand der elfgesichtige, tausendarmige Aspekt Avalokiteshvaras, der unter den Tibetern so verbreitet und beliebt ist. Diese Gottheit ist auf Tafel 6 abgebildet, wo sie zusätzlich zu dem Juwel, dem Rosenkranz und dem Lotos der vierarmigen Version noch eine Vase, einen Bogen und ein Rad hält und die Mudra des Gewährens von Verwirklichungen zeigt. (Auf manchen Darstellungen werden aus Gründen der Deutlichkeit nur acht von Avalokiteshvaras tausend Armen gezeigt; in detaillierteren Wiedergaben zeigen die übrigen 992 Hände jeweils die Mudra des Gewährens von Verwirklichungen und weisen in alle Richtungen, so dass die Form eines Kreises entsteht.) Dieser Aspekt Avalokiteshvaras steht im Mittelpunkt der Fasten- und Reinigungspraxis namens *Nyung-nä*, deren Überlieferungslinie auf die voll ordinierte indische Nonne zurückgeht, die in Tibet unter dem Namen Gelongma Palmo bekannt ist.

Avalokiteshvara wurde die Schutzgottheit Tibets und ist es bis zum heutigen Tag geblieben; seine Meditationsübung gehörte zu den allerersten, die im Zuge der ersten Ausbreitung des Buddhismus aus Indien das Schneeland erreichten. Das tibetische Volk erhebt sogar den Anspruch, unmittelbar von Avalokiteshvara abzustammen, der in Gestalt eines Affen die Ureinwohner des Daches der Welt gezeugt haben soll. In der Geschichte Tibets ist der Bodhisattva des Mitgefühls in zahlreichen Gestalten erschienen, um die buddhistischen Lehren zu verbreiten und ihre Anhänger zu schützen. Er wurde unter anderem identifiziert mit dem ersten der großen Dharma-Könige Tibets, Songtsen Gampo (617-698); mit Guru Rinpoche oder Padmasambhava, dem großen indischen Meister, der als erster die Vajrayana-Lehren nach Tibet brachte; mit Atishas berühmtem Schüler Dromtönpa (1004-1064); und mit seiner Heiligkeit Gyalwa Karmapa, dem Oberhaupt der Kagyü-Tradition des Tibetischen Buddhismus.

Vor allem durch die Reihe der aufeinander folgenden Dalai Lamas strömte Avalokiteshvaras mitfühlender Einfluss nach Tibet. Und mit den weitgespannten Aktivitäten seiner Heiligkeit des Vierzehnten Dalai Lama, Tenzin Gyatso, strahlt dieser Einfluss weit über die Grenzen des besetzten Tibet hinaus bis in alle Winkel dieser Welt. Als Bittgebet für das lange Leben dieses mitfühlenden Wesens, damit die Welt weiterhin von seiner Gegenwart profitieren möge, ist es unter Tibetern üblich, das folgende vierzeilige Gebet täglich zu rezitieren, ein Gebet, das inzwischen auch von einer ständig wachsenden Anzahl Praktizierender anderer Länder gesprochen wird:

> In dem himmlischen Reich der Schneeberge
> Ist Tenzin Gyatso die Quelle allen Glücks
> Und der Hilfe für alle Wesen: Er ist Avalokiteshvara selbst.
> Möge sein Leben Hunderte von Äonen währen.[26]

Die folgenden Strophen entstammen einem weitverbreiteten, auf Avalokiteshvara bezogenen Bittgebet:

> Edler Avalokiteshvara, Schatz des Mitgefühls,
> Bitte höre mich an mit deinem Gefolge.
> Errette du mich und meine Väter und Mütter,
> Die sechs Arten von Wesen, vorm Ertrinken im Ozean von
> Samsara.

> Ich bitte, dass wir rasch das tiefe
> Und umfassende Bodhicitta erreichen mögen.
> Mögen unser Karma und unsere Verblendungen,
> Angesammelt seit anfangsloser Zeit,
> Gereinigt werden durch den Nektar deines Mitgefühls.

> Bitte führe uns mit deinen ausgestreckten Händen
> In das Glückselige Land.
> Ich bitte dich und Amitabha,
> In allen künftigen Leben unsere geistigen Lehrer zu werden.
> Geleite uns auf den edlen, makellosen Weg
> Und führe uns rasch zur Buddhaschaft.[27]

Manjushri

Manjushri – Der Sanfte, Glorreiche, Wohltönende – ist die Verkörperung der unendlichen Weisheit der Buddhas. Er ist goldorange[28] und hält in seiner Rechten das flammende Schwert der Weisheit und in seiner Linken den Stengel einer Lotosblume, auf der ein Band der Sutras von der Vollkommenheit der Weisheit liegt (Tafel 7). Der Künstler hat Manjushri dargestellt, wie er sich in der Sphäre des grenzenlosen Raumes manifestiert, um die klare, durch nichts getrübte Natur des allwissenden Geistes dieser Gottheit zu versinnbildlichen.

Alle Attribute Manjushris deuten auf die durch ihn personifizierte Weisheit hin. Sein zweischneidiges Schwert durchtrennt die Schleier falscher Vorstellungen und unterscheidet exakt zwischen der unabhängigen Weise, in der die Dinge zu existieren scheinen, und der abhängigen Weise, in der sie tatsächlich existieren. Das *Sutra von der Vollkommenheit der Weisheit*, das er trägt und das als Buddhas tiefgründigste Deutung der letztendlichen Natur der Wirklichkeit gilt, ist ein weiterer Hinweis dafür, dass Manjushris alles durchdringende Einsicht von höchstem Rang ist. Es heißt, die beiden wirkungsvollsten Methoden, um selber Weisheit zu entwickeln, bestünden im Studium dieser tiefgründigen Sutras und in der Meditation über Manjushri. Es ist bei tibetischen Schulkindern und auch bei Mönchen und Nonnen Sitte, jeden Morgen als erstes Manjushris Mantra zu rezitieren und die Keimsilbe *DHIH*, die die Essenz seiner Weisheit verkörpert, viele Male zu wiederholen.

Wie auch Avalokiteshvara wurde Manjushri mit vielen der wichtigen Schutzpatrone und Gurus identifiziert, mit deren Hilfe der Buddhadharma in Tibet verbreitet und überliefert wurde. König Trisong Detsen (724-798), der Padmasambhava (Tafel 27) aus Indien einlud, um den Vajrayana-Buddhismus in Tibet heimisch zu machen, soll eine Inkarnation Manjushris gewesen sein, ebenso der große Nyingma-Lama Longchen Rabjampa, Sakya Pandita (Tafel 28) und der Gelugpa-Meister Je Tsong Khapa (Tafel 31).

Manjushri spielt nicht nur eine wichtige Rolle in vielen philosophischen Lehrreden Shakyamuni Buddhas, sondern ist auch eine Hauptfigur in Mythen und Legenden, die zu Buddhas Zeit entstanden und heute noch weit verbreitet sind. Eine der berühmtesten dieser Legenden berichtet, wie Manjushri das Kathmandu-Tal in Nepal trockenlegte und es für die Besiedlung durch den Menschen und die Ausbreitung des Buddhadharma bereit machte.

Als der Bodhisattva Manjushri vor vielen Äonen in Meditation versunken auf jenem fünfgipfligen Berg in China saß, der seine Heimstatt ist[29], trat ihm das nepalesische Tal und der darin befindliche See aus reinem Wasser ins Bewusstsein. In diesen See hatte ein früherer Buddha die Wurzel eines Lotos gepflanzt, der sich schließlich zu einer riesigen, tausendblättrigen Blüte entfaltete, und auf diesem Lotos erschien auf wunderbare Weise das blendende Licht, das als Svayambhu Dharmadatu bekannt ist – die selbst entstandene Sphäre der Letztgültigen Wirklichkeit.

Manjushri erhob sich aus seiner Meditation und begab sich in jenes Tal; bei sich trug er sein Schwert Chanda Hasa, »das furchterregende Lachen«. An einem Ort namens Schildkrötenberg spaltete er mit seinem mächtigen Schwert die Erde, so dass das Wasser des Sees nach Süden abfließen konnte. Dann errichtete er zur Wiedergutmachung für die dem Schildkrötenberg auf diese Weise zugefügte Wunde dort einen Schrein zu Ehren Avalokiteshvaras, auf dass der Ort künftig zu einem Platz der Huldigung werde.

Als das Wasser aus dem Tal abfloss, erschien ein Hügel mit Namen Diamantgipfel, der den Lotos und das Licht von Svayambhu trug. In späterer Zeit wurde dieses wundersame Licht in einen Stupa eingeschlossen, um es für die immer mehr entartenden späteren Generationen zu bewahren. Der Svayambhu-Stupa ist noch immer einer der Hauptpilgerorte in Asien, und die Stätte wurde von einer Reihe herausragender buddhistischer Meister besucht, beginnend mit Shakyamuni selbst. Als der große indische Mahasiddha Nagarjuna später dorthinkam, brachte er das *Sutra von der Vollkommenheit der Weisheit* wieder ans Tageslicht, nachdem es einem *Naga*-König, der unter dem Diamantgipfel wohnte, anvertraut worden war; später verhalf er diesen kostbaren Mahayana-Lehren zu weiter Verbreitung und bewirkte damit auf dem gesamten indischen Subkontinent und darüber hinaus ein Wiederaufleben buddhistischer Philosophie und Praxis.

Eine andere beliebte Geschichte, die sich zu Buddhas Lebzeiten zugetragen haben soll, berichtet von Manjushris Begegnung mit einer Gruppe von Buddhas Schülern, die im Begriff waren, Nirvana, die Selbstbefreiung der Arhatschaft, zu erlangen. Er trat ihnen entgegen und erklärte seine Überzeugung, dass es etwas noch sehr viel Erstrebenswerteres gebe als lediglich die eigene Befreiung, nämlich das vollständige Erwachen der Buddhaschaft. Dann erläuterte er ihnen die mitfühlende Bodhicitta-Motivation und lehrte sie den Weg, der zur Erleuchtung zum Wohle anderer führt. Die Schüler waren entsetzt, das Ziel ihrer intensiven Übung, Nirvana, auf eine mindere Stufe herabgesetzt zu sehen, und wehrten sich durch Verleumdung des Bodhisattva-Weges, den Manjushri ihnen soeben offenbart hatte. Als Folge des Grolls, den sie gegen diese erhabene Lehre erzeugten, wurden ihre vorherigen Verwirklichungen zunichte; sie verfehlten nicht nur das angestrebte Ziel der Arhatschaft, sondern wurden nach ihrem Tod sogar in einem leidvollen niederen Bereich wiedergeboren!

Verblüfft über das Geschehen, dessen Zeuge er geworden war, ging der Bodhisattva Vajrapani (Tafel 8) sogleich zu Shakyamuni Buddha und bat den Allwissenden, die Bedeutung von Manjushris Handlungsweise zu erklären. Shakyamuni antwortete ihm: »Was du gesehen hast, ist ein Beispiel für Manjushris große, mitfühlende Weisheit. Hätten diese Schüler Nirvana erreicht, dann hätte es Äonen gedauert, sie aus der Glückseligkeit ihrer eigenen Befreiung zu wecken, so dass sie zum Wohle anderer wirken können. Doch durch Manjushris Eingreifen wird der Eindruck des Bodhisattva-Weges, wenn diese Schüler ihre leidvolle Wiedergeburt durchlitten und dadurch die schädlichen Wirkungen ihres Grolls und ihrer Engstirnigkeit bereinigt haben, in ihrem Geist mit großer Kraft entstehen. Indem sie diesem Weg folgen, werden sie rasch die volle Erleuchtung erlangen und so nicht nur sich, sondern auch zahllosen anderen den höchsten Nutzen erweisen.«[30]

Diese Legenden verdeutlichen, wie Manjushris Weisheit Schutz vor dem bietet, was oft als »zwei Ängste« bezeichnet wird, die Angst vor Samsara und die Angst vor Nirvana. Was die erste betrifft, so sind alle beängstigenden geistigen und körperlichen Leiden in den sechs Bereichen des Daseinskreislaufs das Ergebnis negativen Karmas – jener zerstörerischen, unheilsamen Handlungen, die uns unwillkürlich aus einem unbefriedigenden Zustand in den nächsten treiben. Wie im Lebensrad dargestellt wird, sind alle diese negativen Handlungen motiviert von den Verblendungen – Gier, Haß, Eifersucht und ähnlichem -, die ihrerseits in unserer Unwissenheit bezüglich der tatsächlichen Existenzweise der Phänomene gründen. Manjushris Weisheitsschwert zerstört die falschen, irreführenden Vorstellungen, die von dieser grundlegenden Unwissenheit erzeugt werden, und schenkt dabei letztendlichen Schutz vor den Ängsten des Daseinskreislaufs.

Was die zweite dieser beiden Ängste angeht – die vor dem Nirvana oder dem Frieden für sich selbst -, so scheint dieser Ausdruck auf den ersten Blick in sich widersprüchlich zu sein. Denn was ist noch zu fürchten, wenn die Wurzelursache allen persönlichen Leidens für immer beseitigt worden ist? Wie die Geschichte von Manjushri und den Beinahe-Arhats zeigt, bezieht sich die Angst vor dem Frieden der eigenen Befreiung nicht auf das eigene Leiden – denn dieses wurde völlig überwunden -, sondern auf die Art, in der diese beseligende Befreiung Selbstgefälligkeit und Gleichgültigkeit gegenüber dem Leiden anderer erzeugt. Solche Gleichgültigkeit ist der genaue Gegensatz zu der mitfühlenden Bodhicitta-Motivation, Erleuchtung zum Wohle der anderen zu erreichen. Manjushris von Mitgefühl durchdrungene Einsicht verliert niemals das Wohlergehen derjenigen aus den Augen, die wie wir nur glücklich sein und dem Leiden entrinnen wollen. Diese altruistische Einstellung schützt uns vor der »Angst«, unter Vernachlässigung aller anderen, in ihrem selbstgeschaffenen Kerker gefangenen Wesen nur nach unserer eigenen Befreiung zu streben.

Die folgenden Lobverse auf Manjushri werden oft zu Beginn von Dharmabelehrungen rezitiert, um die Inspiration der erleuchteten Weisheit herbeizurufen:

Ich verbeuge mich vor meinem Guru und Beschützer
    Manjushri,
Der vor seiner Brust einen Text der Schriften hält
Als Sinnbild seiner Kenntnis aller Wissensobjekte;
Dessen Einsicht erstrahlt wie die Sonne,
Ungetrübt durch Befleckung oder Spuren der Unwissenheit;

Der mit der geduldigen Liebe eines Vaters zu seinem
  einzigen Kind
Auf sechzig Arten alle Geschöpfe unterweist,
Die im Gefängnis von Samsara gefangen sind,
Verwirrt in der Dunkelheit ihrer Unwissenheit,
Überwältigt von ihrem Leiden.
Du, dessen Drachendonner uns aus der Dumpfheit
  unserer Befleckungen aufschreckt
Und uns aus den Fesseln unseres Karmas befreit;
Dessen mächtiges Weisheitsschwert das Leiden vernich-
  tet, wo immer es sich zeigt, und die Finsterns jeglicher
Unwissenheit verjagt;
Zu dir flehe ich, o Manjushri,
Dessen fürstlicher Körper mit allen einhundertzwölf
  Zeichen eines Buddha geschmückt ist;
Der die zwölf Stufen vollendet
Und damit die höchste Vollkommenheit eines Bodhi-
  sattva erreicht hat,
Der rein war von Anbeginn:

Ich flehe dich an, die Finsterns aus meinem Geist zu
  vertreiben.
Erleuchte die Finsternis, die meinem Geist umfängt.
Befähige mich, ein unumstößliches Verständnis der
  Schriften zu erlangen.
Erleuchte mich durch das Strahlen deiner Weisheit,
O all-liebender Manjushri![31]

Vajrapani

Vajrapani – Der mit einem Diamantzepter in der Hand – ist die Verkörperung der unermesslichen Kraft aller Buddhas und die erste Meditationsgottheit dieser Folge, die in zornvollem Aspekt dargestellt wird. Wie es für eine Gestalt, die erleuchtete Kraft oder Energie symbolisiert, angemessen ist, wird Vajrapani auf Tafel 8 in stehender, aktiver Haltung gezeigt anstatt in der gewohnten, sitzenden Meditationshaltung. Er ist von tiefblauer Farbe und trägt zum Zeichen seiner Furchtlosigkeit einen Tigerfellschurz um die Hüften. Beide Hände zeigen die Mudra der Drohung, die zur Überwindung von Hindernissen eingesetzt wird, und in seiner rechten Hand hält er einen Vajra, ein diamantenes Zepter. So wie der Zeus des Olymp als Symbol seiner Macht einen Donnerkeil schwingt, so führt Vajrapani einen Vajra als Sinnbild der Kraft des vollkommenen geistigen Erwachens.

Er ist nicht nur durch Juwelenschmuck geziert, sondern auch mit Schlangen des Zorns, die er durch die überlegene Kraft seines Mitgefühls unter Kontrolle hält. Er schreitet auf einer Sonnenscheibe einher und zeigt einen zornvollen Ausdruck, wobei er vier Fangzähne entblößt. Seine Augenbrauen, sein Schnurrbart und sein Bart haben die Form von Flammen, und sein langes, wehendes Haar steht wild zu Berge. Vajrapani ist zwischen den Brauen mit einem dritten Auge der Weisheit ausgestattet und umgeben von Flammen der Weisheitsenergie, die allen Poren seines Körpers entströmt. Der Künstler hat diese grimmig wirkende Gestalt wirkungsvoll von einem Hintergrund verschneiter Berggipfel des Himalaya abgesetzt.

Vor Vajrapani steht ein achtspeichiges Dharmarad, das den *achtfachen Pfad* der Buddha-Lehre versinnbildlicht. Das Rad weist auch darauf hin, dass der Dharma erleuchteter Wesen nicht statisch ist, sondern sich von einer Kultur zur andern fortbewegt und dabei geschmeidig neue Formen annimmt, um die ewigen Wahrheiten auszudrücken: die leidhafte Natur des Daseinskreislaufs und die Wege, die aus immer wiederkehrender Not zu wahrer Befreiung und Erleuchtung führen.

Die Buddhaschaft bringt die drei wesentlichen Qualitäten Mitgefühl, Weisheit und Kraft, letztere auch als »wirkungsvolle

Methode« bezeichnet, zur Reife. Die Notwendigkeit, alle drei zu pflegen, um die eigene altruistische Absicht in die Tat umzusetzen, wird durch folgendes Gleichnis illustriert. Angenommen, wir werden Zeuge eines Unfalls, bei dem ein kleiner Junge in einen Fluss fällt und in Gefahr gerät zu ertrinken. Selbst wenn es nicht unser Kind ist, ist es sehr leicht, Mitgefühl für ihn zu entwickeln, weil in uns mühelos der aufrichtige Wunsch entsteht, er möge so schnell wie möglich gerettet werden. Vielleicht verstehen wir auch genau, was die Gefahr verursacht hat und was getan werden muss, um den Jungen davor zu retten; und dieses Verständnis an sich ist eine Form von Weisheit. Doch wenn wir körperlich behindert, durch eine Krankheit geschwächt oder in sonstiger Weise eingeschränkt sind, dann werden unser ganzes Mitgefühl und unsere ganze Weisheit nichts nützen; wir haben keine Möglichkeit, dem Jungen wirklich zu helfen.

In ähnlicher Weise benötigen wir, wenn wir allen Wesen tatsächlich nützen wollen, mehr als nur Mitgefühl mit ihrem Leiden und die klare Weisheit, die die Ursache jenes Leidens durchschaut; wir benötigen das erforderliche Geschick und die Fähigkeit, unser Mitgefühl und unsere Weisheit in die Tat umzusetzen. Dies erfordert unter anderem, dass wir die inneren Voraussetzungen derer, denen wir helfen sollen, kennen und intuitiv begreifen, welche Vorgehensweise den angestrebten Nutzen am besten erbringt. Wenn wir ungeschickt sind, dann machen wir ungeachtet unserer guten Absichten die Dinge sehr leicht noch schlimmer, als sie ohnehin schon sind. Darum muss der angehende Bodhisattva zusätzlich zu Mitgefühl und Weisheit, die in Avalokiteshvara und Manjushri verkörpert sind, auch die Kraft und die wirkungsvolle Methode Vajrapanis entwickeln.

Da jedes Individuum seine eigenen Anlagen und karmischen Schleier aufweist, wird eine einzige Methode – wie tiefgründig sie auch sei – niemals für alle optimal wirken. Der wirklich geschickte Lehrer muss daher manchmal auf unorthodoxe Mittel zurückgreifen, um den Geist anderer zu zähmen, so wie Shakyamuni Lam-chung als einzige spirituelle Praxis die bescheidene Aufgabe übertrug, den Tempelboden zu fegen. In einem anderen Beispiel sagte Buddha einmal einem Mönch, der mit seinen Übungen Schwierigkeiten hatte, dass er, anstatt in der üblichen Haltung mit überkreuzten Beinen dazusitzen, sich beim Meditieren lieber hinlegen solle. Kraft seiner Hellsicht erkannte er, dass dieser bestimmte Schüler noch starke Eindrücke von seinem vorherigen Leben als Kuh in sich trug und dass eine liegende Haltung daher für ihn geeigneter wäre. Schließlich lässt sich auch ein zeitgenössischer Lehrer anführen, der auf die Frage, warum er manche seiner Schüler anwies, eine bestimmte Sache zu tun, und anderen genau das Gegenteil vorschrieb, zur Antwort gab: »Wenn ich sehe, dass jemand zu weit nach links geht, dann sage ich 'Geh nach rechts!' Und wenn ich sehe, dass jemand gar zu weit nach rechts geht, dann sage ich 'Geh nach links.' Ob ich nun 'links' oder 'rechts' sage – ich versuche nur, sie alle in die Mitte des einen Weges zu bringen.«[32] Alle diese Beispiele demonstrieren die wirkungsvolle Methode, für die Vajrapani steht.

Was Shakyamunis Bodhisattva-Schüler namens Vajrapani betrifft, so berichten viele Geschichten von den machtvollen Mitteln, die er zur Verbreitung und zum Schutz der Lehren einsetzte. Bei einer bestimmten Gelegenheit saß Shakyamuni auf dem Geierberg bei Rajagriha, dem Ort, wo er die Sutras von der Vollkommenheit der Weisheit verkündete. Da ließ sein eifersüchtiger Vetter Devadatta einen riesigen Felsbrocken den Berg herunterrollen, mit dem er ihn ermorden wollte. Gerade als der riesige Stein Buddha zu zermalmen drohte, spaltete Vajrapani ihn mit seiner gewaltigen Kraft entzwei, so dass die Hälften des Felsblocks an ihm vorbeirollten, ohne Schaden anzurichten. In Anerkennung der besonderen Kräfte Vajrapanis betraute Buddha ihn mit dem Schutz der Tantras, jener machtvollen Vajrayana-Lehren, die geeignete Schüler in nur einem einzigen kurzen Leben zur völligen Erleuchtung führen können. Als Schützer dieser kostbaren esoterischen tantrischen Lehren wird Vajrapani auch manchmal »Herr der Geheimnisse« genannt.

Vajrapani wird allerdings nicht immer in zornvoller Gestalt abgebildet. Seine friedvolle Form findet sich zum Beispiel bei bestimmten Übungen in Zusammenhang mit der weiblichen Langlebensgottheit Ushnisha Vijaya (Bild 8); in der Visualisierung wird sie zur Rechten von einem zweiarmigen Avalokiteshvara und zur Linken von einer friedvollen Emanation Vajrapanis flankiert. So wie wir weltlichen Wesen unsere essentiell reine Natur in eine riesige Zahl verschiedener Emanationen hüllen, so kleidet sich auch der Erleuchtungsimpuls in unterschiedliche

Manifestationen, um die Wesen am wirksamsten zu erreichen. So sind die Fülle und Vielfalt der Vajrayana-Bildwelt als solche bereits Beispiele der wirkungsvollen Methode, die Vajrapani verkörpert.

Wie bei Avalokiteshvara und Manjushri wurden bestimmte wichtige Gestalten der religiösen Geschichte Tibets als Emanationen Vajrapanis betrachtet. Dazu gehört unter anderem der Dharma-König Ralpachen, der im neunten Jahrhundert die Sache des Buddhismus sehr förderte, indem er die tibetischen Ausdrücke, die für die Übersetzung der Sanskrit-Originale der Dharmatexte verwendet wurden, vereinheitlichte. Auch der große Sakya-Lama Drogön Chagna Dragpa wird als Emanation Vajrapanis angesehen, ebenso Je Tsong Khapas berühmter Schüler Khedrub Je; dieser wird oft mit einem leicht zornvollen Ausdruck dargestellt, der seine Verwandtschaft mit dem grimmigen Herrn der Geheimnisse bekundet.

Die herausragenden Qualitäten Vajrapanis werden in den folgenden Huldigungsversen aus der täglichen Praxis dieser Gottheit zusammengefasst:

Die vereinte Kraft aller Erhabenen Wesen
Ist erschienen als Vajrapani, der Herr der Geheimnisse.
Bereits die Erinnerung an seinen glorreichen Namen
  erweckt die reine, unzerstörbare Energie
Und tilgt vollständig alles negative Karma,
Verblendung, Schaden und jedes Hindernis.
Vor dem Bewahrer des verborgenen Schatzes verneige
  ich mich.[33]

Die Essenz des Bodhisattva-Weges verdeutlichen folgende Verse des Dreizehnten Dalai Lama, in denen der nach Erleuchtung Strebende mit einem Krieger verglichen wird, dessen Avalokiteshvara-Mitgefühl und Manjushri-Weisheit ergänzt werden müssen durch die Entwicklung von Kraft und Geschick, wie sie Vajrapani besitzt:

Bodhisattvas gleichen den mächtigsten Kriegern;
Aber ihre Feinde sind nicht gewöhnliche Widersacher
  aus Fleisch und Bein.

Ihr Kampf gilt den inneren Verblendungen,
Den Plagen der Selbstsucht und des Greifens nach einem
Ego,
Jenen schrecklichsten Dämonen,
Die die Lebewesen in der Schlinge der Verwirrung fangen
Und sie auf ewig in Schmerz, Enttäuschung und Kummer umherirren lassen.
Sie ziehen aus, um Unwissenheit und Verblendung zu
bekämpfen, niemals die Lebewesen.
Denn diese betrachten sie mit Güte, Geduld und Zuneigung,
lieben sie wie eine Mutter ihr einziges Kind.
Sie sind wahre Helden; standhaft nehmen sie jede Mühsal auf sich,
Um der Welt Frieden, Glück und Befreiung zu bringen.[34]

3 Die fünf Buddha-Familien

Um die Erleuchtung eines Buddha zu erreichen, bedarf es einer grundlegenden Transformation: einer alchemistischen Umwandlung unserer niedrigen, egozentrischen Begrenzungen in die goldene Ausstrahlung allumfassender liebender Güte und allumfassenden Verständnisses. Doch wie ist eine so radikale Transformation möglich? Nach den Lehren des Vajrayana liegt die Antwort in eben jenen Verblendungen, die uns gegenwärtig in einem Zustand der Gefangenschaft und der Unerfülltheit festhalten. Wie das von den Buddhas der fünf Familien versinnbildlichte System zeigt, speist dieselbe verknotete Energie, die die giftigen Verblendungen nährt, in entwirrtem Zustand die verschiedenen transzendenten Weisheiten des erleuchteten Geistes.

Das Vajrayana-System spiritueller Transformation, wie es von den Fünf Buddha-Familien (Abbild. 7 und Tafel 9) repräsentiert wird, führt uns die tiefgreifenden Unterschiede zwischen unserem gewöhnlichen Bewusstsein und dem offenen, voll entwickelten Zustand des erleuchteten Bewusstseins vor Augen. Paradoxerweise führt es uns ebenfalls vor Augen, dass es unter den oberflächlichen Schleiern, die unseren Geist trüben, eine essentielle Natur gibt, die sich in keiner Weise von der essentiellen Natur der Erwachten unterscheidet.

Abbildung 7: Nirmanakaya – Aspekte der Buddhas der fünf Familien

92

Übersichtstafel 1: Die Attribute der fünf Buddha-Familien

Familie	Oberhaupt	Gefährtin	Richtung	Farbe	Mudra
Vajra (Diamantzepter)	Vairochana	Lochana	Osten (unten)	weiß	Lehren
Ratna (Juwel)	Ratnasambhava	Vajradhatvishvari	Süden (links)	gelb	Geben
Padma (Lotos)	Amitabha	Pandaravasin	Westen (oben)	rot	Meditation
Karma (Handlung)	Amoghasiddhi	Tara	Norden (rechts)	grün	Schutz
Buddha	Akshobya	Mamaki	Mitte	blau	Erdberührung

Die Verbindung zwischen den beschränkenden Verblendungen und der erleuchteten Weisheitsenergie, in die sie umgewandelt werden, lässt sich am unmittelbarsten durch das Medium und das Erleben der Farbe veranschaulichen.[2] Es ist allgemein bekannt, dass Farbe unsere Stimmungen beeinflusst und dass eine Farbveränderung unserer Umgebung eine tiefgreifende Wirkung auf unseren Gemütszustand ausüben kann. Die Farbe drückt auch unsere Emotionen aus, wenn wir zum Beispiel sagen, wir seien grün vor Neid oder wir sähen rot. Ebenso zutreffend, wenn auch nicht immer so augenfällig, ist die Tatsache, dass unsere Stimmungen auch die Art und Weise beeinflussen, in der wir Farbe erleben. So kann zum Beispiel der blaue Himmel, der uns hell und funkelnd vorkommt, wenn wir glücklich sind, dumpf oder drückend wirken, wenn wir deprimiert sind.

In der Vajrayana-Kunst und den Übungen schöpferischer Visualisierung, in denen sie eingesetzt wird, spielt diese enge Beziehung zwischen Farbe und Geistes- und Gemütszuständen eine wichtige Rolle. Nicht zufällig oder aus einer Laune des Künstlers heraus sind die in diesem Buch präsentierten Gestalten alle in hellen, leuchtenden Farben gemalt. Hätte man die Farben abgetönt oder gemischt, hätten diese Gemälde bestimmten ästhetischen Konventionen des Westens besser entsprochen, doch hätte sie das unweigerlich ihrer eigentümlichen Kraft beraubt. Und in genau dieser Kraft – ihrer Fähigkeit, den Verwandlungsprozess vom bedingten Dasein hin zur erleuchteten Weisheit zu unterstützen und zu verkörpern – liegt ihr spezieller Wert.

Sambhogakaya-Aspekte
der Buddhas der fünf Familien

Die Farben der fünf Buddha-Familien liefern einen kostbaren Schlüssel zu einem unmittelbaren, intuitiven Verständnis dessen, was beim Prozess spiritueller Transformation geschieht (siehe Tafel 9). Vairochana (der Erleuchtende) ist zum Beispiel weiß, eine Farbe, die im Vajrayana sowohl mit dem Element Wasser als auch mit dem verblendeten Geisteszustand Zorn in Verbindung gebracht wird. So wie die Farbe weiß entweder trüb oder strahlend sein kann, so kann auch die dem Zorn zugrunde liegende Energie entweder destruktiv oder konstruktiv eingesetzt werden. Die mit Vairochana verbundenen Übungen und die Gottheiten der Vajra-Familie sind dazu geeignet, die Energie des Zorns zu erschließen und sie in der konstruktivsten Weise neu auszurichten – auf den Weg zum völligen Erwachen.

Für gewöhnlich reagieren wir zornig auf Enttäuschung, Beleidigung, Aggression und ähnliches; ein Aspekt unserer vermeintlich festen Ego-Struktur wird in irgendeiner Weise bedroht, und plötzlich spüren wir, wie eine heftige, gegen diese Bedrohung gerichtete Energie in uns aufwallt. Die Resultate sind im Allgemeinen sehr destruktiv – Geschrei und Zank bis hin zu Mord und Totschlag –, doch die hervorgerufene Energie als solche ist nicht negativ. Wenn sie von dem neurotischen Syndrom 'Zorn' abgekoppelt wird, hat ihre ungeheure Kraft die Möglichkeit, eine dramatische Veränderung unseres Bewusstseinszustandes herbeizuführen. Unser Geist, der zuvor vielleicht so trübe und träge war wie stehendes Wasser oder so turbulent wie ein Strudel, wird plötzlich ausgesprochen klar und konzentriert; seine spiegelgleiche Qualität tritt deutlicher zutage, so dass Dinge, die ihm zuvor verborgen waren, prägnant und klar darin reflektiert werden. Dieses gesteigerte Gewahrsein entspringt nicht der Verleugnung oder Unterdrückung wesentlicher Anteile unserer Natur. Es beruht im Gegenteil auf einer neu gewonnenen Kontrolle über die grundlegenden Energien unseres Geistes und ihrem Einsatz mit dem Zweck, die aus Unwissenheit und Unsicherheit entstandenen begrenzenden und selbstzerstörerischen Gewohnheitsmuster zu durchbrechen.

Die fünf Buddha-Familien

Die Umwandlungsübungen der übrigen vier Buddha-Familien lassen sich ebenfalls so verstehen, dass sie die egozentrisch verknoteten Gewohnheitsmuster der jeweiligen Verblendungen auflösen und die zugrunde liegenden Energien für konstruktive Zwecke nutzbar machen. Ratnasambhava (der Juwelengeborene) setzt an bei unserer Kleinlichkeit und unserer dünkelhaften Überheblichkeit, jenem Abwehrverhalten, das unsere Unsicherheit mit der imposanten Maske der Selbstüberhöhung oder des arroganten Stolzes kaschieren will. Solcher Stolz trennt uns von andern, und es ist die Aufgabe der Juwelenfamilie, diese kränklich 'gelbe' Einstellung umzukehren, so dass das volle, goldene Licht weitherziger Großzügigkeit gleichmäßig auf alle strahlen kann.

Übersichtstafel 2: Transformation und die fünf Buddhas

Buddha	Element	Aggregat	Verblendung	transzendente Weisheit
Vairochana	Wasser	Form	Zorn	spiegelgleich
Ratnasambhava	Erde	Empfindung	Stolz, Geiz	Gleichmut
Amitabha	Feuer	Unterscheidung	Anhaftung	unterscheidend
Amoghasiddhi	Wind	Gestaltungskräfte	Eifersucht	alles bewirkend
Akshobhya	Raum	Bewusstsein	Dummheit	allumfassend

In ähnlicher Weise arbeitet die Lotos-Familie Amitabhas (Unermessliches Licht) mit der Energie verblendeter Anhaftung. Die Farbe Rot repräsentiert die brennende Leidenschaft, die wir für begehrenswerte Objekte, seien es Menschen oder Dinge, empfinden, und diese heftige Leidenschaft ist oft so verzehrend, dass wir davon geblendet sind. Durch das Wirken Amitabhas und der Gottheiten seiner Familie wird diese blinde Leidenschaft umgewandelt in die klarsichtige Wärme echten liebenden Mitgefühls, indem wir den selbstsüchtigen Ansprüchen des Ego entrinnen und unser Augenmerk auf das Wohlergehen der anderen lenken. Für solchen Altruismus steht beispielhaft Avalokiteshvara, einer der wichtigsten Mitglieder der Lotos-Familie Amitabhas und die ureigenste Personifikation erleuchteten Mitgefühls.

Wenn Eifersucht und Neid, diese äußerst destruktiven Emotionen, in uns entstehen, dann nagen sie an unserem Innersten, und wir haben ein Gefühl, als würden wir grün im Gesicht. Wir werden so in Besitz genommen von dem Objekt unserer Eifersucht oder unseres Neides, dass wir überhaupt nicht mehr davon ablassen können und jede seiner Einzelheiten genau erforschen. Solange Neid und Eifersucht andauern, scheint nichts anderes zu existieren. Doch grün ist auch die Farbe üppigen Wachstums, des selbstlosen Sich-Verströmens der Mutter Natur, der ständig sich erneuernden Fülle des Lebens in seinen zahllosen Formen. Dieselbe unerschöpfliche Energie wohnt im innersten Kern unseres Wesens, aber um sie zu befreien, müssen wir zuerst unsere Aufmerksamkeit von den nagenden Ansprüchen unseres unbedeutenden kleinen Ego lösen. Dies vermögen wir zu tun, indem wir uns auf die Übungen von Amoghasiddhis (Ungehindertes Erreichen) Karma-Familie stützen; sie versetzen uns in die Lage, alles zu vollbringen, was notwendig ist, um zum Wohle anderer zu wirken.

Die letzte der fünf ist die Familie Akshobhyas (des Unerschütterlichen), dessen blaue Farbe den weiten Raum und die allumfassende Weisheit versinnbildlicht, die die letztgültige Realität aller Phänomene unmittelbar erfasst. So wie das Auge wahrnimmt, wie die scheinbar festen, stabilen Wolken aus dem klaren blauen Himmel hervorgehen und sich schließlich auch wieder in ihn auflösen, so entstehen auch unsere angeblich konkreten Begriffe von »diesem« und von »jenem« aus der klaren, unverstellten Natur des Geistes selbst und lösen sich wieder in sie auf. In der offenen, raumumfassenden Sicht der Weisheit werden alle Vorstellungen eines für sich bestehenden Selbst als illusorisch gesehen. Doch für den von Unwissenheit geprägten Geist bildet diese Offenheit eine schwerwiegende Bedrohung. Uns packt Entsetzen angesichts der Vorstellung, verschlungen und in einem riesigen, gestaltlosen Nichts ausgelöscht zu werden, und aus Angst davor klammern wir uns immer verzweifelter an unsere individuelle Ich-Identität. In dem Versuch, uns zu schützen, wenden wir uns von allem ab, was unser zerbrechliches Ego bedrohen könnte, und versinken in einen dumpfen, trüben Zustand engstirniger Dummheit. Damit Erleuchtung erreicht wird, muss die dieser angstbesetzten Dummheit zugrunde liegende Energie befreit werden, so dass sie nach draußen ausstrahlen kann, bis sie so ausgedehnt wird wie der Raum selber. Dies geschieht durch die Übungen Akshobhyas, des Buddhas der allumfassenden Mitte.[4]

Amitabha

Von den fünf erwähnten Buddhas ist Amitabha, das Oberhaupt der Lotosfamilie (Tafel 10), wohl mit Recht als der populärste zu bezeichnen. Sein Name bedeutet »unermessliches Licht«, und er ist der Hauptbuddha Sukhavatis, des Glückseligen Reinen Landes des Westens. (In anderem Zusammenhang ist er die Verkörperung der erleuchteten Rede aller Buddhas, wobei Vairochana den erleuchteten Körper und Akshobhya den erleuchteten Geist darstellen.) Amitabhas Körper hat die Farbe der untergehenden Sonne; er sitzt in der Meditationshaltung, und seine im Schoß ruhenden Hände halten eine nektargefüllte Bettelschale. Auf dem hier wiedergegebenen Gemälde trägt er Mönchsgewänder und erscheint in einer von Wolken getragenen Aura aus Regenbogenlicht.

Wie Asienreisende oder Besucher von Museen Fernöstlicher Kunst bestätigen können, ist Amitabha eine der meistverehrten Gestalten des Buddhismus von China, Korea und Japan. Der Hauptgrund dafür liegt in der Beliebtheit, der sich die als 'Buddhismus des Reinen Landes' bekannte Form von Kult und Praxis, in der Amitabha im Mittelpunkt steht, in jenen Ländern erfreut. Anhänger dieses Systems richten ihre ganze Hingabe auf Amitabha, weil sie glauben, dass sie nach dem Tod in seiner Nähe in Sukhavati wiedergeboren werden. Dieses Reine Land liegt außerhalb der Leidensbereiche des gewöhnlichen Daseinskreislaufs, und alle Umstände dort sind hilfreich für das letztendliche Erreichen der Buddhaschaft. Wie es in den Sutras, die dieser auf Frömmigkeit basierenden Form buddhistischer Praxis zugrundeliegen, heißt, verkünden in Sukhavati sogar das Rauschen des Windes und das Gezwitscher der Vögel den Dharma zum Nutzen derjenigen, die das Glück hatten, dort wiedergeboren zu werden.

Shakyamuni offenbarte, dass das Reine Land Sukhavati als Ergebnis der unbefleckten Motivation und der reinen Übungen Amitabhas entstand, als dieser vor langer Zeit als Bodhisattva Dharmakara lebte. Das war zur Zeit von Buddha Lokeshvararaja, in dessen Gegenwart Dharmakara erklärte:

> Sollte ich einst Buddhaschaft erreicht haben und sollten
> dann die Wesen in den zehn Richtungen nach dem

Hören meines Namens ihre Gedanken auf mein Land
richten und die Wurzeln ihres Verdienstes einpflanzen
und sie mit ihren Gedanken der Zuversicht zur Reife
bringen und wünschen, in meinem Land wiedergeboren
zu werden, möge ich dann, wenn sie daraufhin ihr
erstrebtes Ziel nicht erreichen, das vollendete Wissen
nicht erlangen.[6]

Als er dieses Gelöbnis zum Wohle aller Wesen abgelegt hatte,
erfüllte Dharmakara viele Zeitalter lang die Pflichten eines Bodhisattva. Er hatte soviel Verdienst angesammelt, dass er, wo immer
er auch geboren wurde, den Wohlgeruch von Weihrauch ver-
strömte, umgeben war von Reichtum und die Fähigkeit besaß, auf
wunderbare Weise Speise und Trank aus seinem Körper hervorgehen zu lassen. Als er schließlich als Amitabha volle Erleuchtung
erlangte, verwandelte sich seine Umgebung von selber in Sukhavati, das westliche Paradies, ein Land von unvorstellbarer Pracht
und Schönheit.

Nach ihrem Tod in dieser Welt werden die Anhänger Amitabhas in diesem Reinen Land wieder geboren. Auf Lotos-Blüten
sitzend, empfangen sie Belehrungen von Amitabha selbst und von
den zahllosen anderen Buddhas, die diesen Bereich bewohnen.
Diese glückbegünstigten Wesen erfahren keines der Leiden des
Daseinskreislaufes, müssen nie wieder eine niedere Wiedergeburt
annehmen, entwickeln sich unumkehrbar auf die Erleuchtung hin
und erreichen schließlich die Buddhaschaft.

Eines der Hauptsutras, die von den Anhängern des Buddhismus
des Reinen Landes studiert wird, gibt Anleitungen, wie zur Vorbereitung auf den Tod Amitabha, sein Gefolge, Sukhavati und alle
Herrlichkeiten dieses Bereiches zu visualisieren sind. Sie empfiehlt, wie andere Sutras auch, die Rezitation von Amitabhas
Mantra, die nach Auffassung einiger Schulen allein schon aus-
reicht, um eine Wiedergeburt in Sukhavati herbeizuführen.

Die Hauptvoraussetzung für die erfolgreiche Praxis ist, ganz
allgemein gesprochen, Vertrauen zu und Hingabe an Amitabha,
und dies erklärt die ungeheure Popularität der Übungen des Reinen Landes unter den Laien im Fernen Osten. In Japan gibt es
zum Beispiel Tempel, in denen die Priester selbst dem strengen
und anspruchsvolleren Weg der Zen-Meditation folgen, während

sie die Besucher, die ihre Verehrung bekunden wollen, auf die Hingabe an Amitabha verweisen.

Es wäre ein Irrtum, daraus zu schließen, die Übungen des Reinen Landes seien in irgendeiner Weise minderwertig oder nur für die anspruchslose breite Masse geeignet. Auch nach Aussage bedeutender Meister strengerer Übungsformen können mehr Menschen aus dem Weg der Hingabe Nutzen ziehen als aus eher intellektuell ausgerichteten Schulungswegen. Überdies lassen sich die Übungen des Reinen Landes, wie andere buddhistische Lehren auch, auf vielen Ebenen praktizieren. Eine Geschichte berichtet von einem gelehrten Mönch, der eine alte Frau traf, die beim Gehen Amitabhas Mantra rezitierte. »Wohin gehst du?«, fragte er sie. »Nach Sukhavati«, war die Antwort. »Dann sag mir doch, Mütterchen«, erkundigte sich der Mönch in spöttisch herablassendem Ton, »wo liegt denn dieses Sukhavati?« Die alte Frau zeigte auf ihr Herz, und der Mönch verbeugte sich achtungsvoll vor ihr, beeindruckt von dem Verständnis dieser einfachen Frau.

Übungen, die zu einer Geburt in einem Reinen Land führen, sind nicht auschliesslich im Fernen Osten zu finden und beziehen sich auch nicht alle ausschließlich auf Amitabha. Sie sind eigentlich ein fester Bestandteil vieler Vajrayana-Methoden, die sich in Indien entwickelten und sich nach Nepal, Tibet und anderswohin verbreiteten. Die fortgeschrittensten dieser Methoden vermögen den geeigneten und entschlossenen Praktizierenden innerhalb dieses einen Lebens zum vollen Erwachen zu führen. Allerdings werden von denen, die sich auf diese tiefgründigen Techniken einlassen, nur wenige tatsächlich imstande sein, sie zur Vollendung zu bringen, bevor sie sterben. Die Schüler auf dem geistigen Weg werden deshalb unterwiesen, zum Zeitpunkt des Todes ihr Bewusstsein in ein Reines Land zu übertragen, um so ihre Praxis ohne Unterbrechung fortsetzen zu können. So findet sich zum Beispiel das folgende Gebet, die Bitte um eine Geburt in einem Reinen Land, am Ende eines Textes über Heruka Chakrasamvara (Tafel 22), eine der wichtigsten Gottheiten des höchsten Yoga-Tantra:

Falls ich in diesem Leben das höchste Ziel nicht erreichen sollte,

Möge ich bei meinem Tod vom Herrn und seiner
Gefährtin empfangen werden.
Nach dem Durchgang durch das Klare Licht des Todes
Möge ich zum Dakini-Land geführt werden,
Dem reinen Bereich der Tantra-Praktizierenden,
Und möge ich dort diesen tiefgründigen Weg rasch
vollenden.[7]

Wir sehen hier, dass zwischen der Hingabe an Amitabha im
fernöstlichen Reinen-Land-Buddhismus und der im tibetischen
Buddhismus anzutreffenden Übung der *Übertragung des Be-*
wusstseins (tib. *po-wa*) eine enge Verbindung besteht. Und
obwohl in den tibetischen Traditionen Po-wa nicht ausschließlich
in Zusammenhang mit Amitabha praktiziert wird, ist er trotzdem
von großer Bedeutung. Allerdings muss man sagen, dass Avalokiteshvara und Tara (Tafeln 5 und 11), sein geistiger Sohn und seine
geistige Tochter, noch populärer sind. Ein häufig rezitiertes Gebet
der Tibeter, *Großer König der Gebete*, endet mit den folgenden
Strophen:

Wenn der Augenblick meines Todes naht,
Möge ich frei bleiben von geistigen Schleiern;
Möge ich das Gesicht Amitabhas gewahren
Und hinüberwandern nach Sukhavati, in das Reine
Land der Freude.

Möge ich, wenn ich dort angelangt bin,
Alle Ziele dieses Wunschgebetes erfüllen
Und den zahllosen Lebewesen helfen,
Die in den zehn Richtungen wohnen.

Möge ich im freudvollen Mandala Amitabha Buddhas
Aus einem schönen Lotos wiedergeboren werden
Und möge ich die Freude haben, eine reine Prophezei-
ung
Von Amitabha selbst zu erlangen.

Habe ich dieses Wort der Prophezeiung erlangt,
Möge ich durch die Kraft meines Geistes alle Richtun-
gen
Mit vielen Millionen mystischer Emanationen erfüllen
Und der Welt grenzenlosen Nutzen erweisen.

Sollte ich durch dieses Gebet der erhabenen
Handlungen
Einen winzigen Bruchteil von Verdienst gesammelt
haben,
Möge dieser sofort dazu dienen, die Dharma-
Hoffnungen
Aller Lebenwesen zu erfüllen.[8]

4. Erleuchtetes Wirken

Wie die Darstellung der fünf Buddha-Familien verdeutlicht, beinhaltet der Bodhisattva-Weg eine tiefgreifende innere Verwandlung. Unsere trübenden Verblendungen müssen klarsichtiger Weisheit und unsere einengende Ich-Bezogenheit muss echter Hinwendung zu den anderen weichen. In Bezug auf diese Hinwendung enthält der tantrische Text *Opfergabe an den Geistigen Lehrer* das folgende Gebet an den Guru:

> Kurzum, kindische Wesen mühen sich nur für den eigenen Gewinn,
> Während Buddhas nur für andere wirken:
> Möge ich, indem ich den Unterschied zwischen den Fehlern der Ersteren und den Tugenden der Letzteren verstehe,
> Dazu inspiriert werden, mich selbst mit anderen zu vertauschen.[1]

Dieses Gebet, das zurückgeht auf eine ähnliche Strophe in Shantidevas grundlegendem Werk aus dem achten Jahrhundert, *Eintritt in das Leben zur Erleuchtung*, unterstreicht die Notwendigkeit, unsere enge, »infantile« Selbstbezogenheit zu ersetzen durch eine allumfassende, warmherzige Sorge um das Wohlergehen anderer. Ansonsten wird es unmöglich sein, zu erwachen und unser Erleuchtungspotential zu erfüllen. Wenn wir nichts unternehmen, um den inneren Dämon der Selbstsucht – der egoistischen Haltung, die unser eigenes Wohl über alles stellt – zu besiegen, werden wir uns tatsächlich dazu verdammen, für immer im schrecklichen Kreislauf von Frustration und Unzufriedenheit gefangen zu bleiben. Wieder sehen wir uns damit einem Paradox gegenüber: Der einzige Weg, unser eigenes wirkliches Glück zu erreichen, besteht darin, aufzuhören, uns dieses Glück zur obersten Richtschnur zu machen, und stattdessen unser Augenmerk auf das Glück der anderen zu lenken.

Es reicht nicht aus, anderen lediglich Glück zu wünschen oder auch zu wünschen, dass wir selber eines Tages in der Lage sein mögen, ihnen das Glück zu bringen, das sie ersehnen. Obwohl solche mitfühlenden Wünsche von unschätzbarem Wert sind, ist es wesentlich, dass wir unsere Absichten auch wirklich in die Tat umsetzen. Unsere Handlungen sollten nicht nur auf die Bedürfnisse der anderen zugeschnitten und ihrer Situation angemessen sein, sie sollten auch unseren eigenen Fähigkeiten entsprechen. Dem Bodhisattva wird daher angeraten, folgende Gedanken zu entwickeln: »Möge ich für andere alles tun, wozu ich jetzt in der Lage bin, und möge ich in Zukunft in der Lage sein, alles zu tun, was jetzt noch über meine Fähigkeiten hinausgeht.« Letztlich liegt das Ziel darin, anderen in der unmittelbaren, mühelosen und unübertrefflich geschickten Weise derer zu helfen, die die volle Erleuchtung erlangt haben.

Die Beziehung zwischen dem Wunsch, anderen zu helfen, und dem Tun, das diesen Wunsch in die Tat umsetzt, wird in einer berühmten Legende über Avalokiteshvara, die Verkörperung des Mitgefühls, illustriert. Als er einmal auf die bejammernswerte Lage der Wesen in den sechs Bereichen des Daseinskreislaufes herabschaute und wünschte, sie könnten von ihrem immer wiederkehrenden Leiden befreit werden, begann er zu weinen. Seine Tränen des Mitgefühls flossen so reichlich, dass sich bald ein See vor ihm bildete, und aus den Tiefen dieses Sees erschien plötzlich die Göttin Tara.[2] Sie wandte sich zu Avalokiteshvara und sagte: »Weine nicht, denn ich gelobe, mich unablässig darum zu bemühen, alle Wesen von ihrem Leiden zu befreien.« Von da an setzte Tara in mannigfachen Gestalten Avalokiteshvaras mitfühlenden Wunsch in die Tat um, indem sie für jedes einzelne Wesen sorgte wie eine Mutter für ihr einziges Kind. So repräsentiert Tara das erleuchtete und befreiende Wirken aller Buddhas. Von ihren vielen Gestalten werden die Grüne Tara (Tafel 11) und die Weiße Tara (Tafel 12) am meisten verehrt. Die Tibeter empfinden eine besondere Zuneigung zu diesen beiden Göttinnen und identifizieren sie mit den beiden Gemahlinnen Songtsen Gampos, ihres großen Dharma-Königs, der selbst als eine Emanation Avalokiteshvaras angesehen wird. Diese beiden Königinnen, die eine eine Nepalesin, die andere eine Chinesin, waren die Wegbereiterinnen für die Einführung des Buddhismus am tibetischen Hof im siebten Jahrhundert und auch für die Einführung der Vajrayana-Kunst in das Schneeland. Schließlich wurde Tara, vor allem auch durch das Wirken des indischen buddhistischen Meisters Atisha im elften Jahrhundert, zu einer der meistverehrten Gottheiten im riesigen Pantheon des Vajrayana-Buddhismus.

So wie Kinder ihre Mutter in den verschiedensten Anliegen um Hilfe bitten, so bitten Taras Anhänger in allen Lebenslagen um ihre Unterstützung – bei Liebesangelegenheiten, bei der Niederkunft, in geschäftlichen Dingen, bei Bauvorhaben und was es auch gibt. Die mit der Weißen Tara verbundenen Übungen sind besonders wirksam zur Verlängerung des Lebens und werden deswegen inbesondere dann oft durchgeführt, wenn das eigene Leben oder das Leben eines anderen in Gefahr ist.

Methoden, um die Dauer des eigenen Lebens zu verlängern – idealerweise, um mehr Zeit für die Vollendung des geistigen Weges zu haben – finden sich auch in der Praxis von Ushnisha Vijaya (Abbildung 8) und von Amitayus (Tafel 13), dem Buddha des Grenzenlosen Lebens. Amitayus ist eine Emanation Amitabhas, des spirituellen Vaters sowohl von Avalokiteshvara als auch von Tara, und es gibt manche Übungen, bei denen die Methoden von Ushnisha Vijaya, Amitayus und Tara zu einer einzigen vereint sind. Im Allgemeinen trifft die Entscheidung, welche Praxis oder Kombination von Übungen aufgenommen wird, der jeweilige Lehrer, der Guru, der mit jemandes Bedürfnissen und Neigungen gut vertraut ist und sehen kann, welcher Zugang der wirksamste ist. Manchmal wird der Guru einem Kranken sogar vorschlagen, welchen Arzt er zu Rate ziehen soll, denn die Fähigkeit zu heilen hängt nicht nur von dem Geschick des Arztes ab, sondern auch davon, ob von früher her die hierfür notwendige karmische Verbindung zwischen Arzt und Patient besteht, und dies ist etwas, was der Guru durch sein tiefes Gewahrsein feststellen kann.

Der Wunsch nach einem langen Leben steht in Beziehung zu dem allgemeinen Wunsch, von jeder Art von Krankheit frei zu sein, und eine der wirksamsten Methoden, Krankheit zu überwinden, besteht in der Praxis der Medizin-Buddhas, deren Oberhaupt Bhaishajyaguru Vaiduryaprabha (Tafel 14) ist, der Heilende Meister der Lapislazuli-Strahlen. Ob über ihn allein meditiert wird oder in Verbindung mit den sieben anderen Buddhas des Heilens – einer von ihnen ist Shakyamuni selbst -, für tibetische Ärzte, die oft zugleich hoch qualifizierte spirituelle Meister sind, ist der Lapislazuli-Medizin-Buddha ein wichtiger Helfer.

Außer einem langen Leben und Freiheit von Krankheiten wünschen sich alle Wesen, seien sie spirituell Übende oder nicht, vor allem auch materiellen Wohlstand. Normalerweise führt die Gier nach Geld und Besitz nur zur Verewigung von Unzufriedenheit und Unglück, hält sie uns doch in einem Kreislauf unerfüllbaren Begehrens gefangen. Wie Shakyamuni und die ihm nachfolgenden Meister aufzeigten, gleicht diese Gier dem Trinken von Salzwasser: je mehr wir ihr frönen, um so durstiger werden wir. Doch sind Wohlstand und Besitz an sich nichts Schlechtes; es ist die *Motivation*, diese Dinge zu erlangen, die entweder schädlich oder hilfreich, destruktiv oder förderlich ist. Zu den vielen positiven Impulsen, die dem Wunsch nach Wohlstand zugrunde liegen können, gehört zum Beispiel die Absicht, den Bedürftigen zu helfen, die Veröffentlichung von Dharma-Texten zu unterstützen, Klöstern Spenden zukommen zu lassen und die eigene spirituelle Praxis oder die anderer zu fördern. Für solche und ähnliche Ziele gibt es Übungen wie die von Vaishravana (Tafel 15), der Gottheit des Reichtums.

Auch wenn die Fähigkeit, das Leben zu verlängern, Krankheit zu überwinden oder Reichtum anzuziehen jetzt jenseits unserer Möglichkeiten zu liegen scheint, ist es durch den Segen des Guru und durch unser eigenes hingebungsvolles Üben möglich, zu einem Kanal zu werden, der solche Kraft durch uns hindurch und hin zu anderen fließen lässt. In dem Maße, in dem unsere Motivation, anderen zu helfen, sich vertieft, weitet sich auch der Radius unserer Fähigkeiten. Wie gewöhnlich unsere gegenwärtige Situation auch ist, unseren altruistischen Absichten muss keine Schranke gesetzt sein. Wir können dem Beispiel des tibetischen Lamas folgen, der sich darin übte, alle Mittel zum Erwerb des Lebensunterhalts, auf die er traf, in erleuchtetes Wirken umzuwandeln. Sobald er einem Bauern, Schmied, Kaufmann oder einem Angehörigen irgendeines anderen Berufsstandes begegnete, nahm er die Werkzeuge ihres Handwerks in die Hand und erklärte: »Möge ich in Zukunft in der Lage sein, eben diese Werkzeuge dazu zu benutzen, alle Wesen zum Glück des vollkommenen Erwachens zu führen.« Die nützliche Wirkung solch einer umfassenden mitfühlenden Motivation ist unfassbar groß. Wie es in dem bereits zitierten *Großen König der Gebete* heißt:

Mögen meine Taten keine Grenze erreichen;
Mögen meine herausragenden Qualitäten unendlich
   werden;
Und möge ich durch mein Verharren in unermesslichem
   Wirken
Buddhaschaft, den Zustand grenzenloser Manifestation,
   erlangen.

Grenzenlos ist die Ausdehnung des Raums.
Grenzenlos ist die Zahl der fühlenden Wesen.
Und grenzenlos ist das Karma und sind die Verblen-
   dungen der Wesen.
Von gleicher Art sind die Grenzen meines Strebens.

Die Grüne Tara

Die Grüne Tara – Die Geschwinde Befreierin – sitzt auf einem Lotos, der sich aus den Wassern eines Sees erhebt (Tafel 11), so wie Tara den aus Mitgefühl vergossenen Tränen Avalokiteshvaras entsprungen sein soll. Ihre rechte Hand zeigt die Mudra der Gunstgewährung zum Zeichen ihrer Fähigkeit, die Wesen mit allem zu versehen, was sie sich wünschen. Ihre linke Hand an ihrem Herzen zeigt die Mudra der Zufluchtgewährung: Ihr Daumen und ihr Ringfinger berühren einander als Sinnbild der vereinten Übung von Methode und Weisheit, und die drei übrigen Finger sind erhoben, um die Drei Juwelen der Zuflucht darzustellen – Buddha, Dharma und Sangha. In jeder Hand hält sie den Stengel einer blauen Utpala-Blume; deren drei Blüten drücken jeweils aus, dass Tara, die Verkörperung des erleuchteten Wirkens, die Mutter der Buddhas von Vergangenheit, Gegenwart und Zukunft ist.

Tara ist in die seidenen Gewänder einer Königin gehüllt. Sie trägt regenbogenfarbene Beinkleider, ein weißes Oberteil und verschiedene juwelenbesetzte Schmuckstücke. Das in ihrem schwarzen Haar befestigte Diadem ist mit Edelsteinen verziert; der mittlere ist ein roter Rubin, der Amitabha, ihren geistigen Vater und das Oberhaupt ihrer Buddha-Familie, symbolisiert. Sie sitzt in einer ihr eigenen Haltung, nämlich mit angezogenem linken Bein, um ihre Entsagung gegenüber weltlicher Leidenschaft auszudrücken, und mit ausgestrecktem rechten Bein, um zu zeigen, dass sie allzeit bereit ist, sich zu erheben und denen zu Hilfe zu eilen, die ihrer Unterstützung bedürfen. Mit warmem, mitfühlendem Blick schaut sie auf jedes fühlende Wesen herab, wie eine Mutter, die ihr einziges Kind betrachtet. Ihre smaragdgrüne Farbe – mit dem Wind-Element und daher mit Bewegung verbunden – bringt zum Ausdruck, dass Tara das aktive Prinzip des Mitgefühls ist und dazu fähig, alle weltlichen wie überweltlichen Handlungen, die anderen Nutzen gewähren, zur vollen Entfaltung zu bringen. Als Verkörperung der Reinheit des Wind-Elements, des Mediums, ohne welches die Buddhas nicht in der Lage wären, ihre positiven Taten auszuführen, erfüllt Tara ihre Aufgabe als Gefährtin Amoghasiddhis, des Buddhas der alles vollbringenden Weisheit (siehe Tafel 9 und Übersichtstafel 1).

Tara ist die wichtigste weibliche Manifestation des Erwachens in der buddhistischen Tradition. Der Legende nach widmete sie sich vor vielen Äonen als Prinzessin Jnanachandra (Weisheitsmond) den Lehren des Buddha Dundhubisvara (Trommelklang) und brachte jenem Buddha und seinem Gefolge reiche Opfergaben dar. Als Ergebnis ihrer unermüdlichen Übung erzeugte sie schließlich zum ersten Mal die reine, altruistische Bodhicitta-Motivation und betrat dadurch den glorreichen Bodhisattva-Pfad. Darauf drängten einige Mönche, die ihr großes Potential erkannten, die Prinzessin, sie möge um eine Verwandlung beten, so dass sie ihre geistige Schulung als männliches Wesen vollenden könne. Diesen Ratschlag wies sie zurück mit den Worten:

Hier gibt es keinen Mann, gibt es keine Frau,
Kein Selbst, keine Person und kein Bewusstsein.
Die Benennung »männlich« oder »weiblich« ist wesenlos,
Ein Trugbild für die schlecht gesinnte Welt.[3]

Da sie darüber hinaus wusste, wie selten fortgeschrittene weibliche Praktizierende waren, legte sie das folgende, unerschütterlich feste Gelöbnis ab: »Bis Samsara leer ist, werde ich in einem weiblichen Körper zum Nutzen der fühlenden Wesen wirken.«

Von da an widmete sich die Prinzessin ihren Bemühungen um das vollkommene Erwachen. Indem sie äußerst tiefe Zustände meditativer Versenkung meisterte, entwickelte sie großes Geschick darin, andere zu befreien, und so erhielt sie den neuen Namen Tara, die Retterin. Ihr spiritueller Lehrer prophezeite ihr: »Solange du die unübertroffene Erleuchtung manifestierst, wirst du nur unter dem Namen Göttin Tara bekannt sein.«

Eine Eigenschaft Taras, die sie zur bevorzugten Meditationsgottheit vieler Praktizierender macht, ist die Schnelligkeit, mit der sie auf die Bitte derer, die sie anrufen, reagiert. Auf Gemälden und in der Dichtung wird sie oft dargestellt, wie sie Wesen in Gefahr unverzüglich zu Hilfe kommt. Wegen des umfassenden Schutzes, den sie gewährt, heißt Tara oft auch »Die, die vor den Acht Großen Ängsten rettet«. Diese acht Ängste beinhalten der Tradition zufolge die Angst vor Löwen, Elefanten, Feuer, Schlangen, Räubern, Kerkerhaft, Wasser und vor Dämonen, und eine typische Geschichte über Taras Fähigkeit, Gefahr zu überwinden, ohne jemandem Schaden zuzufügen, ist die folgende:

> In einer Gegend in Gujarat namens Bharukaccha lebte einst ein äußerst wohlhabender Kaufmann. Dieser lud sein Gepäck auf mehr als tausend Kamele und fünfhundert Ochsen und machte sich auf den Weg in das Land Maru. Unterwegs kam er in eine Einöde, in der nicht weniger als tausend Räuber hausten. Der ganze Landstrich war übersät mit dem Fleisch, dem Blut und den Knochen all der Kaufleute, die vorher hierhergelangt und umgebracht worden waren. Der Kaufmann geriet also in große Angst und betete, da er keinen anderen Beschützer hatte, zu Tara. Darauf erschien ein unübersehbares Heer Waffen schwingender Helden, die sämtlich Emanationen Taras waren, und jagte die Räuber davon, ohne auch nur einen von ihnen zu töten. So wurden die Räuber vertrieben, während der Kaufmann seinen Weg fortsetzte und sicher wieder nach Bharukaccha zurückgelangte.[4]

Solche überlieferten Geschichten scheinen vielleicht von unserer modernen Wirklichkeit sehr weit entfernt, aber auch heute noch gibt es viele Menschen, die berichten, wie sie von dieser mitfühlenden Göttin gerettet wurden. Vor gar nicht langer Zeit war ein Schiff mit Fischern irgendwo in Asien in Gefahr, in einem heftigen Sturm zu sinken. Auf ihr Rufen hin erschien die gütige Göttin Kuan Yin – eine fernöstliche Gottheit, die Attribute Taras mit denen lokaler Göttergestalten verbindet -, und besänftigte die Wogen. Diese magische Erscheinung wurde von vielen Menschen gesehen, und ein Gemälde, das dieses Ereignis darstellt, ist in Asien sehr bekannt geworden.

Dass eine göttliche Instanz in Gestalt einer nährenden Muttergottheit in menschliche Geschicke eingreift, ist ein häufig wiederkehrendes Motiv in Kulturen innerhalb wie außerhalb der buddhistischen Tradition. In der europäischen Geschichte zum Beispiel hatten die wiederholten Erscheinungen der Gottesmutter Maria eine tiefe Wirkung auf das Leben der Gläubigen wie der Nicht-Gläubigen, und diese Erscheinungen gibt es immer wieder bis zum heutigen Tag. Einige der Schauplätze solcher Marien-Erscheinungen wurden und blieben Orte der Heilung und Ziel von Wallfahrern aus der ganzen Welt. In manchen Fällen sind auf wunderbare Weise Statuen der Jungfrau Maria erschienen, und es wird häufig berichtet, dass diese sich bewegten, sprachen oder Tränen vergossen.

Diese Darstellungen unterscheiden sich in keinem wesentlichen Merkmal von den vielen Berichten über ähnliche spontane Erscheinungen Taras in verschiedenen Kulturen Asiens. Zum Beispiel liegt im Süden des Kathmandu-Tals in Nepal, unweit der Schlucht, durch die Manjushri das Wasser des ursprünglich dort vorhandenen Sees abgeleitet haben soll, der Pilgerort Parping. Auf der Flanke eines Hügels, in dem sich eine von Guru Rinpoche (Tafel 27) benutzte Meditationshöhle befindet, und in der Nähe eines berühmten Schreins von Vajrayogini (Tafel 24) liegt eine Felswand, aus der ganz allmählich ein kleines Bild von Tara hervortritt. Dieses Bild wurde im Laufe der letzten Jahre ohne die erkennbare Einwirkung eines Bildhauers entschieden deutlicher und klarer.[7] Mitten in Kathmandu selbst befindet sich ein anderer Schrein, der drei verschiedenfarbige Bilder Taras enthält. Dem Priester zufolge, der diesen Schrein betreut, ist eines dieser Bilder von selbst von Tibet nach Nepal geflogen, und ein anderes hat gelegentlich mit ihm gesprochen!

Wie diese und andere Geschichten verdeutlichen, beschränkt sich die hier als Tara bekannte Göttin nicht darauf, in nur einer Gestalt zu erscheinen; wie alle vollkommen erleuchteten Wesen manifestiert sie sich in der Form, die der Situation am angemessensten ist. Ihre Fähigkeit, eine Vielzahl von Gestalten anzunehmen, um einer Vielzahl von Bedürfnissen zu entsprechen, wird veranschaulicht in der häufig dargestellten Versammlung von einundzwanzig Taras, von denen einige weiß (oder gelb) und friedvoll sind, während andere dunkelrot oder schwarz und äußerst zornvoll aussehen. Die beiden folgenden Huldigungsstrophen, die an die achte und die fünfzehnte dieser einundzwanzig Göttinnen gerichtet sind, veranschaulichen, auf welch extrem unterschiedliche Arten Tara sich manifestieren kann:

Lob und Preis für *TURE*, die höchst Schreckliche,
Die den Herrn der Dämonen restlos vernichtet,

Bilder des Erwachens

Mit dem zornvollen Ausdruck Deines Lotosgesichtes
Tötest du ausnahmslos alle deine Feinde.

Lob und Preis Dir, die Du glücklich bist, tugendhaft,
friedvoll,
In dem Bereich des Friedens von Nirvana.
Vollends versehen mit *SVAHA* und *OM*
Zerstörst du vollständig alle schwerwiegenden bösen
Taten.[8]

Taras Fähigkeit, entsprechend den Taten und Situationen derjenigen, die ihre Hilfe benötigen, eine große Vielfalt von Gestalten anzunehmen, kommt auch in der folgenden Geschichte zum Ausdruck, die sich vor nicht allzu langer Zeit in Tibet zugetragen hat:

Einmal befand sich ein einsamer Reisender unterwegs auf dem gefährlichen Weg über das unwirtliche tibetische Hochplateau. Erschöpft und ohne Nahrung war er in höchster Lebensgefahr, als er auf ein junges Mädchen traf, das eine Yak-Herde hütete. Sie nahm den erschöpften Mann in ihr Zelt, pflegte ihn gesund und gab ihm zu essen, bis er wieder bei Kräften war.

Als der Mann sich erholte, bemerkte er, dass das junge Mädchen allein war. Eigenhändig verrichtete sie die Arbeit, die selbst mehrere starke Männer kaum geschafft hätten. Schließlich war er kräftig genug, um seine Reise fortzusetzen, und das junge Mädchen schickte ihn mit einer Tasche voll Proviant auf den Weg. Obwohl es eine lange Reise war, entdeckte der Mann bald, dass die Nahrung, die sie ihm mitgegeben hatte, nicht ausging, bis er wieder in seinem Tal angekommen war. Er wunderte sich über das Geschehene und dachte: »Vielleicht war das Mädchen in Wirklichkeit Tara.« Als er zu seinem Lama ging und ihm die Geschichte erzählte, schalt ihn der Lama mit den Worten: »Natürlich war das Tara, du Esel! Wie dumm bist du, dass du sie nicht erkannt hast! Du musst eine starke Verbindung mit ihr haben, aber wenn du sie je wiedersehen willst, solltest du dringend deine Verblendungen reinigen und intensiver Dharma üben.«[9]

Die Versammlung der einundzwanzig Taras wird im Allgemeinen als Gruppe um eine Grüne Tara visualisiert, und Gebete mit Huldigungsversen an diese Göttinnen werden von Tibetern üblicherweise rezitiert, um ihre Hilfe anzurufen. Dromtönpa, Atishas Hauptschüler in Tibet, hatte einen eigenen Schüler, der an einer sehr schweren Krankheit litt. Aufgrund seines besonders tiefen Gewahrseins erkannte Dromtönpa, dass dieser Mann geheilt würde, falls er zehntausendmal die Huldigung an die einundzwanzig Taras rezitieren würde. Der Kranke war jedoch zu einer so ausführlichen und anstrengenden Praxis nicht in der Lage; darum fragte Dromtönpa Atisha um Rat, was zu tun sei. Atisha wandte sich unmittelbar an Tara selbst und empfing von ihr ein fünfzeiliges Gebet, das die Essenz aller einundzwanzig Huldigungsgebete und dazu das Mantra Taras in sich vereinte:

OM, ich verneige mich vor der Befreierin, der Edlen
   Gesegneten Mutter.
Ich verneige mich vor der Glorreichen Mutter, die mit
   TARE errettet,
Die mit *TUTTARE* alle Ängste beseitigt,
Die mit *TURE* jeglichen Erfolg gewährt.
SVAHA und den anderen Silben erweisen wir tiefste
   Verehrung.[10]

Dieses Gebet bewirkte, dass Dromtönpas Schüler genas; es wird noch heute von Taras Anhängern rezitiert.
   Obwohl Tara auch in den allerweltlichsten Anliegen um Hilfe angerufen wird, liegt ihre wichtigste Hilfe darin, Praktizierende auf den Weg zum vollkommenen Erwachen zu führen. Die Hindernisse auf diesem Weg sind im wesentlichen innerer Natur, und so lassen sich die bereits erwähnten Acht Großen Ängste, gegen die Tara Schutz gewährt, auch als die Verblendungen interpretieren, die die klare Natur des Geistes selbst verschleiern. Nach dieser Deutung sind die acht Ängste unser eigener Stolz (Löwe), Unwissenheit (Elefant), Zorn (Feuer), Neid (Schlange), falsche Ansichten (Räuber), Geiz (Ketten), Anhaftung (Überschwem-

mung), und Zweifel (Dämonen). Die Beziehung zwischen den äußeren Gefahren und diesen inneren Hindernissen wird in einem vom Ersten Dalai Lama verfassten Lobpreis an Tara deutlich zum Ausdruck gebracht. Eine Strophe dieses Textes mit dem Titel *Ein Scheitelschmuck für die Weisen* lautet:

> Schütze uns vor dem furchterregenden Löwen des Stolzes,
> Der auf dem Berg der falschen Sichtweisen wohnt,
> Vor einer aufgeblasenen Geisteshaltung, die sich für
> überlegen hält,
> und eine Klaue schwingt, um die Welt herabzusetzen.[11]

Der Erste Dalai Lama war nur einer in der langen Reihe indischer und tibetischer Meister, die sich der Praxis Taras widmeten. Atisha und Taranatha (dessen Name bereits »Sohn Taras« bedeutet) spielten eine wesentliche Rolle bei der Einführung dieser Praxis in Tibet, und zu weiteren berühmten indischen Buddhisten, die unmittelbar von ihr Unterweisung empfingen, zählen Nagarjuna, Chandrakirti und Chandragomin. Durch die Bemühungen dieser und anderer Meister stehen jetzt viele Methoden zur Verfügung, durch die man die transzendente Stufe Taras selbst erreichen kann. Diese Methoden umfassen sowohl die anfänglichen wie die fortgeschrittensten Formen tantrischer Praxis, und durch sie ist es möglich, alles, von zeitlichem Glück und Wohlergehen bis zum vollkommenen Erwachen der Buddhaschaft, zu erlangen. Es gibt sogar spezielle Po-wa-Übungen (zur Übertragung des Bewusstseins), die mit der Grünen Tara verbunden sind. Eine dieser Übungen beinhaltet die folgenden Bittverse, die dieses Kapitel über die göttliche Retterin beschließen mögen:

> Zu dir, o Edle Mutter und Meisterin,
> Vereinigung all meiner Gurus,
> Richte ich meine Bitte um die Zerstörung
> Der inneren und äußeren Hindernisse.
> Bitte verwandle mich durch deinen Segen,
> So dass ich die Schulung im tiefgründigen Weg
> Der Übertragung vollenden möge;
> Führe mich zum Höchsten Reinen Land![13]

Die Weiße Tara

Die Weiße Tara (Tafel 12) sitzt mit gekreuzten Beinen auf einem Sitz aus Lotos und Mond und hält ihre Hände in der gleichen Haltung wie die Grüne Tara. Ihre besonderen Merkmale sind ihre sieben Augen – das »dritte Auge« auf ihrer Stirn und vier weitere auf den Innenflächen ihrer Hände und auf ihren Fußsohlen. Wie die des elfgesichtigen Avalokiteshvara ermöglichen ihr diese Augen, mit klarsichtiger Weisheit und tiefem Mitgefühl auf die Wesen in allen Daseinsbereichen zu schauen.

Die Weiße Tara ist inbesondere mit Übungen verbunden, die darauf abzielen, das eigene Leben zu verlängern und lebensbedrohliche Hindernisse zu überwinden. In einer solchen Praxis trägt sie den Namen Yeshin Khorlo, das Wunscherfüllende Rad; der Übende strebt an, sich mit dieser Gottheit zu identifizieren und dadurch alle einem langen Leben hinderlichen Umstände zu reinigen:

Wenn ich Anzeichen eines vorzeitigen Todes sehe,
Möge ich deutlich den Körper des Wunscherfüllenden
Rades gewahren;
Möge dies die Dreistigkeit des Herrn des Todes
zunichte machen
Und möge ich rasch zu einem vom Tod befreiten
Bewahrer des Wissens werden.[14]

Diese Methode kann auch für jemand anderen angewendet werden, dessen Leben in Gefahr ist; in diesem Fall identifiziert sich der Übende mit Tara und visualisiert die betroffene Person im eigenen göttlichen Herzen, eingehüllt in reinigendes weißes Licht.

Bei den Tibetern ist es im Fall einer schweren Erkrankung üblich, nicht nur einen Arzt hinzuzuziehen, sondern auch jemanden herbeizuholen, der das Mantra der Weißen Tara rezitiert und ein entsprechendes Opferritual (skt. *puja*) durchführt. In bestimmten sehr ernsten Fällen empfiehlt ein Lama – der selber Arzt sein kann – vielleicht, dass die betroffene Person eine spezielle ganztägige Puja abhalten lässt. Dabei muss eine bestimmte

Anzahl von Mantras rezitiert werden, und der Patient wird überdies dazu angehalten, das Bild einer weißen Tara – oder einer anderen Langlebensgottheit – malen zu lassen, was innerhalb von vierundzwanzig Stunden zu geschehen hat. Eine solche intensive eintägige Übung erzeugt eine große Ansammlung heilsamer, verdienstvoller Energie (skt. *punya*), die in Verbindung mit vielen anderen Faktoren den destruktiven und von Verblendung erzeugten Kräften, die der Krankheit zugrunde liegen, entgegenwirkt oder sie sogar völlig überwindet. Auf diese Weise lässt sich manchmal eine Heilung erzielen, wenn sich eine herkömmliche medizinische Behandlung als fruchtlos erwiesen hat.

Die erstaunliche Fähigkeit eines bloßen Bildes, eine solch durchschlagende positive Wirkung zu erzielen, wird in einer Legende dargestellt, die berichtet, wie das erste Gemälde entstand.[15] Im alten Indien herrschte einmal ein gütiger König. Eines Tages erschien einer seiner Untertanen, ein Mitglied der priesterlichen Brahmanenkaste, in tiefem Kummer vor ihm. Er klagte sein Leid darüber, dass sein Sohn eines allzu frühen Todes gestorben sei, und flehte den König an, ihn ins Leben zurückzubringen. Daraufhin begab sich der König zu Yama, dem Herrn des Todes, und nachdem er ihm seine Verehrung bezeugt hatte, bat er ihn um das Leben des Brahmanensohns. Yama erklärte: »Sein Tod war nicht mein Werk, sondern kam dadurch zustande, dass sein Karma erschöpft war.« Der König blieb hartnäckig, aber Yama konnte nur erklären: »Es tut mir leid; ich kann nichts tun.« Da erschien plötzlich Brahma, der weise und mächtige Herr der Schöpfung, und sagte zu dem König: »Mache Yama keine Vorwürfe. Zeichne lieber ein Ebenbild des Brahmanensohns und bringe es mir.« Als dies geschehen war, segnete Brahma das Bild, und der Junge kehrte sofort ins Leben zurück. Der König, der dieses Bild malte, wurde seither als Vorläufer aller Künstler verehrt.

Vom Standpunkt der buddhistischen Lehren wünscht man sich vor allem deshalb ein langes Leben, weil es einen dazu befähigt, auf dem Weg zur geistigen Erfüllung weiter voranzuschreiten. Wie der große tibetische Lama Marpa der Übersetzer sagte: »Wenn das einzige, was Menschen mit ihrem Leben tun, darin besteht, dass sie anderen schaden und für sich selber negatives Karma schaffen, dann wäre es besser für sie, sie würden eher früher als später sterben.« Genau entgegengesetzt verhält es sich natürlich bei denen, die sich selbst und anderen Nutzen bringen. Dies gilt vor allem für geistige Lehrer; je länger sie am Leben bleiben, um so besser sind sie in der Lage, andere auf den Weg zur Erleuchtung zu führen. Aus diesem Grund bringen Schüler in den tibetischen Traditionen ihren Lamas oft ein Bildnis der Weißen Tara oder einer anderen Langlebensgottheit dar mit der Bitte, diese spirituellen Führer mögen ein durch Hindernisse ungestörtes langes Leben haben und weiterhin zum Wohle aller unerleuchteten Wesen das Rad des Dharma drehen. Im Fall seiner Heiligkeit des Dalai Lama, des geistigen und weltlichen Führers des gesamten tibetischen Volkes, hat die tibetische Regierung bisweilen einem staatlich bestellten Künstler den Auftrag erteilt, ein solches Bild pro Monat zu malen, um dadurch die notwendigen Bedingungen dafür zu schaffen, dass die erleuchtete Präsenz Seiner Heiligkeit weiterhin der Welt erhalten bleibt.

Es sei darauf hingewiesen, dass es Fälle gibt, in denen ein langes Leben auch für einen hoch qualifizierten Guru nicht von vorrangiger Bedeutung ist. Als der große indische Meister Atisha nach Tibet eingeladen wurde, um daran mitzuwirken, dort die buddhistischen Lehren mit neuem Leben zu erfüllen, fragte er Tara – seine persönliche Gottheit – um Rat, ob er in das Schneeland aufbrechen solle oder nicht. Tara sagte ihm, falls er in Indien bliebe, würde er zweiundneunzig Jahre alt werden, wenn er aber nach Tibet ginge, habe er zwanzig Jahre weniger zu leben. Daraufhin fragte Atisha, wo er für andere von größerem Nutzen wäre, in Tibet oder in Indien, und Tara antwortete, er werde sehr viel mehr Gutes bewirken und dem Dharma weit besser dienen, wenn er die Einladung annähme und nach Tibet ginge. Ohne zu zögern entschloss sich Atisha zum Aufbruch und willigte damit freudig ein, zwanzig Jahre seines Lebens aufzugeben, um anderen den Nutzen des Buddhadharma zu bringen.

Ushnisha Vijaya

Ushnisha Vijaya – Siegreiche Scheitelerhebung – ist eine Emanation Buddha Vairochanas und mit der Weißen Tara und Amitayus eine der wichtigsten Langlebensgottheiten im tibetisch-buddhistischen Pantheon (siehe Abbildung 8). Ihre Praxis gilt als besonders wirkungsvoll nicht nur in Bezug auf die Beseitigung von Hindernissen für ein langes Leben, sondern auch dafür, die negativen Resultate von unheilsamen, durch die geistigen Gifte der Verblendungen motivierten Taten von Körper, Sprache und Geist zu reinigen.

Ushnisha Vijayas Fähigkeit, Negativität zu reinigen, wird durch die folgende Geschichte veranschaulicht.[16] Ein im Himmel der Dreiunddreißig wohnender Gott stand an der Schwelle des Todes und sah durch die Kraft seiner Hellsicht, dass er in einem niederen Bereich als Schwein wiedergeboren werden würde. Aufgewühlt ging er zu Indra, dem König der Götter, und bat, dieser möge ihn vor einem so schrecklichen Schicksal beschützen. Indra gab ihm zur Antwort, er könne ihm nicht helfen, und riet ihm, Shakyamuni Buddha um Rat zu fragen. Der Erwachte nun lehrte ihn, das Mantra von Ushnisha Vijaya zu rezitieren; dies brachte sein verborgenes positives Karma genügend zur Reife, so dass er nicht als ein elendes Schwein, sondern noch einmal als ein erhabenes himmlisches Wesen wiedergeboren wurde.

Der große indische Meister Vasubandhu, der eine unvergleichliche Kenntnis der Schriften besaß, soll eine so besondere Beziehung zu Ushnisha Vijaya gehabt haben, dass sie für ihn wie eine Mutter war. Wie die Tradition berichtet[17], wollte Vasubandhu einer unmittelbaren Vision Maitreyas, des Zukünftigen Buddha (Tafel 32), ansichtig werden, so wie sie seinem Halbbruder Asanga zuteil geworden war (beschrieben in Kapitel sieben). Aber weil er an der Gültigkeit der Mahayana-Lehren gezweifelt und sie in jüngeren Jahren herabgewürdigt hatte, erfuhr Vasubandhu durch Asanga – der mit Maitreya in direkter Verbindung stand –, dass er diesen Buddha erst in seinem nächsten Leben würde sehen können. »Auf wen soll ich mich dann jetzt stützen?«, fragte Vasubandhu. Nachdem Asanga Maitreya zu Rate gezogen hatte, antwortete er: »Du hast eine enge Verbindung zu Ushnisha Vijaya;

Abbildung 8: Ushnisha Vijaya

119

auf sie solltest du dich stützen.« Das tat Vasubandhu, und von da an konnte er ihrer unmittelbar ansichtig werden.

In einer weit verbreiteten, auf Ushnisha Vijaya ausgerichteten Praxis wird sie visualisiert, wie sie unter der Kuppel eines Stupa sitzt, was zum Ausdruck bringt, dass sie die Emanation des Geistes aller erwachten Wesen ist. Bei dieser Praxis wird sie folgendermaßen beschrieben:

> (Sie hat) einen Körper von weißer Farbe, drei Gesichter und acht Arme. Das mittlere Gesicht ist weiß, das rechte gelb; das linke ist blau und leicht zornvoll. Jedes Gesicht hat drei Augen.
> Die erste rechte Hand hält einen Doppelvajra über dem Herzen. die zweite hält einen Lotos, auf dem Amitabha sitzt. Die dritte hält einen Pfeil. Die vierte zeigt die Geste höchster Großzügigkeit.
> Die erste linke Hand zeigt die Mudra der Drohung: sie hält eine Vajra-Schlinge. Die zweite hält einen Bogen. Die dritte zeigt die Geste der Zufluchtgewährung. Die vierte ruht in der Meditationsgeste und hält dabei eine mit Nektar gefüllte Vase.[18]

Wie auch in anderen Sadhanas lösen sich die Praktizierenden selbst in Leerheit auf und erstehen dann in der Gestalt der gewählten Meditationsgottheit; in diesem Fall entwickeln sie den göttlichen Stolz und die strahlende Erscheinung der wirklichen Ushnisha Vijaya. Dann fahren die Meditierenden fort wie folgt:

> Ich trage seidene, juwelenverzierte Ober- und Untergewänder. Ich bin von einem Kranz von weißem Licht umgeben.
> Zu meiner Rechten befindet sich auf einer Mondscheibe der weiße Avalokiteshvara, der in der rechten Hand einen Yakschwanz-Fächer und in der linken einen Lotos hält. Zu meiner Linken sitzt auf einer Sonnenscheibe der blaue Vajrapani, der in seiner rechten Hand einen Yakschwanz-Fächer und in seiner linken eine von einem Vajra gekrönte Utpala-Blume hält.

Beide haben sie einen friedvollen Ausdruck. Beide sind mit juwelenbesetzem Schmuck versehen und in seidene Gewänder gekleidet. Beide stehen sie in derselben Haltung.[19]

Die Praxis beinhaltet des weiteren die Visualisierung von vier Schutzgottheiten, zweier Opfergottheiten und weiterer Einzelheiten. Wenn alle diese Gestalten dann später reinigende Waschungen erfahren, wird jede Gottheit mit dem Oberhaupt der Buddha-Familie gekrönt, der sie angehört; so werden Ushnisha Vijaya gekrönt von Vairochana, Avalokiteshvara von Amitabha, Vajrapani und die vier Schutzgottheiten von Akshobhya und die Opfergottheiten von Ratnasambhava.

Als Hauptteil der Praxis visualisiert man den eigenen Guru, die eigenen Eltern, Schüler, Verwandte, Freunde, Gefolgsleute, die alle in der Mitte des eigenen Herzens sitzen. Während der Rezitation verschiedener Mantras werden dann Lichtstrahlen visualisiert, die alle hinderlichen Umstände bereinigen und den Segen und die Inspiration aller Buddhas und Bodhisattvas des ganzen Universums herbeirufen. Auf diese Weise wird die Dauer des eigenen Lebens, die heilsame Energie und die Weisheit von einem selbst und von allen anderen gefördert.

Den Abschluss der Praxis bildet eine Strophe des Gebets, der Widmung und des Lobpreises wie die folgende:

Ich verneige mich zu Füßen von Ushnisha Vijaya,
Der Glorreichen Göttin von der Farbe des Herbstmonds,
Die einen wunderschönen, friedvollen Körper mit drei
    Gesichtern und acht Armen besitzt,
Und die grenzenlose Weisheit und das beste Leben gewährt.[20]

Amitayus

Amitayus – der Buddha des Unermesslichen Lebens – wird hier ebenso in roter Farbe und mit gekreuzten Beinen wie Amitabha dargestellt. Doch während Amitabha die Attribute eines Mönchs trug, wird Amitayus hier in seinem verklärten Aspekt gezeigt, geschmückt mit den seidenen Gewändern und dem Juwelenschmuck eines Königs (Tafel 13). [21] Wie die Grüne Tara trägt er ein weißes Oberteil und hält, als besonderes Merkmal, eine mit dem Nektar der Unsterblichkeit gefüllte Vase in seinem Schoß. Auf dieser Vase befindet sich ein wunscherfüllender Baum; falls es das Format des Gemäldes erlaubt, trägt dieser Baum seinerseits wiederum ein Miniaturbild Amitabhas.

Amitayus und Amitabha sind im Wesen identisch, insofern einer jeweils das Spiegelbild des anderen ist. Die Sutras, in denen Shakyamuni die Herrlichkeiten von Sukhavati, also des Freudvollen Reinen Landes, darlegt, nennen als höchsten Buddha dieses westlichen Paradieses manchmal Amitabha – Unermessliches Licht – und manchmal Amitayus – Unermessliches Leben. Im Buddhismus des Fernen Ostens wird er einfach Amida (»der Unendliche«) genannt, was auf sein Dasein außerhalb von Zeit und Raum und allen anderen Beschränkungen des begrifflichen Denkens verweist.

Die Praxis von Amitayus war unter den Tibetern eine der beliebtesten, und viele Überlieferungslinien seiner lebensverlängernden Methoden haben sich bis heute erhalten. Es ist üblich, dass Laien Mönche in ihr Haus einladen, damit sie religiöse Zeremonien abhalten, und zwei der am häufigsten gewünschten Rituale beziehen sich dabei auf Amitayus, um ein langes Leben zu erlangen, und auf Vaishravana (Tafel 15), um Wohlstand zu erreichen. Außerdem werden qualifizierte Gurus häufig darum gebeten, eine tantrische Initiation für die Praxis von Amitayus zu geben; solche Einweihungen werden im Allgemeinen von einer großen Anzahl von Menschen besucht, die den Segen für ein langes Leben empfangen möchten.

Wie bereits erwähnt, werden die Übungen bestimmter Langlebensgottheiten miteinander kombiniert, und Thangkas, die Amitayus, die Weiße Tara und Ushnisha Vijaya gemeinsam darstellen, sind ganz besonders beliebt. Insbesondere dann, wenn ein junger *inkarnierter Lama* oder *Tulku* wiedererkannt wird, geben seine Angehörigen, seine Schülerschaft oder sein Kloster ein großes Gemälde dieser drei Gottheiten in Auftrag, um widrige Einflüsse abzuwehren, die das Leben des sensiblen und verletzbaren Kindes gefährden könnten. Solche Gemälde sind auch nützlich für diejenigen, seien es Ordinierte oder Laien, die diese Langlebensgottheiten als Teil ihrer täglichen Übungen für sich selbst und für andere verwenden.

Ob diese und ähnliche Übungen tatsächlich lebensverlängernde Wirkung haben können, hängt von vielen verschiedenen Faktoren ab, unter anderem von der Weisheit, dem Vertrauen und der Konzentration der Praktizierenden und derer, denen sie helfen wollen. Doch wie ihr kurzfristiger Nutzen sich auch immer darstellt, diese das Herz öffnenden und von Mitgefühl motivierten Methoden legen den Samen für ein erfolgreiches Üben in der Zukunft. Und, was vielleicht noch wichtiger ist, sie dienen dazu, die eigene mitfühlende Bodhicitta-Motivation zu fördern und so die eigene Energie und Anstrengung darauf auszurichten, zum Wohle der anderen die Erleuchtung zu erlangen.

Die folgenden Auszüge aus der Sadhana des Amitayus entwerfen anhand der verschiedenen positiven Resultate seiner Praxis ein eindrucksvolles Bild des Buddha des Unermesslichen Lebens.

O Schutzherr Amitayus, der du aus *HRIH* geboren bist,
Auf einem Mondsitz über einem tausendblättrigen
    Lotos,
In der zinnoberroten Farbe der aufgehenden Sonne,
Bedeckt mit einem gefälligen rot-gelben Schleier.
Ich verneige mich vor dir, dessen Körper geschmückt ist
Mit verschiedenen Gewändern und vielerlei Kleinodien
    wie ein Berg aus Rubin,
Der über und über von Sonnenstrahlen bedeckt ist.
Ich verneige mich vor dir, der du das Leben gewährst
Aus einem Pokal, der bis zum Rand mit dem Nektar der
    Unsterblichkeit gefüllt ist.
Ihn hältst du in der Mitte deiner beiden Hände,
Die geschmeidig sind wie die Zweige eines jungen
    Schößlings.

Ich verneige mich vor dir für alle Zeit;
Durch das Anrufen deines Namens allein wird bereits
der vorzeitige Tod zunichte.
Indem wir dich im Geist vergegenwärtigen, sind wir
geschützt vor der Angst vor dem Daseinskreislauf und
vor dem friedvollen Verlöschen,
Und indem wir auf dich als unsere Zuflucht bauen, wird
beständiges Glück verliehen.
Mit Hingabe stütze ich mich auf dich, der du frei bist
von Makeln.
Mögen im Zeitlichen alle unerwünschten Bedrohungen
befriedet werden
Und möge ich letztendlich spontan aus einem Lotos in
Sukhavati geboren werden und vollbringen, was dir
gefällt.
Nachdem ich dir so mit reinem Geist Verehrung erwiesen habe,
Mögen durch die Kraft meiner mit gesammelter Hingabe gesprochenen Bitten
Alle Krankheiten, Dämonen und Hindernisse befriedet
werden
Und möge ich mich letztendlich eines todlosen Lebens
erfreuen.

Gewähre mir rasch die Befähigung,
Die guten Eigenschaften der drei Schulungen nach und
nach zu erlangen,
die makellose Weisheit des Hörens, des Betrachtens und
des Meditierens,
Verborgen wirkendes Mitgefühl, Verdienst und langes
Leben.
Wenn ich Zeichen eines vorzeitigen Todes gewahre,
Möge ich sofort deutlich den Körper des Schutzherrn
Amitayus sehen,
Und nachdem ich den Herrn des Todes vernichtet habe,
Möge ich rasch den Zustand der Todlosigkeit errei-
chen.[22]

Der Medizin-Buddha

Der vollständige Name des hier abgebildeten Medizin-Buddha (Tafel 14) lautet Bhaishajyaguru Vaiduryaprabha, der Heilende Meister des Lapislazuli-Glanzes. Wie Shakyamuni und Amitabha trägt er Mönchsgewänder und sitzt im vollen Lotossitz. Seine linke Hand ruht in der Mudra der Meditation in seinem Schoß und hält eine Schale, die mit heilendem Nektar und Früchten gefüllt ist. Seine rechte Hand ruht auf seinem Knie, wobei die Handfläche in der Mudra des Gewährens von Segen nach außen zeigt; sie hält den Stengel einer Myrobalan-Pflanze (*Terminalia chebula*), die wegen ihrer Wirksamkeit bei der Behandlung geistiger wie körperlicher Krankheiten als das königliche Oberhaupt aller Heilmittel berühmt ist.

Auf traditionellen tibetischen Thangkas erscheint der Heilende Meister des Lapislazuli oft in der Begleitung sieben anderer Medizin-Buddhas [23], von denen einer Shakyamuni selber ist. Und in den Darstellungen seines östlichen Buddha-Reiches namens »Reiner Lapislazuli« ist der Heilende Meister im Allgemeinen von den beiden berühmtesten Bodhisattvas jenes Reinen Landes umgeben, nämlich von Suryaprabha und Chandraprabha, dem Allesdurchdringenden Sonnenglanz und dem Allesdurchdringenden Mondglanz. Entsprechend der schnörkellosen, auf das Wesentliche zielenden Darstellungsweise dieser Serie von Gemälden wurde der Lapislazuli-Meister hier jedoch ohne jegliches Gefolge und in einer durchsichtigen Aura blauen Lichtes sitzend präsentiert.

Das hervorstechendste Merkmal dieses Medizin-Buddha ist seine Farbe, das tiefe Blau des Lapislazuli. Dieser Edelstein gilt seit mehr als sechstausend Jahren in den Kulturen Asiens und Europas als äußerst kostbar, und bis vor nicht allzu langer Zeit stand sein Wert als Schmuckstein dem des Diamanten nicht nach oder übertraf ihn sogar noch. Eine Aura des Geheimnisvollen umgibt dieses edle Mineral, vielleicht deswegen, weil seine Hauptförderbergwerke in dem entlegenen Badakshan im nordöstlichen Afghanistan liegen, einem äußerst schwer zugänglichen Gebiet jenseits des Hindukusch. In einer Beschreibung dieses Steines heißt es: »Die feinsten Lapis-Exemplare, von strahlendem Blau mit getüpfelten Wellen und Wirbeln ... glänzenden, goldfarbenen Pyrits, gleichen einer von Myriaden von Sternen durchglitzerten Nacht.«[24] Traditionellerweise wurde dieser prachtvolle Stein benutzt zur Veranschaulichung dessen, was rein oder selten ist. Es heißt, er habe eine heilende oder stärkende Wirkung auf die, die ihn tragen, und dank seiner natürlichen Glätte lässt er sich auf Hochglanz polieren. Aus allen diesen Gründen – und aufgrund der Tatsache, dass tiefblaues Licht eine nachweisbar heilende Wirkung auf die hat, die es bei der Visualisierung benutzen – ist Lapislazuli die Farbe des wichtigsten Medizin-Buddha.

Der Heilende Lapislazuli-Meister ist eine der meistverehrten Gestalten des buddhistischen Pantheons. Die Sutras, in denen er erwähnt wird, vergleichen sein östliches Reines Land mit dem westlichen Paradies Amitabhas, und eine Wiedergeburt dort ist, so heißt es, für die Erleuchtung ebenso förderlich wie die Wiedergeburt in Sukhavati.[25] Die Rezitation seines Mantras oder auch nur das Aufsagen seines heiligen Namens soll ausreichen, um Befreiung von den niederen Bereichen, Schutz vor weltlichen Gefahren und Freiheit von vorzeitigem Tod zu gewähren. In einem der Hauptsutras über den Medizin-Buddha sagt Shakyamuni seinem engen Schüler und Diener Ananda:

> Wenn diese fühlenden Wesen (die in die Tiefen der Leiden von Samsara hinabgesunken sind) den Namen des Hohen Meisters des Heilens, des Tathagatas des Lapislazuli-Glanzes, vernehmen und wenn sie ihn in größter Aufrichtigkeit annehmen und an ihm festhalten und wenn keine Zweifel aufkommen, dann verfallen sie keinem Weg der Pein.[26]

In Tibet wird der Medizin-Buddha als die Quelle der Heilkunst verehrt, denn durch ihn entstanden die in den *Vier Medizin-Tantras* enthaltenen Lehren, die Basis der tibetischen Medizin. Wie im ersten dieser *Vier Tantras* erklärt wird, saß der Heilende Lapislazuli-Meister einst in Meditation versunken, umgeben von einer Versammlung von vier Kreisen von Schülern, darunter göttliche Ärzte, große Weise, nicht-buddhistische Götter und Bodhisattvas, die alle die Kunst des Heilens zu erlernen wünschten. Da ihnen der strahlende Glanz seines Angesichts die Sprache verschlug, waren sie nicht in der Lage, um die gewünschten Unterweisungen zu bitten. Um ihren unausgesprochenen Wünschen entgegenzukommen, ließ der Medizin-Buddha zwei Emanationen entstehen, eine, um die Belehrungen zu erbitten, und eine andere, um sie zu erteilen. Auf diese Weise soll die buddhistische Erklärung der verschiedenen geistigen und körperlichen Beschwerden, ihrer Ursachen, ihrer Diagnose, ihrer Behandlung samt ihrer Hinweise zur Gesundheitspflege zuallererst entstanden sein.

Nach den *Vier Tantras* ist die grundlegende Ursache jeder Krankheit in den drei giftigen Verblendungen zu finden – in unwissender Verwirrung, Gier und Hass -, welche die Nabe des Rades von Samsara besetzt halten. Diese drei Grundverblendungen führen zu Unausgewogenheiten in den drei sogenannten Körpersäften (Schleim, Wind und Galle), den verschiedenen Körperbestandteilen (Blut, Fleisch, Knochen usw.) und den Ausscheidungsprodukten oder Unreinheiten (Kot, Urin und Schweiß), die alle in fünfundzwanzig Untergruppen unterteilt werden. Im *Wurzeltantra* heißt es:

Wenn alle diese fünfundzwanzig im Gleichgewicht sind und die drei Faktoren, nämlich (1) der Geschmack, (2) die inneren Eigenschaften der Nahrung und (3) das eigene Verhalten förderlich sind, dann werden Gesundheit und Leben gedeihen. Wenn sie es nicht sind, dann werden Gesundheit und Leben Schaden nehmen.[28]

Und weiter:

Gier, Hass und Verwirrung sind die drei Ursachen, die Unausgewogenheiten von Wind, Galle und Schleim hervorbringen. Gemeinsam mit diesen führen die vier mitwirkenden Umstände, nämlich Zeitpunkt, Geister, Nahrung und Verhalten zu einer Abnahme oder Zunahme der Körpersäfte. Das Ungleichgewicht verbreitet sich dann über die Haut, nimmt zu im Fleisch, bewegt sich durch die Gefäße, trifft auf die Knochen und geht auf die festen und hohlen Organe über.[29]

Bilder des Erwachens

Bei der Behandlung von Krankheit und der Erhaltung der Gesundheit geht es daher vor allem darum, die verschiedenen Elemente des Körpers wieder ins Gleichgewicht zu bringen, und dies geschieht durch vier aufeinander aufbauende Arten von Behandlung. Die ersten beiden beinhalten eine Umstellung der Nahrung und eine Änderung des Verhaltens. Nur wenn beide sich als wirkungslos erweisen, wird dem Arzt geraten, ein Heilmittel zu verschreiben, und nur, wenn auch das nicht anschlägt, soll er auf äußerliche Behandlungsformen wie Ausbrennen oder ähnliches zurückgreifen. Doch keine dieser Behandlungsformen wird eine dauerhafte Wirkung haben, wenn sie nicht von spiritueller Umwandlung begleitet wird. Wenn Unwissenheit und die mit ihr einhergehenden Verblendungen weiterhin im Inneren schwären, werden sie früher oder später wieder zu Krankheiten und den wiederkehrenden Leiden des Daseinskreislaufs führen.[30] Insofern werden Buddhas wie Shakyamuni und der Heilende Lapislazuli-Meister nicht wegen ihrer medizinischen Fähigkeiten – so groß diese auch sein mögen – als große Ärzte bezeichnet, sondern weil sie das Mitgefühl, die Weisheit und die wirksamen Methoden besitzen, mit deren Hilfe sie die Wurzelverblendungen diagnostizieren und behandeln können, die allen geistigen und körperlichen Beschwerden zugrunde liegen.

Das folgende Bittgebet ist an den Heilenden Lapislazuli-Meister gerichtet:

Ich bitte dich, gesegneter Medizin-Guru,
Dessen himmelsfarbener, heiliger Lapislazulikörper
Allwissende Weisheit und Mitgefühl bedeutet,
Die so umfassend sind wie der grenzenlose Raum,
Bitte gewähre mir deine Segnungen.

Ich bitte dich, mitfühlender Medizin-Guru,
der du in deiner Rechten den König aller Heilmittel hältst,
Das Symbol deines Gelöbnisses, allen bemitleidenswerten
    fühlenden Wesen zu helfen,
Die von den vierhundertvierundzwanzig Krankheiten
    gequält sind,
Bitte gewähre mir deine Segnungen.

Ich bitte dich, mitfühlender Medizin-Guru,
Der du in der Linken eine Schale mit Nektar hältst,
Das Symbol deines Gelöbnisses, den glorreichen
   unsterblichen Nektar des Dharma zu spenden,
Der die Plagen Krankheit, Alter und Tod beseitigt,
Bitte gewähre mir deine Segnungen.[31]

Vaishravana

Vaishravana – der Gott des Reichtums – sitzt auf einem weißen Schneelöwen (siehe Tafel 15). Sein gedrungener, stämmiger Körper ist von goldgelber Farbe, sein Gesichtsausdruck streng. In seiner rechten Hand hält er ein Siegesbanner und in seiner linken ein Ichneumon, ein Tier, das als Glücksbringer betrachtet wird und hier Juwelen ausspeit. Vaishravana ist auch bekannt als Jambhala; er ist nicht nur eine Reichtumsgottheit, sondern zugleich auch der Wächterkönig des Nordens. In dieser Erscheinung ist er oft zusammen mit den drei anderen Schützern der Himmelsrichtungen auf den Umfriedungsmauern von Klöstern und Tempeln als Schutz gegen widrige Einflüsse abgebildet.[32]

Die Beliebtheit dieser Reichtumsgottheit und die positiven Zwecke, für die Wohlstand eingesetzt werden kann, wurden bereits erwähnt. Es ist gleichwohl wichtig zu betonen, dass selbst dann, wenn materielle Güter und Besitztum für edle Zwecke eingesetzt werden, es dennoch die zugrunde liegende Motivation ist, die entscheidet, ob solche großzügigen Handlungen verdienstvoll sind oder nicht. Die folgende Geschichte bringt dies zum Ausdruck:

Einst lud ein reicher Mann Shakyamuni und eine Anzahl seiner Mönche in sein Haus ein, um ihnen Ehre zu erweisen. Schon Tage zuvor traf er Vorbereitungen, und als die Zeit des großen Festes herankam, versammelten sich Dorfbewohner von fern und nah, um einen Blick auf den Erwachten und den für ihn vorbereiteten prunkvollen Empfang zu erhaschen. Der Reiche war sehr mit sich zufrieden und dachte: »Jetzt ist mein Ruf als großzügiger Gastgeber gesichert.«

Unter den Augenzeugen dieses festlichen Anlasses befand sich ein armer Bettler. Als er durch den Eingang schaute, legte er seine Hände zum Zeichen der Verehrung aneinander und dachte: »Wie wunderbar ist es, dass jemand dem Gesegneten eine solch herrliche Opfergabe darbringen kann. Ich freue mich über alles Verdienst, das dieser Reiche durch seine Großmut und Hingabe erlangt hat.«

Am Ende der Festlichkeit, als alle Opfergaben dargebracht worden waren, wurde Shakyamuni gebeten zu
sprechen. Die Tradition schrieb vor, den Namen des
Spenders der Mahlzeit zu erwähnen, doch da er genau
wusste, was im Geist aller Anwesenden vor sich ging,
und den Stolz und die Ruhmsucht seines Gastgebers
erkannte, vermied er es, den Namen des Reichen zu
erwähnen und nannte stattdessen den des armen Bett-
lers![33]

Unterhalb von Vaishravana und zu seinen beiden Seiten hat der
Künstler die acht Glückssymbole – die goldenen Fische, die
Muschel, die Schatzvase, den Lotos, das Rad, das Siegesbanner,
den Ewigkeitsknoten und den Sonnenschirm – plaziert, die, wie
es heißt, die himmlischen Opfergaben darstellen, die Shakyamuni dargebracht wurden, nachdem er unter dem Bodhi-Baum
Erleuchtung erlangt hatte. Diese Symbole, die am Ende verschiedener Kapitel dieses Buches abgebildet sind, erfreuen sich unter
Tibetern großer Beliebtheit und finden sich nicht nur in Klöstern,
sondern auch in den meisten Privatwohnungen. Dort sind sie auf
die Wände gemalt, aus Holz geschnitzt oder sogar aus Edelmetal-
len geformt. Abgesehen von ihrer offensichtlichen dekorativen
Funktion wird diesen acht eine glückverheißende Wirkung für
spirituelles und materielles Wohlergehen zugeschrieben. Da sie
als gute Vorzeichen gelten, werden diese acht Symbole auch als
Willkommensgruß für einen hoch geachteten Lama in Mehl auf
den Weg gestreut, der zu einem Kloster oder Tempel führt. Die
Bedeutung dieser acht lässt sich folgendermaßen umschreiben:
Die beiden goldenen Fische (Seite 31) symbolisieren die Befreiung aus dem Ozean von Samsara. So wie Fische nicht von Stru-
deln gestört werden, wenn sie die tiefsten Meere durchschwim-
men, so ist es den geistig Suchenden möglich, dem Weg zu folgen,
ohne durch das Auf und Ab des Lebens abgelenkt oder blockiert
zu werden.
Die weiße Muschel, die sich nach rechts dreht (Seite 41), wird
geblasen, um der ganzen Welt die Erleuchtung eines Buddha zu
verkünden. Die Muschel symbolisiert daher die Fähigkeit aller
Wesen, auf den Ruf des Dharma hin aus dem Schlaf der Unwissenheit zu erwachen.

Bilder des Erwachens

Aus der Schatzvase (Seite 51) strömt ein unerschöpflicher Regen von langem Leben, Gesundheit und Wohlstand für alle Wesen, die dem Dharma auf reine Weise folgen.

Der Lotos (Seite 56) repräsentiert spirituelle Reinheit und Mitgefühl und symbolisiert die makellosen Handlungen von Körper, Sprache und Geist, die zu Glück und Erleuchtung führen.

Das achtspeichige goldene Rad (Seite 66) ist das sogenannte Rad des Dharma, und seine Speichen symbolisieren den buddhistischen achtfachen Pfad aus rechter Anschauung, rechter Absicht, rechter Rede, rechtem Tun, rechtem Lebenserwerb, rechtem Bemühen, rechter Achtsamkeit und rechter Konzentration. Das Rad steht für die Bewegung des Dharma von einem Land zum andern, wenn er das in allen Wesen vorhandene Buddha-Potential erweckt.

Das Siegesbanner (Seite 97), das auf dem Gipfel des Berges Meru im Mittelpunkt des Weltalls aufgepflanzt ist, verkündet den Sieg des Dharma über die Kräfte der Unwissenheit.

Der Ewigkeitsknoten, auch bekannt als das Glücksdiagramm (Seite 102), wird verschieden interpretiert: als anfangsloser Existenzkreislauf, als die unauflösliche Vereinigung von Weisheit und mitfühlender Methode in Buddhas Erleuchtung und als die nie endende Liebe und Harmonie im völligen Erwachen.

Der Sonnenschirm (Seite 129) schließlich ist ein Symbol des Königtums und repräsentiert den Schutz vor bösen Einflüssen, den die mitfühlenden Buddhas gewähren.

5 Der Weg von Glückseligkeit und Leerheit

Die bisher in diesem Buch präsentierten Abbildungen entsprachen ziemlich genau der gängigen Auffassung des Buddhismus als eines spirituellen Weges, der ethische Disziplin, geistige Ruhe und Mitgefühl propagiert. In den einzelnen Gestalten kommen eine Harmonie, eine Reinheit und Sanftheit zum Ausdruck, die mit buddhistischen Idealen in Einklang stehen; sogar der als äußerst energisch dargestellte Vajrapani und der streng blickende Vaishravana lassen sich als Abbildungen von Kräften auffassen, die in Mitgefühl und Freigebigkeit wurzeln.

Es kann daher irritierend oder sogar schockierend wirken, wenn wir zum ersten Mal den in diesem Kapitel behandelten Bildern begegnen, die vor Gewalt und Sinnlichkeit nur so strotzen. Wie sollen wir Gottheiten deuten, die ein Arsenal grässlicher Waffen schwingen, Ketten aus menschlichen Schädeln tragen und sich sitzend oder stehend in sexueller Vereinigung befinden? Wie können wir diese Bilder von Leidenschaft und Zorn mit den Lehren des allem entsagenden, mitfühlenden Buddha in Verbindung bringen? Oder sind sie – wie einige der einflussreichsten westlichen Autoren, die als erste über Tibet schrieben, behauptet haben – Beweise dafür, dass das tibetische Vajrayana eine verkommene, moralisch abgewirtschaftete und degenerierte Form von Buddhismus ist, in der schwarze Magie und Teufelskult die Reinheit von Shakyamunis ursprünglichen Lehren überlagert und verfälscht haben?[1]

Um diese Fragen zu beantworten und aller Irritation, die wir beim ersten Kontakt mit diesen verstörenden Bildwerken vielleicht empfinden, entgegenzutreten, müssen wir bereit sein, uns nicht nur diese Bilder als solche, sondern auch – was unangenehmer ist – die krude, ungeschminkte Wirklichkeit unserer eigenen Existenz eingehender anzuschauen. In offener oder verdeckter Form nehmen Leidenschaft und Zorn in unserem Leben einen zentralen Platz ein, während gierige Anhaftung unser Verhalten in ungeheurem Umfang prägt und motiviert. Shakyamuni Buddha sprach von unserem jetzigen Daseinszustand als dem Bereich der Begierde (skt. *kamadhatu*). Allein schon die Tatsache, dass wir die für uns spezifische Art von Körper und Geist besitzen, bedeutet, dass wir fortwährend von äußerst elementaren und komplexen geistigen wie körperlichen Impulsen und Wünschen beeinflusst werden, ob wir uns dessen bewusst sind oder nicht.

Es ist sinnlos, diese unbequemen Aspekte unserer Grundbefindlichkeit zu leugnen oder sie abzulehnen, weil sie sich nicht mit unserer Vorstellung davon vereinbaren lassen, wie ein religiöser oder spiritueller Mensch zu sein habe. Wie die moderne Psychologie gezeigt hat, führt die Leugnung dieser dunklen Kräfte oder ihre Verdrängung in die Schattenzonen unseres Bewusstseins lediglich dazu, dass sie noch mehr Kraft entwickeln, um uns in Zukunft heimzusuchen.[2] Die einzige wirksame Verhaltensweise besteht darin, sich alles, was in unserm Innern vorgeht, sei es angenehm oder unangenehm, möglichst bewusst zu machen und ihm dann mit dem klar erkennenden Auge der Weisheit unmittelbar entgegenzutreten.

Innerhalb des Vajrayana-Buddhismus werden die tiefgründigsten Methoden, um auf den Grund unseres Wesens hinabzutauchen und die dort entdeckten Energien umzuwandeln oder in neue Bahnen zu leiten, im sogenannten *Höchsten Yoga-Tantra* (skt. *anuttarayogatantra*) dargelegt. Der Ausdruck »höchstes« oder »unvergleichliches« beinhaltet, dass dieses System das oberste ist, d.h. dass es über den Bereich der drei anderen, »unteren« Stufen des Tantra hinausgeht.[3] Das Wort *Yoga* ist mit dem deutschen Wort *Joch* verwandt und bezieht sich hier auf die verschiedenen spirituellen Übungen, an die wir uns »anjochen«, damit unser Erleuchtungspotential am wirkungsvollsten zur Entfaltung kommen kann. *Tantra* heißt wörtlich »Faden«, »Kontinuität« oder »Strom« und kann sich auf ein Gewebe oder Netz miteinander verflochtener Fasern beziehen. So lässt sich das Höchste Yoga-Tantra zum einen also verstehen als ein unvergleichliches System spiritueller Übungen, durch das wir mit dem gesamten Spektrum der miteinander verbundenen Energien, aus denen sowohl wir selber als auch das uns umgebende Universum bestehen, in Verbindung treten und es unter unsere bewusste Kontrolle bringen können. Durch diesen fortgeschrittensten Zweig der Praxis des Vajrayana lassen sich außerordentliche Kräfte entfesseln. Verständlicherweise spiegeln die Meditationsgottheiten, die diesen kraftvollen Weg der Verwandlung verkörpern und symbolisieren, diese ungeheure Energie in ihrer überwältigend intensiven und manchmal aggressiven Bildlichkeit.

Weil die Techniken des Höchsten Yoga-Tantra die gewaltige Kraft benutzen, die dem dicht verknüpften Gewebe unseres inneren und äußeren Universums innewohnt, ist es von größter Wichtigkeit, dass wir uns ihnen mit respektvoller Würdigung nähern. Wenn wir nicht richtig vorbereitet sind, werden diese kraftvollen Methoden, statt uns zu erleuchteter Buddhaschaft zu führen, die Ichsucht, die unseren Kerker bildet, lediglich noch weiter aufblähen, und zwar mit absehbar katastrophalen Konsequenzen. Was den angehenden Tantra-Praktizierenden vor dieser und vor ähnlichen Gefahren bewahrt, ist die Beziehung zu einem qualifizierten Meister. Denn die eigentliche Wurzel und Basis des tantrischen Weges ist die Entwicklung einer richtigen Beziehung zu einem solchen vertrauenswürdigen Lehrer. Zu glauben, wir könnten selbständig vorgehen, indem wir irgendwelche tantrischen Anweisungen befolgen, die wir in einem Buch gelesen haben, ist äußerst töricht und gefährlicher, als mit radioaktivem Material herumzuspielen. Überdies bleiben wir ohne den Segen eines Meisters der Vajrayana-Tradition von der Inspiration dieser Tradition ausgeschlossen und haben daher keine Möglichkeit, unsere Praxis erfolgreich zu Ende zu führen.

Einer der wichtigsten Aspekte bei der Entwicklung einer richtigen Einstellung zum eigenen Guru besteht darin, seine erleuchteten Qualitäten anzuerkennen und sich auf sie zu konzentrieren.

Bilder des Erwachens

Es wird oft gesagt: »Wenn du den Segen eines Buddha erlangen willst, musst du deinen Guru als einen Buddha betrachten.« Dementsprechend besteht eine grundlegende tantrische Praxis darin, den eigenen Guru als untrennbar eins mit Vajradhara (Tafel 16) zu visualieren, der Manifestation, in der Buddha seine tantrische Lehre offenbarte. Das ist vor allem wichtig bei der Initiation oder Einweihung, wenn wir mit der spezifischen Meditationsgottheit vertraut gemacht werden, die im Mittelpunkt unserer anschließenden Praxis stehen wird. Wenn wir die untergründige Identität unseres Guru mit Buddha Vajradhara und der Gottheit, in deren Praxis wir eingeweiht werden, nicht erkennen, werden wir den für das spirituelle Wachstum notwendigen Samen der Einsicht und Inspiration nie empfangen. Und ohne solche Samen oder Eindrücke in unserem Bewusstseinsstrom wird selbst die eifrigste Praxis vergeblich bleiben. Wie der törichte Bauer, der sein Feld eifrig bewässerte und düngte, aber vergessen hatte, vorher Saatgut auszusäen, werden wir als Resultat unserer Mühen nichts als Enttäuschung ernten.

Das Bild unseres Geistes als Acker und der Erfüllung unseres Erleuchtungspotentials als angestrebte Ernte lässt sich sinnvoll weiter ausführen. Es erinnert uns daran, dass wir zusätzlich zu der Aufnahme der notwendigen Samen aus der Hand des tantrischen Lehrers unseren Geist dergestalt bearbeiten müssen, dass diese Samen keimen können. Dies geschieht auf zweifache Weise. Zuerst müssen wir das Feld unseres Geistes von den Steinen und dem Unkraut säubern, von denen es jetzt noch durchsetzt ist – dies sind die unerwünschten Überbleibsel all der ungeschickten und schädlichen Handlungen, die wir unter dem Einfluss der Unwissenheit und der anderen Verblendungen begangen haben. Und zweitens müssen wir das Nährstoffniveau unseres Geistes heben, so dass die eingepflanzten Samen die für ihr Wachstum erforderliche Nahrung bekommen – wir müssen einen Vorrat an positiver oder verdienstvoller Energie ansammeln, indem wir Handlungen ausführen, die besonders geschickt und heilsam sind. Die doppelte Aufgabe, Verunreinigungen zu beseitigen und verdienstvolle Energie anzusammeln, wird angegangen durch die gewissenhafte Ausführung der sogenannten *vorbereitenden Übungen* für die tantrische Praxis.[4]

Diese vorbereitenden Übungen (tib. *ngon-dro*) lassen sich in zwei Gruppen unterteilen: in die gewöhnlichen und die außergewöhnlichen. Bei den gewöhnlichen vorbereitenden Übungen handelt es sich vor allem um die drei Hauptaspekte des Sutra-Weges zur Erleuchtung: Entsagung, die altruistische Bodhicitta-Motivation und die richtige Sicht der Wirklichkeit. Auf der Basis dieser drei Aspekte lösen wir uns mehr und mehr von der gewöhnlichen sinnlichen Befriedigung und befreien uns von unserer Ichbezogenheit und unseren verhärteten Konzepten: Diese Entwicklungen sind unabdingbar, wenn die angestrebten tantrischen Transformationen jemals erreicht werden sollen. Die sogenannten außergewöhnlichen vorbereitenden Übungen bestehen aus einer Anzahl kraftvoller Methoden, die darauf abzielen, unsere drei Tore (Körper, Sprache und Geist) zu reinigen und zu stärken. Besondere Bedeutung kommt dabei den Reinigungstechniken in Verbindung mit der Meditationsgottheit Vajrasattva (Tafeln 17 und 18) zu.

Die eigentlichen Gottheiten des Höchsten Yoga-Tantra weisen eine überwältigende Vielfalt von Formen auf – männliche wie weibliche, friedvolle wie zornvolle -, die man der eigenen Praxis zugrunde legen kann. Die Auswahl ist nicht willkürlich und erfolgt nicht nach dem Muster eines Einkaufs im Supermarkt. Idealerweise ist es unser persönlicher Guru – dem unsere Wesensart vertraut ist und der unseren Bedürfnissen und Fähigkeiten Rechnung trägt -, der die spezielle Gottheit für unsere Praxis auswählt. Die Auswahl kann auch beeinflusst werden durch solche Faktoren wie das wiederholte Erscheinen einer bestimmten Gottheit in den Träumen eines Schülers, durch ein starkes Gefühl der Vertrautheit mit einem ganz bestimmten Bild oder ähnliche Erfahrungen.

In diesem Kapitel lassen sich aus Platzgründen nur wenige dieser Gottheiten wiedergeben; unsere Auswahl fiel auf die hier dargestellten, weil sich an ihnen die wichtigsten Aspekte des Vajrayana-Weges deutlich illustrieren lassen. Guhyasamaja (Tafel 19) vereinigt in sich die in Kapitel drei behandelten fünf Buddha-Abstammungslinien und präsentiert die beiden Hauptabteilungen der Praxis des Höchsten Yoga-Tantra: die Erzeugungs- und die Vollendungsstufe. Der grimmige Yamantaka (Tafel 20) und sein Schützer Dharmaraja (Tafel 21) verdeutlichen, wie die Verblendung »Zorn« in den geistigen Weg verwandelt werden kann, während Heruka Chakrasamvara (Tafeln 22 und 23) hauptsächlich mit begehrlicher Anhaftung arbeitet. Vajrayogini (Tafel 24) gehört zum *Chakrasamvara-Tantra* und hat wie Chakrasamvara selbst ihre Hauptaufgabe darin, die Energie leidenschaftlichen Begehrens in den Weg des vollkommenen Erwachens zu verwandeln. Ebenfalls dargestellt ist Vajradharma (Tafel 25), der in der Sadhana von Vajrayogini im Mittelpunkt der elementar wichtigen Übung des Guru-Yoga steht.

Den Abschluss des Kapitels bildet ein wichtiger *Dharma-Schützer* (skt. *dharmapala*), der extrem zornvolle Mahakala (Tafel 26). Trotz seines grässlichen Äußeren ist Mahakala eine Emanation des sanften und äußerst mitfühlenden Avalokiteshvara. Wieso ist ein so gewalttätig aussehender Schützer notwendig? Wenn wir die Übung des Höchsten Yoga-Tantra aufnehmen, öffnen wir uns tief verborgenen Energien von höchst destruktivem Potential. Hindernisse und Störungen, von außen wie aus dem eigenen Innern, können sehr leicht auftreten, wenn wir an diese Energien rühren, was jeden Fortschritt schwierig, wenn nicht unmöglich macht. Leichtfertige Praktizierende, insbesondere solche, die die Anweisungen des Guru sträflich missachten und sich an Übungen heranwagen, die ihre Fähigkeiten übersteigen, riskieren dadurch Wahnsinn und sogar Tod. Zum Schutz vor all diesen Hindernissen und Gefahren werden tantrische Praktizierende von ihrem geistigen Lehrer angewiesen, sich einem machtvollen Schützer wie Mahakala anzuvertrauen, der solche Störungen abwenden und die Praxis vor möglicher Entgleisung bewahren kann.

Vajradhara

Um den Segen und die Inspiration zu empfangen, die sie für die erfolgreiche Praxis des Höchsten Yoga-Tantra benötigen, sollen qualifizierte Schüler ihren geistigen Lehrer als untrennbar eins mit Vajradhara, dem Halter des Diamantzepters (Tafel 16), visualisieren, so wie es in den folgenden Versen des *Yoga in Sechs Sitzungen* beschrieben wird:

> Im Raum vor mir, auf einem herrlichen Juwelenthron,
> Ruht auf einem Mandalasitz aus Lotos, Sonne und Vollmond
> Mein Wurzellama, der alles durchdringende Vajradhara,
> Mit einem Körper von blauer Farbe, einem Gesicht und zwei Armen.
> Er hält Vajra und Glocke, umarmt seine ihm gleichende Gefährtin
> Und erstrahlt im Glanz aller Zeichen eines Buddha,
> Geschmückt mit zahlreichen gleißenden Juwelengeschmeiden,
> Umhüllt von zarten Gewändern aus bezaubernden, himmlischen Tüchern.
> Allein schon die Erinnerung an ihn zerstreut all meine Qual.
> Mit einer Natur, die jegliche höchste Zuflucht umfasst,
> Sitzt er mit überkreuzten Beinen in der Vajra-Haltung,
> Und die drei Stellen seines Körpers sind mit drei Silben versehen.[5]

Diese Beschreibung Vajradharas enthält knapp zusammengefasst die Hauptmerkmale der Vajrayana-Praxis im Allgemeinen und des Guru-Yoga im Besonderen. Der Anfangssatz »Im Raum...« verdeutlicht, dass nichts innerhalb der folgenden Visualisierung auch nur ein einziges Atom konkreter, inhärenter Eigenexistenz besitzt, sondern vielmehr aus dem von jedem Hindernis freien Raum der Leerheit hervorgeht. Aus dieser raumgleichen Leerheit von inhärenter Existenz erscheint der Sitz, bestehend aus Lotos, Sonne und Mond, die die drei Aspekte versinnbildlichen, auf denen die Praxis des Vajrayana basiert: Entsagung, Weisheit und altruistische Bodhicitta-Motivation. Auf diesem speziellen Sitz thront der eigene Wurzellama – der spirituelle Meister, der den eigenen Geist auf den Weg gelenkt hat –, der nicht in seiner gewöhnlichen Form visualisiert wird, sondern als ununterscheidbar von dem Buddha der Tantras, dem glorreichen Vajradhara selbst.

Guru Vajradharas Körper ist von tiefblauer Farbe, was für die tiefgründige und grenzenlose Natur seines allwissenden Geistes steht. Seine beiden Hände sind in der Mudra des Umarmens, um zu zeigen, dass er die Vereinigung von Methode und Weisheit gemeistert hat, die für den Weg zum vollen Erwachen charakteristisch ist. Das machtvolle Diamantzepter (skt. *vajra;* tib. *dorje*) in seiner rechten Hand ist das Symbol mitfühlender Methode – die äußerst wirksamen Mittel, die Vajradhara anwendet, um die Wünsche der anderen zu erfüllen –, während die Glocke in seiner linken Hand seine durchdringende Einsicht in die letztgültige Natur der Wirklichkeit versinnbildlicht.

Die Symbolik der Glocke wird manchmal folgendermaßen erklärt: Wenn eine Glocke angeschlagen wird, bringt sie einen Klang hervor, der, wie alle anderen Phänomene, die unseren Sinnen erscheinen, inhärent zu existieren scheint. In anderen Worten: Einem unerleuchteten Wesen erscheint dieser Klang allein von seiner eigenen Seite her zu existieren, als etwas aus sich selbst Bestehendes, ein unabhängiges Etwas »dort draußen«, das darauf wartet, wahrgenommen zu werden. Doch wenn wir versuchen, einen solchen unabhängig aus sich selbst heraus existierenden Klang zu finden, können wir ihn nirgendwo entdecken. Wir können ihn weder im Klöppel noch in der Wandung der Glocke noch in unserem Ohr noch irgendwo sonst lokalisieren. Doch obwohl wir ihn nicht finden können, existiert er trotzdem. Wie die Analyse zeigt, ist der Klang ein Phänomen, das vollständig in Abhängigkeit vom Zusammenwirken anderer Phänomene entsteht, zum Beispiel vom Schlagen des Klöppels gegen die Wandung. Er ist etwas bedingt Entstehendes und als solches frei von jedem Atom inhärenter Eigenexistenz. Daher dient der Klang als ein typisches Beispiel für ein Phänomen, das völlig leer ist von inhärenter Existenz, und die Glocke wird dazu benutzt, uns an die Weisheit zu gemahnen, die diese Leerheit unmittelbar wahrnimmt und den

Der Weg von Glückseligkeit und Leerheit

Kerker unserer Unwissenheit bezüglich der Existenzweise der Dinge sprengt.

Vajradharas Gefährtin, die dieselben erleuchteten Attribute besitzt wie er selbst, ist Vajradhatu Ishvari: Die Machtvolle Göttin der Diamantenen Sphäre. Gemeinsam befinden sie sich in der *Vater-Mutter* (tib. *yab-yum*) -Umarmung. Der ekstatische Ausdruck auf ihren Gesichtern symbolisiert die tiefe Versenkung in die klare Lichtnatur des Geistes, die frei von Begrenzungen und von unvorstellbarer Glückseligkeit durchdrungen ist. Die leuchtende Aura in den Farben des Regenbogens, die beide umgibt, ist ein weiterer Ausdruck dieses glückseligen Zustands meditativer Versenkung in die letztendliche Wirklichkeit.

Buddhas wie Vajradhara haben durch das Erreichen zweier Arten von Körper (skt. *kaya*) zweierlei Arten von Ziel verwirklicht. Sie haben ihr eigenes Ziel verwirklicht, indem sie einen von Hindernissen vollkommen geläuterten Geist erreichten – den sogenannten *Dharmakaya* oder *Wahrheitskörper* -, und sie nützen anderen durch das Erreichen des *Rupakaya*, der unzähligen *Formkörper*, durch die sich der Dharmakaya-Geist spontan manifestiert. Zum Beispiel erscheint der Buddha manchen als ein Mönch, der vollkommene Entsagung geübt hat und die Stufenwege des Sutra-Fahrzeugs lehrt, während er anderen vielleicht als glorreicher Vajradhara erscheint und den blitzschnellen Weg des Vajrayana offenbart. Um selbst die Erleuchtung eines Buddha zu erlangen, müssen wir ebenfalls diese beiden Kayas erreichen, und dies wird ermöglicht durch die gemeinsame Praxis von Weisheit und mitfühlender Methode; dabei ist erstere die Hauptursache für Buddhas Wahrheitskörper und letztere die Ursache für die verschiedenen Formkörper.

Das Höchste Yoga-Tantra unterscheidet sich von anderen Wegen zur Erleuchtung insofern, als es Techniken enthält, durch die Weisheit und Methode gleichzeitig als zwei Aspekte eines einzigen Bewusstseinsmoments hervorgebracht werden können.[6] Die Praktizierenden werden darin unterwiesen, wie sie Kontrolle über die Elemente ihres *Vajra-Körpers* erlangen und dadurch die allersubtilste, im Herzen angesiedelte Schicht des Bewusstseins erwecken können. Dieser subtile und von höchster Glückseligkeit erfüllte Geist des Klaren Lichtes lässt sich als das machtvollste Werkzeug einsetzen, um eine unmittelbare Einsicht in die letztgültige Wirklichkeit oder Leerheit zu gewinnen. Ohne diese Weisheit aufzugeben, kann das glückselige Bewusstsein des Praktizierenden sich dann in der Gestalt der gewählten Meditationsgottheit manifestieren. Diese besondere Art der Verbindung von Erscheinung der Gottheit und Verständnis der letztendlichen Natur dieser Gottheit ist die für das Höchste Yoga-Tantra spezifische Vereinigung von Methode und Weisheit, eine Vereinigung, die alle anderen übertrifft und als unmittelbare Ursache für die Rupakaya und Dharmakaya verbindende Erfahrung der Erleuchtung wirkt.

Diese – wenn auch äußerst verkürzte – Erklärung der speziellen Charakteristika der Praxis des Höchsten Yoga-Tantra gestattet uns, die symbolische Bedeutung der *Yab-yum*-Umarmung besser zu verstehen (siehe Übersichtstafel 3). Der Vater, Vajradhara, steht für die Methode, in diesem Zusammenhang für die allersubtilste, von unvorstellbarer Glückseligkeit erfüllte Schicht des Bewusstseins. Die Mutter, Vajradhatu Ishvari, steht für die Weisheit, für das vollständige Erfassen der Leerheit durch das Klare Licht, für die letztendliche Natur der Wirklichkeit. Das Bild von Vajradhara und seiner Gefährtin in ihrer Umarmung hat also nichts mit gewöhnlicher Sinnenlust zu tun. Es ist vielmehr ein machtvolles Symbol für die glückselige gleichzeitige Vereinigung von Methode und Weisheit: der unermesslich kostbare Schatz des Höchsten Yoga-Tantra und das schnellste und kraftvollste Mittel, um in diesem einen Leben Erleuchtung zu erlangen.

Übersichtstafel 3: Die Symbolik der *Yab-yum*-Umarmung

yab (Vater)	*yum* (Mutter)
Methode	Weisheit
Glückseligkeit	Leerheit
Vajra	Glocke
rechts	links
Erreichen des Formkörpers (rupakaya)	Erreichen des Wahrheitskörpers (dharmakaya)
Verwirklichung der Ziele anderer	Verwirklichung des eigenen Zieles

Der Weg von Glückseligkeit und Leerheit

Der in der *Yab-yum*-Umarmung visualisierte Guru Vajradhara hat nicht nur selbst Erleuchtung erlangt, sondern hat auch die unübertroffene Fähigkeit, uns auf schnellstmögliche Weise auf dem spirituellen Weg vorwärtszubringen. Die zu Beginn dieses Abschnitts zitierte Beschreibung Vajradharas spricht in den letzten Versen von den »drei Stellen seines Körpers, die mit drei Silben versehen sind«. Diese Stellen sind Scheitel, Kehle und Herz – Körper, Sprache und Geist zugeordnete Zentren -, und die Silben, die sie kennzeichnen, sind ein weißes *OM*, ein rotes *AH* und ein blaues *HUM*. Zu verschiedenen Zeitpunkten während der Einweihung und auch bei der täglichen Sadhana tantrischer Gottheiten wird visualisiert, wie farbige Lichter von den drei Orten der Guru-Gottheit und von uns selbst ausstrahlen und wie sie sich wieder in diesen Orten auflösen. Diese Lichtstrahlen reinigen die Befleckungen unserer drei Tore und gewähren der tiefsten Schicht unseres Wesens den Segen und die Inspiration der Erfahrung der höchsten Erleuchtung. Der Wunsch, diesen letztendlichen Nutzen der Praxis des Guru-Yoga zur Vollendung zu bringen, spiegelt sich in den Schlussversen des sogenannten *Yoga in Sechs Sitzungen*:

Möge ich in all meinen Leben nie von vollkommenen
    Gurus getrennt sein.
Indem ich mich in rechter Weise auf den glorreichen
    Dharma stütze,
Um die guten Merkmale der Stufen und Wege zu erfüllen,
Möge ich rasch Vajradharas Erleuchtung verwirklichen.[7]

Vajrasattva

Vajrasattva – Das Diamantene Wesen – ist die wichtigste Gottheit zur Läuterung negativen Karmas. Sie wird von Praktizierenden aller Stufen des Tantra verwendet. Je nach der Art der ausgeübten Praxis kann Vajrasattva allein (Tafel 17) oder mit Gefährtin (Tafel 18) visualisiert werden. Vajrasattva ist von weißer Farbe, zum Zeichen seiner unbefleckten Reinheit. Wie Vajradhara, dessen Emanation er ist, hält er in seiner rechten Hand einen Vajra als Symbol der Methode und die Glocke der Weisheit in der linken. Vajrasattva allein wird manchmal auch in einer Sitzhaltung mit teilweise ausgestrecktem Bein abgebildet, hier aber nimmt er die unerschütterliche Vajra-Haltung ein. Auch er trägt die schönen Seidengewänder und den Juwelenschmuck der Könige des alten Indien.

Die Techniken tantrischer Transformation werden ihre tiefgründigen Wirkungen nicht entfalten können, solange Körper, Sprache und Geist, wie wir sie jetzt besitzen, weiter von den Unreinheiten befleckt bleiben, die durch unsere früheren unheilsamen körperlichen, sprachlichen und geistigen Handlungen angesammelt wurden. Damit unsere Übungen zum Erfolg führen, müssen wir nicht nur jetzt und in Zukunft solches ungeschickte und zerstörerische Tun vermeiden, sondern wir müssen uns auch von jenen negativen Eindrücken reinigen, die aus der Vergangenheit noch in uns sind. Die Vajrasattva-Meditation ist die Hauptmethode, die von den verschiedenen Traditionen des Vajrayana-Buddhismus zum Zweck dieser Reinigung oder Läuterung empfohlen wird. Überdies ist sie äußerst wirksam, wenn es darum geht, die Übertretungen der feierlichen Gelübde, die der Schüler zur Zeit der Initiation vor dem tantrischen Meister abgelegt hat, wieder gutzumachen und jedwede Verpflichtungen, die wir möglicherweise gebrochen haben, wiederherzustellen.

Eine erschöpfende Darstellung der Vajrasattva-Praxis würde zwar den Rahmen dieses Buches sprengen, doch lässt sie sich in ihren wesentlichen Punken kurz umreißen. Über unserem Scheitel visualisieren wir unseren Wurzel-Lama in Gestalt Vajrasattvas, mit einem durchsichtigen Körper aus Licht. Auf seinem Scheitel befindet sich Akshobhya, das Oberhaupt der Buddha-Familie, der Vajrasattva angehört. In Vajrasattvas Herz visualisieren wir die Buchstaben seines Hundert-Silben-Mantras, das aufrecht um den Rand einer Mondscheibe steht, in deren Mitte sich die Keimsilbe *HUM* befindet.

Haben wir diese Visualisierung aufgebaut, bitten wir unseren Wurzellama aus tiefstem Herzen, all unsere negativen karmischen Eindrücke zu reinigen, und rezitieren mit einsgerichteter Konzentration Vajrasattvas Mantra. Währenddessen visualisieren wir reinigende Lichtstrahlen, die von dem *HUM* und dem Mantra im Herzen Vajrasattvas ausgehen, durch unseren Scheitel in uns eindringen, uns von allen Befleckungen reinigen und unseren Körper in Licht verwandeln. Zum Abschluss unserer Meditationssitzung erzeugen wir das starke Empfinden, dass alle Makel und Schleier vollkommen beseitigt worden sind. Dann löst sich Vajrasattva in Licht auf, sinkt in uns hinein, wird ununterscheidbar eins mit unserem eigenen Körper, unserer Sprache und unserem Geist, und wir verweilen eine Zeitlang in einem Zustand klaren, von jeder Begrifflichkeit freien Gewahrseins.

Damit diese Praxis eine Wirkung entfaltet, genügt es nicht, ein klares Bild der Gottheit zu erzeugen und die aufeinanderfolgenden Phasen der Visualisierung in der richtigen Reihenfolge auszuführen. Ohne Einsatz der sogenannten vier starken Gegenmittel[8] ist auch die klarste Visualisierung wenig hilfreich. Zuerst müssen wir aufrichtige Reue über unsere vergangenen unheilsamen Taten und den Bruch unserer feierlichen Gelübde entwickeln und das dadurch erzeugte destruktive Potential erkennen. Dann müssen wir geloben, in Zukunft von solchem negativen Tun Abstand zu nehmen. Drittens rufen wir die sogenannte Kraft der Stütze an, indem wir uns sowohl unsere Zuflucht zu den Drei Juwelen Buddha, Dharma und Sangha als auch unsere altruistische Bodhicitta-Motivation vergegenwärtigen. Schließlich widmen wir uns jenen als Gegenmittel wirkenden Handlungen – in diesem Fall der Rezitation von Vajrasattvas Mantra usw. -, die den von uns angesammelten Schleiern entgegenwirken, sie tilgen und läutern. Nur wenn diese vier Kräfte der Reue, des Gelobens, der Stütze und des Gegenmittels stark entwickelt sind, wird mit Sicherheit eine Reinigung erfolgen.

Es gibt verschiedene Anzeichen, die auf eine erfolgreiche Bereinigung von Unheilsamem hindeuten. Einige dieser Anzeichen erscheinen uns im Traum, zum Beispiel als siegreicher Kampf mit einer schwarz gekleideten Person, als Erbrechen giftiger Substanzen, als Trinken von Milch, als Begegnung mit Lehrern, als Visionen von Meditationsgottheiten und ähnlichem. Wenn wir solche Träume öfter haben, nicht nur ein- oder zweimal, ist dies ein Hinweis darauf, dass unsere Übungen gefruchtet haben. Deutlichere Hinweise auf den Erfolg der Praxis begegnen uns jedoch im Wachzustand. Unser physischer Körper fühlt sich vielleicht leicht und voller Spannkraft an, wir stellen fest, dass unser Schlafbedürfnis zurückgegangen ist, unser Denken ist klarer als zuvor, und, was am wichtigsten ist, wir erlangen Einsicht in Bereiche des geistigen Weges, die uns zuvor verborgen geblieben waren. Im Zusammenhang mit diesem letzten Punkt hat ein zeitgenössischer tibetischer Meister geäußert: Hätten wir nur eine Stunde Zeit, um die tiefgründigen Lehren über die Vollkommenheit der Weisheit zu studieren, und würden die ersten fünfundvierzig Minuten mit solchen Übungen des »Ansammlens und Reinigens« wie der Vajrasattva-Meditation verbringen, dann würden wir unsere Zeit nicht im mindesten vergeuden. Wir würden damit sicherstellen, dass jedwedes Lernen, mit dem wir den Rest der Stunde ausfüllen, von größtem Nutzen wäre.

Obwohl es sehr sinnvoll ist, vorbereitende Übungen wie die Vajrasattva-Visualisierung als Teil einer täglichen Praxis auszuführen, empfehlen tibetische Lamas ihren Schülern dringend, sich zu längeren Meditationsklausuren zurückzuziehen, die es ermöglichen, die Meditationserfahrung zu vertiefen. Manche Lamas geben ihren Schülern erst dann die Einweihung der Gottheiten des Höchsten Yoga-Tantra, wenn sie eine ausführliche Klausur mit sämtlichen vorbereitungen Übungen absolviert haben. Zu diesen gehören außer Vajrasattva die Zufluchtnahme und das Erzeugen von Bodhicitta, das Darbringen von Mandala-Opfern, die Übung des Guru-Yoga, Niederwerfungen und anderes. In einer solchen Klausur rezitiert der Schüler Vajrasattvas Hundert-Silben-Mantra möglicherweise mehr als hunderttausendmal, und dies kann sich im Laufe seines Schulungswegs oft wiederholen.

Die Vorbedingung, die höheren Belehrungen des Höchsten Yoga-Tantra erst dann zu erteilen, wenn der Schüler diese umfangreichen vorbereitenden Übungen abgeschlossen hat, verfolgt mehrere Ziele. Nicht nur lässt sie alle die ausscheiden, deren

Interesse an Tantra nur oberflächlich ist, oder solche, die sich durch Anstrengungen leicht abschrecken lassen, sondern vor allem gibt sie denjenigen, die die Ausdauer und die Ernsthaftigkeit besitzen, diese Vorbereitungen abzuschließen, das notwendige Fundament für ihr spirituelles Wachstum. Es heißt sogar, für einen Schüler mit den richtigen Voraussetzungen sei das Ziel der Erleuchtung durch diese vorbereitenden Übungen allein erreichbar.

Diejenigen, die eine ausführliche Vajrasattva-Klausur hinter sich gebracht haben, bezeugen aus eigener Erfahrung, dass ihre Wahrnehmung der Erscheinungswelt einen tiefgreifenden Wandel erfuhr. Zwar hat sich nicht die Welt als solche verwandelt, doch ist es so, als wäre die Sicht des Meditierenden gereinigt worden – als hätten sich die Pforten der Wahrnehmung weiter geöffnet und als wären Schleier, die kaum merklich unseren Blick trüben, von den Fenstern des Geistes gelüftet worden. Wesen und Phänomene nehmen eine reine Erscheinung an – eine Spiegelung der neu offenbarten Reinheit der Praktizierenden selbst –, und das Schwerefeld, das uns in der gewöhnlichen weltlichen Realität verankert hält, schwächt sich ab. Obwohl diese begeisternde Vision einer Welt voller unendlicher Möglichkeiten vielleicht verblassen mag, wird sie doch zu einem starken Ansporn für die Hinwendung zu den fortgeschritteneren Übungen und weckt die Überzeugung, dass das völlige Erwachen, obwohl noch ein fernes Ziel, tatsächlich erreichbar ist.

Guhyasamaja

Guhyasamaja – Die Geheime Versammlung – ist eine der wichtigsten Gottheiten aus der Klasse des Höchsten Yoga-Tantra, und die Schriften, die seiner Praxis zugrunde liegen, gehören zu den ältesten überlieferten Texten des buddhistischen Tantra, die bis auf das vierte Jahrhundert unserer Zeit zurückgehen.[9] Guhyasamaja heißt »der König der Tantras«, nicht nur, weil die entsprechenden Schriften so alt sind, sondern weil sie und ihre Kommentare den Schlüssel zum Verständnis des gesamten, riesigen Spektrums der tantrischen Literatur liefern, die im Allgemeinen verschlüsselt und schwer verständlich ist. Zu den indischen Mahasiddhas, die ausführlich über das *Guhyasamaja-Tantra* schrieben, gehören Nagarjuna, Aryadeva und Chandrakirti, und eine der großen Leistungen des tibetischen Meisters und Übersetzers Marpa (Tafel 29) aus dem elften Jahrhundert bestand darin, Guhyasamajas Lehren aus Indien in das Schneeland zu bringen[10].

Welche Wertschätzung dieses Tantra bei den Tibetern genießt, lässt sich an den ausführlichen Kommentaren ablesen, die Meister wie Je Tsong Khapa seiner Interpretation gewidmet haben. In einer dieser Schriften Tsong Khapas heißt es:

> Die *Anuttara-Yoga*-Tantras sind
> Die höchsten Lehren, die der Buddha gegeben hat.
> Von diesen ist das tiefgründigste das Tantra
> Des glorreichen Guhyasamaja, der König aller Tantras.
> ... Wer Guhyasamajas erhabenen Weg versteht,
> Dem wird ein furchtloses, unumstößliches Verständnis
> Aller Lehren des Buddha zuteil.[11]

Das *Guhyasamaja-Tantra* wurde von Shakyamuni Buddha dem König Indrabhuti gegeben, der den Gesegneten gefragt hatte: »Wie können Menschen wie ich, die sich noch nicht von der Welt der Sinne gelöst haben, die Befreiung erlangen?«[12] Zur Erwiderung erschien Shakyamuni als Guhyasamaja und lehrte Indrabhuti jenes tiefgründige System des Höchsten Yoga-Tantra. Diese Lehren wurden später vollständig durch zwei Haupttraditionslinien, nach Aryadeva und Buddhashri Jnanapada *Arya* und *Jnanapada* benannt, überliefert[13].

Der Weg von Glückseligkeit und Leerheit

Die zentrale Gottheit des *Guhyasamaja Tantra* (Tafel 19) ist von tiefblauer Farbe, hat drei Gesichter und sechs Arme und umarmt eine Gefährtin, die die gleichen Attribute aufweist. Guhyasamaja hat einen halb friedvollen, halb zornvollen Ausdruck. Sein mittleres Gesicht ist blau, das rechte ist weiß, das linke ist rot, und jedes Gesicht ist mit einem dritten Auge der Weisheit geschmückt. Diese drei Gesichter werden unterschiedlich interpretiert: als Symbole für die transformierten Verblendungen Zorn, Unwissenheit und Anhaftung, für die drei Hauptkanäle des sogenannten Vajra-Körpers, für die gereinigten Geisteszustände der weißen Erscheinung, des roten Anwachsens und des schwarzen Beinahe-Erreichens (siehe Seite 160) und für die Erfahrung von Illusionskörper, Klarem Licht und Vereinigung.

Von seinen sechs Armen befinden sich die ersten beiden in der Mudra der Umarmung und halten Vajra und Glocke als Sinnbild der Vereinigung von Methode und Weisheit. Die übrigen beiden rechten Hände halten ein Rad und einen Lotos, die linken ein Juwel und ein Schwert. Guhyasamaja und seine Attribute repräsentieren die verschiedenen Buddha-Familien oder Buddha-Abstammungslinien, wie in Übersichtstafel 4 gezeigt.

Übersichtstafel 4: Guhyasamaja und die Buddha-Familien

Symbol	Oberhaupt der Buddha-Familie
Guhyasamaja selbst	Akshobhya
Rad	Vairochana
Juwel	Ratnasambhava
Lotos	Amitabha
Schwert	Amoghasiddhi
Vajra und Glocke	Vajradhara

In Kapitel drei sprachen wir von fünf Buddha-Familien, während hier von sechsen die Rede ist. Im *Guhyasamaja-Tantra* wird Vajradhara, das Oberhaupt der sechsten Familie, als Synthese der anderen fünf betrachtet. Überdies sprechen die Tantras in anderen Zusammenhängen von *einer* Buddha-Familie und ihrem Oberhaupt Vajadhara als dem Herrn aller Buddhas, von *drei* Familien usw. Bei aller Verschiedenartigkeit der Aufzählungen ist die beschriebene Wirklichkeit doch ein und dieselbe: der Zustand der vollen Erleuchtung, wenn alle störenden Überlagerungen, die die grundlegend reine Natur des Geistes verschleiern, für immer beseitigt worden sind.

Das Vajrayana bietet viele Methoden, um die Schleier des Geistes zu tilgen, und einige der tiefgründigsten werden während der Zeremonie der tantrischen Einweihung oder Initiation selber angewandt. Während einer solchen Zeremonie wird der Einzuweihende in der Meditation an verschiedene Orte innerhalb der göttlichen Wohnstatt (skt. *mandala*) der Hauptgottheit geführt und den Buddhas – Vairochana usw. – vorgestellt, durch die die gewünschte erleuchtete Verwandlung erfolgen kann.

Das Höchste Yoga-Tantra ist das höchst entwickelte System, das es ermöglicht, Erleuchtung zu erreichen, und das *Guhyasamaja-Tantra* liefert den Schlüssel zum Verständnis seiner einzigartigen Transformationsmethoden. Diese Methoden sind in den beiden Abteilungen der Praxis des Höchsten Yoga-Tantra enthalten, nämlich in der *Erzeugungsstufe* (tib. *kye-rim*) und in der *Vollendungsstufe* (tib. *dzog-rim*). Auf der Erzeugungsstufe transzendiert der Praktizierende die gewöhnlichen Erscheinungen und Vorstellungen, die ihn an das Rad stets wiederkehrender Leidhaftigkeit und Unerfülltheit binden. Dies geschieht zuallererst durch die Auflösung der gewöhnlichen begrenzten, verhärteten Sichtweise oder Auffassung von sich selbst: Dieses Selbst löst sich auf in den klaren und von allen Hindernissen freien Raum der Leerheit und ersteht neu in der Gestalt der selbst gewählten Meditationsgottheit, des sogenannten *Yidam*. So lässt sich die Erzeugungsstufe als eine Verbindung von *Leerheits-Yoga* und *Gottheiten-Yoga* beschreiben; es geht dabei darum, die *klare* oder *lebendige Erscheinung* von sich selbst in der Gestalt der Meditationsgottheit und zugleich den *göttlichen Stolz*, tatsächlich eine solche Gottheit zu sein, zu entwickeln.[14]

Indem er sein eigenes angeborenes Buddha-Potential erkennt, die Inspiration des Guru empfängt und die auf dieser Stufe eingesetzten Transformationstechniken in die Praxis umsetzt, lernt der Yogi, alle Erscheinungen als die Manifestation der Gottheit, alle Klänge als das Mantra der Gottheit und alle Gedanken als Produkt der uneingeschränkten Weisheit der Gottheit zu betrachten.

Diese Techniken verändern nicht nur die Art und Weise, in der die Übenden sich selbst wahrnehmen, sondern sie tragen auch dazu bei, ihre Umgebung, ihre Sinneswahrnehmungen und ihre Handlungen in das Mandala, die Energie und die erleuchtete Verhaltensweise der Gottheit umzuwandeln.

Der Zweck dieser Übungen der Erzeugungsstufe besteht darin, die eigene beschränkte Identität – die sich bei eingehender Analyse als das Produkt von Unwissenheit und als Quelle des Leidens entpuppt – durch die von der Gottheit repräsentierte umfassende, erleuchtete Identität abzulösen. Doch auf dieser Stufe findet eine so tiefgründige Transformation im Wesentlichen nur auf der Ebene der Vorstellung statt. Obwohl man ein beträchtliches Niveau von Konzentration und meditativer Versenkung erreicht, das eine tiefe Wirkung auf das gesamte eigene Wesen hat, sind die Übungen der Erzeugungsstufe vor allem ein Probelauf für die Verwandlung, die dann auf der Vollendungsstufe tatsächlich stattfindet.

Auf dieser zweiten, fortgeschritteneren Stufe liegt das Schwergewicht darauf, die vollständige, bewusste Kontrolle über den sogenannten Vajra-Körper zu erlangen, ein Gebilde, das auf einer subtileren Ebene als unser grobstofflicher physischer Körper existiert und aufs engste mit zunehmend subtileren Bewusstseinsschichten verbunden ist.[16] Der Vajra-Körper ist von *Kanälen* (skt. *nadi*) durchzogen, durch die Ströme von *Energie-Wind* (skt. *prana*) fließen und in denen sich *Tropfen* (skt. *bindu*) verschiedenster Reinheitsgrade befinden. Indem sie Übungen wie die *Vajra-Rezitation* (tib. *dor-lay*) und die *innere Hitze* (tib. *tum-mo*) ausführen, lernen die Praktizierenden, diese Kanäle, Winde und Tropfen so zu manipulieren, dass die allersubtilste Schicht des Bewusstseins – der glückselige Geist des Klaren Lichtes – erweckt und aktiviert wird.[17]

Durch beständiges und fortschreitendes Üben unter Aufsicht eines qualifizierten tantrischen Meisters verschmilzt der Schüler dieses subtile Bewusstsein des Klaren Lichtes mit dem Verständnis der letztendlichen Realität und tilgt vermittels der außergewöhnlichen Energie dieses Bewusstseins die verschiedenen Schichten der Verblendung, die den Geist trüben. Diese Übungen führen zu dem sogenannten *Illusionskörper* und letztendlich zu der *Vereinigung* (skt. *yuganadda*) von Klarem Licht und Illusionskörper, die unmittelbar zur Erfahrung der vollen Erleuchtung hinführt. Die Transformation, die auf der Erzeugungsstufe lediglich vorgestellt war, wird auf der Vollendungsstufe tatsächlich vollzogen und das Ziel, die Buddhaschaft, erreicht.

Kein kurzer Abriss wie dieser kann der Tiefgründigkeit und Komplexität dieser Yogas von Erzeugungs- und Vollendungsstufe auch nur ansatzweise gerecht werden. Übungen in Verbindung mit dem Klaren Licht und dem Illusionskörper kommen in fast allen Systemen des Höchsten Yoga-Tantra vor, doch werden in ihnen unterschiedliche Schwerpunkte gesetzt. Das System Guhyasamajas betont den Illusionskörper, und da ein solcher subtiler Körper mit der Methode in Verbindung steht und die Methode selbst im Vajrayana als männlich gekennzeichnet wird, wird Guhyasamaja als das Oberhaupt der *Vater-Tantras* angesehen. Weil Chakrasamvara vor allem die Erzeugung des Klaren Lichtes in den Mittelpunkt stellt, das mit Weisheit in Verbindung gebracht und als weiblich gekennzeichnet wird, gehört diese Gottheit dementsprechend zu den *Mutter-Tantras*. Doch wie auch immer sie eingeteilt werden, alle diese Systeme des Höchsten Yoga-Tantra stellen vollständige Wege zur vollkommenen Erleuchtung dar und können richtig qualifizierte und motivierte Schüler und Schülerinnen schnellstmöglich zum höchsten Ziel führen.

Yamantaka und Dharmaraja

Von allen in diesem Buch präsentierten Bildern ist vielleicht keines verstörender als das des furchterregenden Yamantaka (Tafel 20). Um diese Gottheit vorzustellen, geben wir die Legende wieder, die berichtet, wie eine so zornvolle Gestalt ins Dasein trat.[18] Ein Yogi, der bereits große geistige Fähigkeiten entwickelt hatte, zog sich einmal in eine Höhle zurück, um sich tief in die Meditation zu versenken. Er setzte sich in der unerschütterlichen Vajra-Haltung nieder, und bald erhob sich sein Bewusstsein in höhere Ebenen weit jenseits dieser gewöhnlichen weltlichen Existenz. Es wurde Nacht, und in die scheinbar menschenleere Höhle flüchtete sich eine Bande von Viehdieben, die einen gestohlenen Wasserbüffel vor sich hertrieben. Sogleich schlachteten sie das Tier und machten sich daran, ihre unehrlich erworbene Beute zu verzehren. Plötzlich erblickten sie im Licht ihres Feuers die lautlose, im Schatten dasitzende Gestalt des Yogi. Aus Angst vor den möglichen Folgen, falls ein Zeuge ihres Diebstahls am Leben bliebe, sprangen sie auf, schnitten ihm den Kopf ab und schmausten dann weiter.

Bald darauf kehrte das Bewusstsein des Meditierenden von seinen Reisen zurück und begab sich wieder in seinen Körper, doch nur, um zu entdecken, dass dieser keinen Kopf mehr hatte! In Panik tastete er den Boden der Höhle ab, aber alles, was er finden konnte, war der abgetrennte Kopf des Büffels, den er sich daraufhin aufsetzte. Außer sich vor Zorn über das, was ihm zugestoßen war, nahm er Rache an den Wilddieben, die ihn so grässlich verstümmelt hatten. Mit seinen geistigen Kräften vernichtete er nicht nur sie, sondern ließ an jedem, der ihm begegnete, seine grenzenlose Wut aus. Bald wurde er zur Geißel des Landes, ein schreckliches Ungeheuer, das eine furchtbare Spur der Verwüstung hinter sich zurückließ – ein wahrer Herr des Todes.

In der Hoffnung, diesem Morden ein Ende zu setzen, wandte sich eine Gruppe heiliger Männer mit Gebeten und Opfergaben an Manjushri und erflehte seine Hilfe und seinen Schutz gegen das Rasen des missgestalteten Yogi. In seinem großen Mitgefühl erhörte Manjushri ihre Bitten. Da er erkannte, dass nur eine äußerst zornvolle Emanation in der Lage sein würde, eine so gewaltige Energie zu zähmen, manifestierte er sich als Vajrabhairava, der Diamantene Schrecken, der auch bekannt ist als Yamantaka, der Zerstörer des Herrn des Todes. Das mittlere Gesicht dieser grauenerregenden Manifestation nahm das Aussehen eines rasenden Büffels an, um dem Wüten des Yogi entgegenzutreten, doch zum Zeichen der erleuchteten Natur Yamantakas war es mit Manjushris eigenem Kopf gekrönt. In dieser Gestalt unterwarf Manjushri den Yogi so gründlich, dass er sich aus einer bösen Kraft in einen Schützer der Dharma-Praktizierenden verwandelte. Als solcher wird er von den Schülern von Yamantakas tantrischem Pfad angerufen und trägt den Namen Dharmaraja, König des Dharma (Tafel 21).

Diese Legende gewährt uns Einsicht in die Bedeutung und den Sinn nicht nur Yamantakas, sondern darüber hinaus auch der anderen zornvollen Meditationsgottheiten. Ihre schreckenerregende Erscheinung ist nicht, wie ein naiver Betrachter glauben könnte, ein Zeichen ihrer angeblich dämonischen Natur; sie ist im Gegenteil ein Ausdruck der kraftvollen und wirksamen Mittel, die die mitfühlenden Buddhas anwenden, um zerstörerische Kräfte in Hilfsmittel auf dem spirituellen Weg umzuwandeln. So ist der augenscheinliche Zorn und Hass dieser Gottheiten nicht auf andere Wesen gerichtet, sondern gegen die Kräfte der Verblendung, die das Glück anderer Wesen beeinträchtigen. In der Praxis Yamantakas wird der erleuchtete Zorn speziell dazu benutzt, die giftige Verblendung 'Zorn' zu überwinden und zu transformieren. Seine Heiligkeit der Dalai Lama erklärt die Wirksamkeit solcher Übungsmethoden folgendermaßen:

> Mit Mitgefühl als der ursächlichen Motivation... benutzt der Praktizierende Hass oder Zorn zu einem ganz bestimmten Zweck. Diese Technik basiert auf der Tatsache, dass wir dann, wenn wir wütend werden, einen sehr energiegeladenen und kraftvollen Geisteszustand erzeugen. Wenn wir versuchen, eine energische Handlung (für positive Zwecke) auszuführen, dann sind Intensität und Kraft dabei wichtig. Durch diese Art der Verwendung des Hasses auf dem Pfad entstanden die zornvollen Gottheiten.[19]

Der Weg von Glückseligkeit und Leerheit

Ein besonders bemerkenswertes Beispiel dafür, wie Yamantakas Zorn im Kampf gegen die Kräfte der Verblendung angerufen wird, findet sich in dem im zehnten Jahrhundert von Dharmarakshita, einem von Atishas Hauptgurus, verfassten Text *Rad der scharfen Waffen*. Dieses Werk gehört zu einer Klasse von Belehrungen, die unter dem Titel »Mahayana-Geistesumwandlung« (tib. *lo-jong*) zusammengefasst werden und darauf abzielen, uns bei der Überwindung von Hindernissen, die sich der Entwicklung der mitfühlenden Bodhicitta-Motivation entgegenstellen, zu unterstützen.[20] In dieser Schrift lesen wir:

Diesen verschlagenen, Verderben bringenden Feind –
die Selbstsucht in uns, die uns und andere betrügt –
Ihn fange, ihn fange, wilder Yamantaka,
Bezwing diesen Feind, bring ihn jetzt ans Tageslicht!
Schlag ihn zuschanden, schlag ihn zuschanden, reiße das
    Herz aus
Unserm Greifen nach dem Ich, unserer Liebe zu uns
    selbst![21]

Und in den als Refrain wiederholten Strophen:

Zertritt ihn, zertritt ihn, tanze auf dem Kopf
Dieser trügerischen Einstellung der Eigensucht!
Reiß diesem selbstbezogenen Schlächter das Herz heraus,
Der unsere Aussicht auf die endgültige Befreiung mordet![22]

In dem gleichen Werk lesen wir des Weiteren:

O mächtiger Zerstörer der Dämonen der Selbstsucht,
Mit einem Weisheitskörper, der aller Ketten entledigt ist,
Yamantaka, komme und schwinge deinen schädelbesetzen Knüppel
Der ichlosen Weisheit von Leerheit und Glückseligkeit.
Ohne Zaudern greife jetzt zu deiner schrecklichen
    Waffe
Und schwinge sie zornvoll dreimal um dein Haupt.[23]

Bilder des Erwachens

Wie ein traditioneller Kommentar erläutert[24], steht Yamantakas Keule für die Weisheit der Leerheit, die Sutra und Tantra gemeinsam ist, und für die nicht-dualistische Weisheit von Leerheit und Glückseligkeit, die auf den beiden Stufen des Höchsten Yoga-Tantra entwickelt wird. Wenn Yamantaka seine Waffe dreimal um seinen Kopf schwingt, dann zerstört er (a) die Unwissenheit des Greifens nach dem Ich, die uns in immer wiederkehrendem Leiden gefangen hält, (b) die ichbezogene Einstellung, die uns daran hindert, das mitfühlende Bodhicitta zu erzeugen und Erleuchtung zu erreichen, und (c) alle Befleckungen einschließlich derjenigen unserer gegenwärtigen verblendeten Gestalt, die aus diesen beiden »Dämonen« hervorgehen.

Die erleuchteten, von entfesselter Überwinderkraft zeugenden Attribute Yamantakas finden sich widergespiegelt in den zahlreichen Details seines Bildes, von denen einige hier aufgeführt werden können. Yamantaka ist von dunkelblauer Farbe – zum Zeichen seiner uneingeschränkten Weisheit, die so grenzenlos ist wie der Raum – und hat neun Gesichter, vierunddreißig Arme und sechzehn Beine. Sein Bauch ist prall, und er steht nackt auf einer Sonnenscheibe, umgeben von einer Flammenaura; sein erigiertes Geschlecht symbolisiert große Glückseligkeit. Sein Hauptgesicht ist das eines schwarzen, schreckenerregenden Büffels, aus dessen Augenbrauen, Wimpern und Bart Flammen lodern und dessen Kopfhaar wild zu Berge steht. Statt mit den fünf Scheiteljuwelen und dem strahlenden Schmuck der friedvollen Gottheiten ist Yamantakas Kopf mit fünf getrockneten Schädeln geschmückt, die die fünf Buddha-Familien symbolisieren, und er trägt eine Kette aus fünfzig frisch abgeschlagenen Menschenköpfen.

Über seinem Hauptkopf und zwischen dessen beiden Hörnern befindet sich ein äußerst grimmiges rotes Gesicht und darüber das jugendliche und leicht zornvolle Gesicht Manjushris. Zu seiner Rechten sind drei Gesichter – blau, rot und gelb; zu seiner Linken sind drei weitere – weiß, rauchfarben und schwarz. Jedes dieser Gesichter hat drei Augen. Seine jeweils oberste rechte und linke Hand hält die frisch abgelöste Haut eines Elefanten am linken Vorder- und Hinterbein aufgespannt. Die nächste rechte und linke Hand an seinem Herzen hält jeweils ein gebogenes Messer und eine mit Blut gefüllte Schädelschale. Die übrigen dreißig

Hände halten verschiedene Waffen, unter anderem eine Axt, einen Speer, einen Knüppel und ein Schwert – um Verblendungen und Hindernisse zu zerstören – und Ritualgegenstände – wie zum Beispiel eine Handtrommel und eine Glocke -, um damit Opfergaben darzubringen und zu genießen.

Seine acht rechten Füße stampfen auf einen Menschen, einen Büffel, einen Ochsen, einen Affen, ein Kamel, einen Hund, ein Schaf und einen Fuchs; seine linken Füße stehen auf einem Geier, einer Eule, einem Raben, einem Papagei, einem Habicht, einem Falken, einem Hirtenstar und einem Schwan. Unter den stampfenden Füßen liegen überdies noch acht himmlische Devas oder Götter – Brahma, Indra, Vishnu, Rudra, der Sechsköpfige Kumara, Ganesh und die Götter von Sonne und Mond.

In der Sadhana und den Kommentaren zur Praxis des Yamantaka wird die Symbolik all dieser Elemente erklärt. So stehen Yamantakas neun Gesichter für die neun traditionellen Kategorien buddhistischer Schriften [25], und sein zu Berge stehendes Haar symbolisiert das Erreichen des Nirvana. Die Kette aus fünfzig Köpfen repräsentiert die Reinheit von Yamantakas heiliger Sprache, denn die Anzahl der Vokale und Konsonanten im Sanskrit-Alphabet beträgt fünfzig. Seine beiden Hörner sind die beiden Ebenen der Wahrheit; die vierunddreißig Arme bilden zusammen mit Yamantakas Körper, Sprache und Geist die siebenunddreißig Glieder der Erleuchtung [26], und die sechzehn Beine sind die sechzehn Leerheiten.[27] Der Mensch und die Tiere unter seinem rechten Fuß repräsentieren die acht großen Verwirklichungen; die acht Vögel unter seinem linken Fuß stellen die acht Kräfte dar [28]; und die acht Götter, vier auf jeder Seite, zeigen, dass Yamantaka die Glorie der himmlischen Wesen übertrifft. Schließlich demonstriert die Tatsache, dass Yamantaka nackt dasteht, dass sein Geist durch keinerlei Schleier getrübt ist. Wenn der Praktizierende sich als Yamantaka visualisiert und sich die Bedeutung dieser Symbole vergegenwärtigt, dann fördert dies entscheidend den für die Selbsttransformation der Erzeugungsstufe so wichtigen göttlichen Stolz.

Der Künstler hat diese traditionelle Darstellung der Gottheit in die Kulisse einer Leichenstätte plaziert. Vor ihr befinden sich Schädelschalen, die mit den fünf Sinnesorganen gefüllt sind, während um sie herum die gebleichten Knochen menschlicher

Skelette und von Geiern und Schakalen angefressene Leichen verstreut sind. Auf einer Seite sitzt an einem Stupa, der die Reliquien eines verstorbenen Guru enthält, ein Mönch, der über Tod und Vergänglichkeit meditiert. Auf der anderen Seite, hinter den fressenden Schakalen, lässt ein Yogi beim Üben des Chöd eine Handtrommel erklingen; er benutzt das ihn umgebende Bild des Grauens, um die Ängste, die aus dem Greifen nach dem Ich und aus der Selbstsucht erwachsen, an ihrer Wurzel »abzuschneiden«.

Diese Fülle von Symbolen für Tod und Verfall beinhaltet viele Bedeutungsebenen. Yamantaka ist derjenige, der Yama, den Herrn des Todes, zerstört oder überwindet. Als zornvolle Emanation der erleuchteten Weisheit Manjushris repräsentiert Yamantaka die durchdringende Einsicht, die den ephemeren Charakter aller vergänglichen Phänomene sowie deren letztendlich von einem Selbst freie oder leere Natur völlig versteht. Durch dieses unmittelbare, intuitive Verständnis werden alle Ängste vor dem Tod überwunden. Der große Yogi Jetsün Milarepa (Tafel 30) sagte:

Ich floh in die Berge,
Weil ich Angst hatte vor dem Tod;
Ich habe die Leerheit verwirklicht,
Die uranfängliche Bestehensweise des Geistes.
Selbst wenn ich jetzt sterben müßte,
Wäre es nicht schade.[29]

Aber es gibt noch einen weiteren Grund, warum Yamantaka als der Zerstörer des Todes bezeichnet wird, und dieser bezieht sich unmittelbar auf die bei der Erzeugungs- und Vollendungsstufe des Höchsten Yoga-Tantra praktizierten Übungen. Wie das Lebensrad darstellt, bewegen wir uns, solange wir unter dem Einfluss der Unwissenheit und der Verblendungen bleiben, nicht nur unkontrolliert durch dieses Leben – auf der Jagd nach dem Glück, das uns stets von neuem entgleitet, und in ständiger Begegnung mit unerwünschtem Unglück -, sondern wir sind auch gezwungen, unkontrolliert von einem Leben zum nächsten und von einem unbefriedigenden Bereich zum nächsten zu wandern. Wir sterben ohne bewusste Kontrolle über diese Vorgänge, gehen ohne Kontrolle in den Zwischenzustand über und werden ohne

Kontrolle wiedergeboren und sind so gezwungen, immer und immer wieder Leiden und Unerfülltheit zu erfahren. Vom Standpunkt des Höchsten Yoga-Tantra aus ist das unkontrollierte Erleben dieser drei Phasen – Tod, Zwischenzustand und Wiedergeburt – das Haupthindernis für die Erfüllung unseres angeborenen Buddha-Potentials. Das Höchste Yoga-Tantra zeichnet sich vor allem dadurch aus, dass es uns über diese drei kritischen Phasen eine so vollständige Kontrolle zu geben vermag, dass wir sie in einen unvergleichlich kraftvollen Weg geistiger Entwicklung verwandeln können.

Um zu verstehen, was diese Umwandlung beinhaltet, müssen wir uns mit dem natürlichen Ablauf des Sterbeprozesses vertraut machen.[30] Der Tod ist die Trennung des Bewusstseinsstroms von dem Körper, den er gegenwärtig bewohnt. Diese geschieht nicht mit einem Mal, sondern in aufeinanderfolgenden Phasen (aufgeführt in Übersichtstafel 5). In jeder Phase verlieren verschiedene Energie-Winde ihre Fähigkeit, Bewusstsein zu tragen, wenn sie in den *Zentralkanal* (skt. *shushumna* oder *avadhuti*) des Vajra-Körpers eintreten, darin verweilen und sich darin auflösen. Während dies geschieht, wird der Geist immer subtiler, bis schließlich die subtilste Schicht des Bewusstseins – der Geisteszustand des Klaren Lichtes des Todes – erreicht wird.

Selbst denen, die nicht die außerordentliche Kontrolle eines tantrischen Adepten erreicht haben, ist es möglich, bis zu drei Tage im Klaren Licht der Todeserfahrung zu verweilen. Schließlich aber brechen der rote und weiße Tropfen, die den unzerstörbaren Tropfen am Herzen bilden, auf. Wenn das geschieht, löst sich der äußerst subtile Geist zusammen mit dem subtilsten Energie-Wind, der ihn trägt, vom Körper. Jetzt ist der Tod endgültig eingetreten.

Die acht Visionen des Sterbeprozesses, von der Luftspiegelung bis zum Klaren Licht, treten auch auf, wenn wir einschlafen, wenn auch den allermeisten Menschen die Achtsamkeit fehlt, sich ihrer bewusst zu werden. Und bei einem geübten Praktizierenden des Höchsten Yoga-Tantra – jemandem, der Kontrolle über die verschiedenen Energie-Winde erlangt hat und sie in den Zentralkanal lenken kann – treten genau diese Visionen als Ergebnis seiner Meditationsschulung auf. Der Vorteil dieser Erfahrung während der Meditation besteht darin, dass der Yogi sich aller Vorgänge bewusst bleiben kann, die ablaufen, während der Geist immer subtiler wird. Als Resultat seiner voll entwickelten Praxis lernt der Yogi schließlich, den äußerst subtilen und glückseligen Geist des Klaren Lichtes unmittelbar auf die letztgültige Wahrheit der Leerheit zu richten. Diese außergewöhnliche Befähigung bringt den Tantra-Praktizierenden in den Besitz eines durchdringenden Weisheitsbewusstseins, das wie kein anderes Verblendungen zu beseitigen und die Makel der Unwissenheit zu tilgen vermag.

Indem wir die Fähigkeit entwickeln, während des Sterbeprozesses völlig bewusst zu bleiben und die Kontrolle zu behalten, wandeln wir das gewöhnliche Erleben des Todes um in die Erfahrung des Klaren Lichtes des über alle Schleier erhabenen Wahrheitskörpers (skt. *dharmakaya*). In ähnlicher Weise können die Erfahrungen des Zwischenzustandes und der Wiedergeburt jeweils in die beiden Aspekte des Formkörpers (skt. *rupakaya*) eines erleuchteten Wesens verwandelt werden, nämlich in den Körper des vollkommenen Erfreuens (skt. *sambhogakaya*) und in den Ausstrahlungskörper (skt. *nirmanakaya*, siehe Übersichtstafel 6). Auf diese Weise wird also das unkontrollierte Erleben von Tod, Zwischenzustand und Wiedergeburt in die erleuchtete Erfahrung der drei Buddha-Körper verwandelt, indem wir den Herrn des Todes überwinden und unseren gefürchtetsten Feind in unseren größten Schützer verwandeln.

Es wird oft darauf hingewiesen, dass ernsthafte Dharma-Praktizierende, je nach dem Grad ihrer Verwirklichungen, drei verschiedene Einstellungen gegenüber dem Tod haben. Die hervorragendsten Praktizierenden – wie diejenigen, welche die eben erläuterten Methoden des Höchsten Yoga-Tantra gemeistert haben – freuen sich so darauf, wie sich gewöhnliche Wesen auf ein Picknick freuen. Sie haben die feste Zuversicht, die Todeserfahrung mit vollständiger, bewusster Kontrolle bewältigen und dadurch ihr künftiges Geschick bestimmen zu können. Die mit geringeren Fähigkeiten sehen dem Tod zwar nicht mit solcher Freude entgegen, doch sie haben keine Angst vor ihm, da sie durch wiederholtes Üben mit dem Prozess vertraut geworden sind. Die mit den geringsten Fähigkeiten sterben zumindest ohne Gefühle der Reue, da sie wissen, dass sie alles in ihrer Macht Stehende getan und alle Verstöße gegen die vor ihren Gurus abgelegten Gelübde und Verpflichtungen wieder gutgemacht haben.

Tafel 1   Shakyamuni Buddha

Tafel 2   Das Lebensrad

Tafel 3   Der Stupa der Erleuchtung

Tafel 4   Prajnaparamita

Tafel 5   Der vierarmige Avalokiteshvara

Tafel 6 Der tausendarmige Avalokiteshvara

Tafel 7   Manjushri

Tafel 8   Vajrapani

Tafel 9   Die Sambhogakaya-Aspekte der Buddhas der fünf Familien

Tafel 10   Amitabha

Tafel 11   Die Grüne Tara

Tafel 12   Die Weiße Tara

Tafel 13   Amitayus

Tafel 14   Der Medizin-Buddha

Tafel 15   Vaishravana

Tafel 16   Vajradhara

Tafel 17   Vajrasattva

Tafel 18   Vajrasattva mit Gefährtin

Tafel 19   Guhyasamaja

Tafel 20   Yamantaka

Tafel 21   Dharmaraja

Tafel 22   Der zweiarmige Heruka Chakrasamvara

Tafel 23   Der zwölfarmige Heruka Chakrasamvara

Tafel 24   Vajrayogini

Tafel 25   Vajradharma

Tafel 26   Mahakala

Tafel 27   Guru Rinpoche, Padmasambhava

Tafel 28   Sakya Pandita

Tafel 29   Marpa der Übersetzer

Tafel 30   Jetsün Milarepa

Tafel 31   Je Tsong Khapa

Tafel 32   Maitreya

Übersichtstafel 5: Die Phasen des Sterbeprozesses

Phase	Beschreibung	innere Vision
erste	das Erdelement löst sich auf; der Körper wird schwach und schwindet; der Gesichtssinn trübt sich.	schimmernde Luftspiegelung
zweite	das Wasserelement löst sich auf; Körperflüssigkeiten beginnen auszutrocknen; die Wahrnehmung äußerer Laute hört auf.	Rauch
dritte	das Feuerelement löst sich auf; die Wärme zieht sich aus den Gliedern ins Herz zurück; die Wahrnehmung von Gerüchen hört auf; die Einatmung wird schwach und flach, während die Ausatmung lang und heftig wird.	Funken
vierte	das Luft- oder Windelement löst sich auf; alle Anzeichen der Atmung verschwinden; die Zunge schwillt an und wird bewegungsunfähig.	verlöschende Kerzenflamme
fünfte	weiße Tropfen sinken vom Scheitel zum Herzen	»weiße Erscheinung«: ein klarer, leerer, von Mondlicht erfüllter Himmel
sechste	rote Tropfen steigen vom Nabel zum Herzen.	»rote Vermehrung«: ein noch klarerer, leerer, von Sonnenlicht erfüllter Himmel
siebte	beide Tropfen umschliessen den unzerstörbaren Tropfen im Herzzentrum.	»schwarzes Fast-Erreichen«: ein sehr dunkler und völlig leerer Himmel
achte	die den unzerstörbaren Tropfen einschließende Kugel öffnet sich.	»Klares Licht«: wie der Herbsthimmel in der Morgendämmerung

Übersichtsafel 6: Entsprechungen zwischen Tod, Schlaf und den drei Buddha-Körpern

Tod	Schlaf	Wahrheitskörper (dharmakaya)	
Zwischen-zustand	Traum	Körper des vollkommenen Erfreuens (sambhogakaya)	Formkörper (rupakaya)
Wiedergeburt	Wiederer-wachen	Ausstrahlungskörper (nirmanakaya)	

Dieser Abschnitt über den grimmigen Widersacher des Herrn des Todes schließt mit einer Strophe aus dem glückverheißenden Gebet, das am Ende von Yamantakas Sadhana rezitiert wird:

Der grenzenlose Raum und diese Mutter Erde
Sind völlig, ohne Hindernis oder Schranke, angefüllt
Von Heerscharen von Gottheiten, die dem Widersacher
  Yamas angehören;
Bereits die Erinnerung an ihn bezähmt alle Dämonen
  und störenden Kräfte und erfüllt mühelos alle Wün-
  sche des Geistes.
Durch diese Übung, die einen Blumenregen niederge-
  hen lässt, der den Himmel erfüllt
Mit dem Klang eines Liedes, das die Verlässlichkeit
  Brahmas besitzt,
Verweilst du in immerwährender Glorie.
Indes ekstatische Freude in dir entsteht, da du dies
  vernimmst,
Lassen wir dieses wohltönende Lied guten Geschicks
  ertönen.[32]

Heruka Chakrasamvara

Heruka Chakrasamvara – Der Zornvolle Herr des Rades der Höchsten Glückseligkeit – ist eine der wichtigsten Meditationsgottheiten der Mutter-Tantras, aus denen die Erklärungen zur Verwirklichung des Klaren Lichtes vor allem stammen.[33] Diese Gottheit wird manchmal als Samvara und manchmal nur als Heruka bezeichnet; letztere Bezeichnung kann sich allerdings ganz allgemein auf alle männlichen zornvollen Gottheiten des höchsten Yoga-Tantra beziehen. Hier werden zwei Formen von Heruka Chakrasamvara dargestellt: eine mit einem Gesicht und zwei Armen (Tafel 22) und eine zweite mit vier Gesichtern und zwölf Armen (Tafel 23).

In seiner einfacheren Form ist Chakrasamvara von blauschwarzer Farbe und steht, umgeben von einer flammenden Aura seiner eigenen strahlenden Weisheit, auf einer Sonnenscheibe. Seine Hände sind in der Mudra der Umarmung gekreuzt und halten Vajra und Glocke als Symbole der Vereinigung von Glückseligkeit und Leerheit. Er trägt einen Tigerfellschurz in der Art eines asketischen Yogi, sowohl Knochen- wie Juwelenschmuck und eine Kette aus fünfzig frisch abgehauenen Menschenköpfen. Auf seiner Stirn befindet sich ein drittes Auge der Weisheit, und sein Gesichtsausdruck spiegelt eine Mischung aus Zorn und Leidenschaft.

Chakrasamvara umarmt seine rote Gefährtin Vajrayogini (siehe Tafel 24), die in ihrer rechten Hand ein gebogenes Messer hält, um störende Einflüsse von Seiten des Ego zu unterbinden, und in ihrer linken eine (hier nicht sichtbare) Schädelschale als Symbol glückseliger Weisheit. Der Künstler hat dieses göttliche Paar dargestellt, wie es im klaren, leeren Raum des grenzenlosen Dharmakaya erscheint, und das strahlende Licht, das vom Ort ihrer Vereinigung ausgeht, symbolisiert die erleuchtete Verwandlung sinnlichen Begehrens durch die Vereinigung von Glückseligkeit und Leerheit.

Chakrasamvaras rechtes Bein ist ausgestreckt und steht auf dem Rücken der weltlichen zornvollen Gottheit Ishvara (die auch Bhairava genannt wird), sein linkes Bein dagegen ist gebeugt und tritt auf die Brust von Bhairavas göttlicher Gefährtin Kalarati.

Diese Stellung symbolisiert Chakrasamvaras Fähigkeit, die Kräfte des unwissenden Hasses beziehungsweise der gierigen Anhaftung zu überwinden. Überdies bezieht sie sich unmittelbar auf die sagenumwobenen Ursprünge des *Chakrasamvara-Tantras*, die im Folgenden kurz dargestellt werden sollen.[34] Früher einmal stand diese Welt unter der Botmäßigkeit Bhairavas. Der Kult dieser grimmigen Gottheit, der vor allem an den vierundzwanzig Orten, die ihm und seiner Gefährtin Kalarati heilig waren, ausgeübt wurde, nahm oft die Form eines rituellen Opfers an, bei dem tausende von Tieren geschlachtet wurden. Gelegentlich wurden auch Menschenopfer dargebracht, weil man glaubte, derartige Gaben vermöchten jene machtvollen weltlichen Götter dazu bewegen, in diesseitigen wie in geistigen Dingen ihren Beistand zu gewähren. Entartete Formen religiöser Übung, voll von Aggression und ungezügelter Sinnenlust, fanden so weite Verbreitung, dass sich zahllose Wesen, im Glauben, verdienstvolle Handlungen auszuführen, in Wahrheit vom Pfad zur Befreiung wegführen ließen.

Weil sie diese Situation nicht länger ertragen konnten, baten Vajrapani und die Buddhas der fünf Familien Buddha Vajradhara um Abhilfe. Auf ihre inständige Bitte hin manifestierte sich Vajradhara in der Gestalt von Heruka Chakrasamvara und bezwang Bhairava durch die Macht seiner Inspiration und seines Segens. An jenen Orten, wo die göttlichen Wohnstätten oder Mandalas Bhairavas und seiner Gefährtin gewesen waren, offenbarte Chakrasamvara seine eigenen Mandalas und ließ sie dort zurück, ohne sie wieder aufzulösen. Dies gilt als glückverheißendes Zeichen: Wenn die Zeiten immer mehr entarten und das Gift des Zorns und der Sinnenlust noch machtvoller sein wird als jetzt, wird, während andere tantrische Systeme einen Niedergang erleben, das System Chakrasamvaras sogar noch an Stärke gewinnen, gespeist aus den verblendeten Energien, die seine Praxis so wirkungsvoll transformiert.

Diese Geschichte macht deutlich, dass Chakrasamvara sich vor allem durch seine Fähigkeit auszeichnet, sich selbst in die aussichtslosesten weltlichen Situationen zu begeben und sie augenblicklich durch die Kraft einsichtsvoller Weisheit zu verwandeln. Viele der berühmtesten Praktizierenden Chakrasamvaras waren Männer und Frauen, die in ihrer äußeren Erscheinung und in ihrem Auftreten äußerst unkonventionell waren, aber gleichwohl die esoterische Wissenschaft spiritueller Transformation völlig gemeistert hatten. Um die bornierten Vorurteile der Gesellschaft ihrer Zeit ad absurdum zu führen, demonstrierten sie ihre spirituelle Meisterschaft oft auf denkbar spektakuläre Art und Weise. Einige dieser Mahasiddhas haben wir bereits erwähnt; in der überlieferten Auflistung von vierundachtzig berühmten Yogis und Yoginis nehmen zwei Praktizierende Chakrasamvaras, Luipa und Ghantapa, einen herausragenden Platz ein.[35]

Obwohl Luipa Reichtum und Macht verachtete, war er als Prinz gezwungen, den Thron seines Vaters zu besteigen. Schließlich entfloh er, wie Shakyamuni vor ihm, dem Leben als König. Er begab sich in ein anderes Land und tauschte seinen goldenen Thron gegen ein einfaches Rehfell und seinen Pfühl aus Samt und Seide gegen ein Lager aus Asche. Damit übernahm er die Lebensweise eines wandernden Yogi, der allem entsagt hat, und begann, sich sein tägliches Essen zu erbetteln.

Schließlich führte ihn seine Wanderschaft nach Bodh Gaya, an den Ort, an dem Buddha eintausenddreihundert Jahre zuvor Erleuchtung erlangt hatte, und dann nach Pataliputra, der Hauptstadt des dortigen Königreichs. In einem Bordell begegnete er dort einer Kurtisane, die in Wahrheit eine *Dakini* war, eine weibliche Verkörperung der erleuchteten Weisheitsenergie. Sie schaute in die Natur seines Geistes und sagte: »Deine vier inneren Zentren und ihre Energien sind zwar rein, aber in deinem Herzen sitzt eine erbsengroße Verblendung: königlicher Stolz.«[36] Dann schüttete sie verdorbenes Essen in seine Bettelschale und schickte ihn von dannen. Als Luipa die widerliche Pampe in die Gosse schüttete, rief sie hinter ihm her: »Wie willst du Nirvana erreichen, wenn du dich noch immer um die Reinheit deines Essens sorgst?«[37]

Der Yogi war niedergeschmettert, weil er erkennen musste, dass sein wertender Geist immer noch einige Dinge für an sich begehrenswerter hielt als andere und dass diese Neigung seine Haupthürde auf dem Weg zum vollkommenen Erwachen war. Mit dieser Erkenntnis ging er hinab zum Ufer des Ganges und begann eine zwölfjährige Schulung, um seine diskursiven Denkmuster, Vorurteile und starren Vorstellungen zu überwinden. Während dieser Zeit lebte er von den Innereien der Fische, die die Fischer wegwarfen, und wurde auf diese Weise bekannt als Luipa, der Fischgedärm-Esser.

Luipa wurde in das Chakrasamvara-Tantra eingeweiht durch Shavaripa, der selber ein Schüler des großen Meisters Saraha war.[38] Indem er die Sadhana Chakrasamvaras unermüdlich übte, erreichte Luipa Einsicht in die uranfänglich reine Natur seines Geistes, jenseits aller dualistischen Unterscheidungen in dieses und jenes. Dies ist die tiefgründige Erfahrung der *Mahamudra* (wörtlich: »Großes Siegel«), und durch sie erlangte Luipa Erleuchtung.

Einer der bedeutendsten Praktizierenden von Luipas Chakrasamvara-Traditionslinie war Ghantapa. Er war Mönch in dem berühmten Kloster Nalanda gewesen und hatte durch seine Gelehrsamkeit großen Ruhm errungen. Schließlich begegnete er Luipas Schüler Darikapa, der ihn in das Chakrasamvara-Mandala und in dessen Übungen einweihte und ihn anwies, sich zur Meditation in den Dschungel zurückzuziehen. Dort wurde er erneut eingeweiht, diesmal von einer Schweinehirtin.

Durch seine asketische Lebensweise und durch Unterernährung war Ghantapa bis auf die Knochen abgemagert und lief in Lumpen umher. Als der Herrscher der Gegend eines Tages auf einem Jagdausflug vorbeikam und diesen ausgemergelten, gebrechlichen Mann erblickte, redete er ihm zu, er möge in die Stadt kommen, wo er gutes Essen, Kleidung und Unterkunft erhalten werde. Doch Ghantapa gab zur Antwort: »So wie ein großer Elefant nicht an einem Faden aus dem Dschungel geführt werden kann, so kann ich, ein Mönch, nicht einmal durch den gewaltigen Reichtum eines Königs aus diesem Wald gelockt werden.«[39]

Diese Antwort demütigte und erzürnte den stolzen Herrscher. In der Absicht, sich für die Beleidigung zu rächen, die er vermeintlich erlitten hatte, bot er jeder Frau eine große Belohnung, der es gelänge, den anmaßenden Mönch zu verführen und ihn dazu zu nötigen, sein Zölibatsgelübde zu brechen. Eine Frau, eine Weinverkäuferin aus einer niederen Kaste, brüstete sich, den Wunsch des Königs erfüllen zu können. Sie fand die Hütte, in der Ghantapa lebte, und bat ihn, sie als seine Dienerin bei sich zu behalten. Obwohl Ghantapa keine Dienerin benötigte, sagte er der Frau, sie könne bleiben, denn er erkannte, dass von früheren

Leben eine starke karmische Verbindung zwischen ihnen beiden bestand.

Mehrere Jahre gingen ins Land, und Ghantapa entschied, die Zeit sei reif, den Menschen in der Stadt zu größerer Hinwendung zum Dharma zu verhelfen. Er ließ die Frau zum König gehen und ihm berichten, sie habe nicht nur den Mönch verführt, sondern aus ihrer Verbindung seien auch zwei Kinder, ein Sohn und eine Tochter, hervorgegangen. Hoch erfreut, dass sein Plan so gut aufgegangen war, wies der König sie an, Ghantapa an einem ganz bestimmten Tag in die Stadt zu bringen. Dann ließ er eine Erklärung verkünden, die nichts als herabwürdigende Äußerungen über Ghantapa enthielt und seine Untertanen aufforderte, diesen angeblichen Heiligen bei seiner Ankunft kräftig zu verhöhnen.

An dem festgesetzten Tag verließen Ghantapa und die Frau den Wald in Begleitung ihrer Kinder; dabei ging der Junge zur Rechten, das Mädchen zur Linken Ghantapas. Ghantapa selber torkelte, als sei er betrunken, und hielt eine Schale, in die die Frau Wein goss. Die Menschen, die sich versammelt hatten, riefen ihm Schmähungen hinterher und spotteten: »Als unser König dich das erste Mal in die Stadt einlud, hast du hochnäsig abgelehnt, aber jetzt kommst du betrunken daher mit einer Weinverkäuferin und mit Kindern! Nicht gerade das beste Beispiel für einen buddhistischen Mönch, was?«

Als Ghantapa das hörte, tat er so, als werde er zornig, und warf seine Schale wütend zu Boden. Wo sie auftraf, tat sich die Erde auf, und in einem mächtigen Strom brach Wasser aus ihr hervor. Dann – und das erstaunte die versammelten Augenzeugen noch mehr – verwandelte sich sein Sohn in einen Vajra, seine Tochter in eine Glocke und seine Gefährtin in Vajrayogini. Ghantapa selber verwandelte sich in Heruka Chakrasamvara, nahm Vajra und Glocke in die Hand und umarmte Vajrayogini, worauf sie beide in den Himmel emporflogen!

Die verblüfften Zuschauer, unter ihnen der König, beteten zu dem göttlichen Paar, es möge zurückkehren und sie vor dem Wasser erretten, das sie jetzt zu überfluten drohte. Ghantapa, versunken in die Konzentration unwandelbaren Zorns, verweigerte ihnen die Erfüllung dieser Bitte, verkündete den Menschen jedoch, falls sie Reue empfänden, sollten sie Avalokiteshvara anrufen, die Verkörperung des großen Mitgefühls. Als sie dies taten, erschien sogleich der gütige Bodhisattva und gebot der Flut Einhalt, indem er seinen Fuß auf die Spalte setzte, durch die das Wasser hervorgeströmt war. Bevor er in das Reine Dakini-Land entschwand, verkündete Ghantapa:

> Obwohl Medizin und Gift gegensätzliche Wirkungen
> erzeugen,
> Sind sie in ihrem letzten Wesen eins;
> Ebenso sollten negative Eigenschaften und Hilfen auf
> dem Weg,
> Da sie im Wesen eins sind, nicht unterschieden werden.
> Der vollendete Weise weist nichts zurück, was es auch sei,
> Doch das geistig unvollendete Kind,
> Fünffach vergiftet, verirrt sich im Samsara.[40]

Aufgrund des Geschehenen widmeten sich der König und seine Untertanen fortan mit äußerster Hingabe der Praxis des Dharma, und viele erlangten hohe Verwirklichungen.

Ghantapa – auch bekannt als Vajraghanta, Träger des Vajra und der Glocke – wird in Tibet als der Begründer der Fünf-Gottheiten-Tradition der Chakrasamvara-Lehren betrachtet, bei der die Hauptgottheit in der zweiarmigen Form visualisiert wird, wie Tafel 22 sie darstellt. Die esoterischen Erkenntnisse, die er übermittelte, kamen schließlich auf Naropa und andere Mahasiddhas, die sie ihrerseits zu solchen Übungen wie den Sechs Yogas von Naropa[41] umformten und ihren tibetischen und nepalesischen Schülern weitergaben. Diese gründeten wiederum Überlieferungslinien, die diese tiefgründigen Übungen des Höchsten Yoga-Tantra bewahrten, und übertrugen sie persönlich von Guru zu Schüler, so dass sie noch heute lebendig sind und in Blüte stehen.

Eine andere wichtige Überlieferungslinie von Heruka Chakrasamvara visualisiert ihn in der zwölfarmigen Form, die auf Tafel 23 dargestellt ist. Zusätzlich zu Vajra und Glocke hält diese viergesichtige Gottheit die Haut eines Elefanten und eine Vielzahl anderer Ritualgegenstände, insbesondere Trommel, Dolch, gebogenes Messer und dreispitzigen Speer in seinen rechten und Stab,

Schädelschale, Fangschlinge und den Kopf einer weltlichen Gottheit in seinen linken Händen. Die Symbolik dieser verschiedenen Attribute lässt sich folgendermaßen erklären: Chakrasamvaras vier Gesichter stehen für die vier Tore zur Befreiung.[42] Seine zwölf Arme symbolisieren die Läuterung der im Lebensrad dargestellten zwölf Glieder des Bedingten Entstehens. Auch hier stehen Vajra und Glocke, in der Mudra der Umarmung gehalten, für die höchste Vereinigung von Methode und Weisheit, während die Elefantenhaut die Überwindung der Unwissenheit versinnbildlicht. Durch sein Spiel auf der Handtrommel steigert Chakrasamvara die höchste Glückseligkeit, die im Geist der völlig Erleuchteten erfahren wird. Der Dolch und das gebogene Messer »durchschneiden« die drei Gifte auf der Nabe des Lebensrades und tilgen alle extremen Sichtweisen, während der dreispitzige Speer die Verblendungen der drei Daseinsbereiche durchbohrt. Der Stab versinnbildlicht Chakrasamvaras letztendliches Bodhicitta, seine direkte Einsicht in die Leerheitsnatur aller Phänomene. Die mit Blut gefüllte Schädelschale steht für die glückselige Weisheit, die Chakrasamvaras erhabenen Geist erfüllt, während die Fangschlinge zum Ausdruck bringt, dass diese machtvolle Gottheit sich selbst und andere an nichts als an diese Erfahrung von Glückseligkeit jenseits allen Leidens bindet. Indem er den abgeschlagenen Kopf einer weltlichen Gottheit zur Schau stellt, demonstriert Chakrasamvara, dass er Befreiung und die von allen Hindernissen der Verblendung freie Erleuchtung erlangt hat.

Zum Abschluss dieses Abschnitts sei darauf hingewiesen, dass es Möglichkeiten gibt, die hier dargestellten drei Haupt-Yidams – Guhyasamaja, Yamantaka und Chakrasamvara – zu einer gemeinsamen Praxis zu verbinden. Der tibetische Meister Je Tsong Khapa erhielt von Manjushri selber Belehrungen, wie dies zu tun sei, und gab diese Hinweise an seine Schüler weiter. Nach einer Erläuterung[43] dieser umfassenden Praxis bildet Guhyasamaja den tatsächlichen Weg, Yamantaka dient als Vorbereitung, und Chakrasamvara aktiviert ihn. Dies bedeutet, dass der Praktizierende Guhyasamaja als seine Hauptgottheit annimmt und im wesentlichen die auf diesem tantrischen Weg enthaltenen Methoden befolgt. Um sich ein langes Leben zu sichern und um die für eine erfolgreiche Anwendung dieser Methoden erforderliche Weisheit zu entwickeln, stützt sich der Yogi auf Yamantaka als Vorbereitung. Und wenn er sich dem Teil der Vollendungsstufe zuwendet, der sich mit den sogenannten »vier Freuden«[44] befaßt, bei denen man zunehmend intensivere Erfahrungen von Glückseligkeit entwickelt, zieht der Yogi die entsprechenden Abschnitte aus der Übung Chakrasamvaras hinzu, die solche glückseligen Erfahrungen aktivieren und stärken. Indem der geschickte Praktizierende diese drei Tantras so zu einem Ganzen verschmilzt, steigert er seine Erfolgsaussichten erheblich.

Vajrayogini

Der große Mahasiddha Naropa, den wir oben als Linienhalter der Chakrasamvara-Überlieferung erwähnt haben, war einst der hervorragendste Gelehrte der berühmten Klosteruniversität Nalanda in Nordindien. In Anerkennung seiner intellektuellen Leistungen, auf die er sehr stolz war, wurde er zum Torhüter am Nordtor Nalandas ernannt. In dieser Stellung war es seine Pflicht, die philosophischen Traditionen des Klosters gegen alle zu verteidigen, die herbeikamen, um sie in Frage zu stellen. Kraft seiner ungeheuren Gelehrsamkeit und seiner makellosen Logik zeigte er sich dieser anspruchsvollen Aufgabe stets gewachsen, und so wuchs sein Ruhm.

Eines Tages erschien vor ihm ein runzliges altes Weib und fragte, ob er wirklich alle Worte der Lehren des Buddhas gemeistert habe. Als er dies voller Überzeugung bejahte, brach das alte Weib in lautes Gelächter aus. Doch als er hinzufügte: »Und ich verstehe auch ihre Bedeutung«, begann die Alte bitterlich zu weinen.

Naropa war verwirrt und fragte sie, warum sie so reagiere. »Als du sagtest, dass du die Worte der Lehren kennst, habe ich vor Freude gelacht, denn das war die Wahrheit«, gab sie zur Antwort. »Doch ich weine, wenn du sagst, du verstehst ihre Bedeutung, denn das ist nicht wahr.« Naropa sah sich zurechtgewiesen durch die Äußerung dieser seltsamen Alten, die in Wirklichkeit eine Manifestation von Chakrasamvaras Gefährtin, der machtvollen Vajrayogini, war. Später dann empfing er Initiationen und Ratschläge von ihr und begab sich auf ihr Drängen auf eine lange Suche nach Tilopa (Abbildung 10), dem Guru, der in ihm ein intuitives Verständnis der Bedeutung des Dharma, wie es im *Chakrasamvara-Tantra* offenbart wird, erwecken sollte. Schließlich empfing er eine unmittelbare Vision von Vajrayogini selbst in der Gestalt, die hier auf Tafel 24 abgebildet ist, eine Gestalt, die später als Naro Khachöma, Naropas Dakini, bekannt wurde.[45]

Diese Geschichte beleuchtet mehrere wichtige Gesichtspunkte in der Beziehung zwischen den Meditationsgottheiten des Vajrayana-Weges und den spirituell Suchenden, die ihm folgen. Auch wenn Gottheiten wie Vajrayogini als die verkörperte Erfül-

171

lung des erleuchteten Potentials oder der Buddha-Natur, die in jedem von uns existiert, aufgefasst werden können, sind diese Gottheiten nicht nur idealisierte Projektionen unseres eigenen inneren Universums. Sie haben ihre eigene Existenz, und es ist daher möglich, mit diesen außerhalb von uns selbst befindlichen Wesenheiten Kontakt aufzunehmen und unmittelbar von ihnen selbst Inspiration, Initiation und sogar präzise Unterweisungen zu empfangen. Die Art und Weise, wie dieser Kontakt zustande kommt, und die genaue Gestalt oder die Gestalten, in denen uns diese Gottheiten erscheinen, hängen von unserer eigenen Empfänglichkeit und unserer Offenheit ab. Während Naropas Geist unter dem starken Einfluss unfruchtbaren geistigen Stolzes stand, erschien zum Beispiel Vajrayogini als eine runzlige alte Hexe; später, als alle derartigen Verblendungen, die die klare Lichtnatur von Naropas Geist verschleierten, dank des Zusammenwirkens seiner eigenen Bemühungen mit der Inspiration seines Gurus beseitigt worden waren, offenbarte sie sich in der völlig gereinigten und betörend schönen Gestalt, in der sie hier gezeigt wird.

Letzten Endes macht es keinen Unterschied, ob wir die verschiedenen Meditationsgottheiten als Spiegelungen unseres eigenen erleuchteten Potentials oder als außerhalb von uns existierende Wesenheiten betrachten, denn beide Ansätze führen, wenn wir sie mit genügend Vertrauen und Ausdauer verfolgen, schließlich zu den gleichen Verwirklichungen. Es geht vor allem darum, zu begreifen, dass die Art und Weise, in der wir für gewöhnlich so scharf zwischen innen und außen, zwischen uns selbst und den andern, zwischen dem, was mir gehört, und dem, was mir nicht gehört, unterscheiden, unzutreffend ist und aus den Gewohnheitsmustern unseres beschränkten, dualistischen, Konzepte projizierenden Geistes entsteht. Wenn wir uns spirituell weiterentwickeln wollen, müssen wir diese dualistischen Interpretationen auflösen und das essentielle Einssein von Meditationsgottheit, Guru und uns wesenseigener klarer Lichtnatur entdecken.

Auf der tiefgründigsten Ebene ist Vajrayogini, Die *Diamantene Übende*, die Weisheit der Untrennbarkeit von großer Glückseligkeit und Leerheit. Weil diese Weisheit darauf abzielt, die Verwirrung der Unwissenheit – die auf der Nabe des Lebensrades als Schwein dargestellt wird – zu zerstören, heißt diese Gottheit auch *Vajravarahi*, die *Diamantene Sau*, und ist manchmal mit dem

Kopf eines Schweines geschmückt. Dies enspricht einem charakteristischen Grundzug in der Bildwelt des Vajrayana, demzufolge die Eigenschaften, die durch eine bestimmte Gottheit überwunden werden, symbolisch als Attribute dieser Gottheit erscheinen.

Von den drei wichtigsten Aspekten Vajrayoginis entspricht der hier abgebildete der Vision Naropas.[46] Sie ist von roter Farbe, hat ein Gesicht und zwei Arme und steht wie Chakrasamvara auf Bhairava und Kalarati. Diese beiden weltlichen Gottheiten lassen sich auf verschiedene Arten deuten. Einer Deutung zufolge repräsentieren sie den Hass und die Anhaftung, die von Vajrayoginis Weisheit überwunden wurden. Nach einer anderen versinnbildlichen sie die Attribute von Vajrayogini selbst, wobei Bhairava den Aspekt ihrer Methode und Kalarati den Aspekt ihrer Weisheit symbolisiert. Da Vajrayoginis rechtes Bein selbst bereits ein Symbol ihrer Methode ist und auf Kalarati, einem Symbol ihrer Weisheit, steht, und da für ihr linkes Bein das Umgekehrte gilt, bekräftigt Vajrayoginis Körperhaltung auf doppelte Weise die Vereinigung von Methode und Weisheit, die für die Praxis des Höchsten Yoga-Tantra so grundlegend ist.

Vajrayogini ist sechzehn Jahre alt, von der strahlenden Schönheit jugendlicher Frische und Vitalität, und ihr Gesicht ist äußerst ausdrucksstark, eine Spiegelung ihrer leidenschaftlichen Natur. Sie hat drei Augen zum Zeichen ihrer Fähigkeit, Vergangenheit, Gegenwart und Zukunft gleichzeitig zu sehen. Ihre Augen schauen hinauf zum Land der Dakinis und bezeugen dadurch, dass Vajrayogini die Macht hat, ernsthaft Praktizierende sofort in ihr Reines Land zu führen. In ihrer rechten Hand hält sie ein gebogenes, mit einem Vajra versehenes Hackmesser, und in ihrer linken hält sie eine blutgefüllte Schädelschale so, als wolle sie gerade daraus trinken. Diese Attribute stehen jeweils für die Weisheit, die die Projektionen der Unwissenheit auflöst, und das glückselige Bewusstsein des Klaren Lichtes, das sich mit dieser durchdringenden Weisheit vereinigt hat.

Auf ihrer linken Schulter liegt ein Stab, der sogenannte *Khatvanga*. Dieser repräsentiert ihren Gefährten Heruka Chakrasamvara und deutet an, dass er und Vajrayogini untrennbar eins sind, ganz gleich, ob er explizit mit ihr visualisiert wird oder nicht. Man sollte sich dessen bewußt bleiben, dass die Übungen

Vajrayoginis aus dem *Chakrasamvara-Tantra* stammen und die Quintessenz dieses tiefgründigen Meditationssystems darstellen. Die Symbolik des Khatvanga selbst ist äußerst komplex, und jedes Detail daran lässt sich auffassen als eine Darstellung verschiedener Aspekte des Chakrasamvara-Mandalas und der zweiundsechzig darin enthaltenen Gottheiten.

Vajrayogini hat schönes glattes, frei bis zur Hüfte herabfallendes schwarzes Haar. Da schwarzes Haar sich nicht, wie helleres, färben lässt, symbolisiert es die unwandelbare Natur von Vajrayoginis Dharmakaya oder Wahrheitskörper. Ihre Brüste sind prall, mit aufgerichteten Brustwarzen als Sinnbild erwachender Begierde und zum Zeichen dafür, dass Vajrayogini Menschen mit starken Leidenschaften hilft, diese in die Erfahrung großer Glückseligkeit umzuwandeln. Ihr Körper ist nackt und zeigt dadurch, dass Vajrayogini frei ist von gewöhnlichen Vorstellungen und Erscheinungen. Sie ist mit verschiedenen Schmuckstücken aus Knochen geziert – Krone, Knochenschurz und so weiter –, die die ersten fünf Vollkommenheiten symbolisieren; diese bilden den Methodenaspekt des Weges: Freigebigkeit, ethische Disziplin, Geduld, Bemühung und meditative Sammlung. Ihr Körper selbst repräsentiert die sechste Vollkommenheit, die Weisheit, und so wird durch dieses Tragen des Knochenschmucks nochmals auf die Vereinigung von Methode und Weisheit hingewiesen. Schließlich hängt um Vajrayoginis Hals eine Kette aus fünfzig menschlichen Schädeln, die die Reinheit ihrer Rede darstellen. Anders als bei den Bildern von Yamantaka und Chakrasamvara sind diese Schädel ausgebleicht und trocken – ein Hinweis auf die intensive Erzeugung innerer Hitze (tib. *tum-mo*) in der Praxis von Vajrayogini.

Unter den Lotos und die Sonnenscheibe, auf der Vajrayogini steht, hat der Künstler ein rotes, aus Dreiecken bestehendes Muster gemalt. Es steht für das Zentrum von Vajrayoginis Mandala-Wohnstatt, der Manifestation ihrer glückseligen Weisheit, die als himmlisches Bauwerk erscheint. Alle Meditationsgottheiten werden in ihren eigenen dreidimensionalen Mandalas visualisiert, doch die Wohnstatt Vajrayoginis hat eine einzigartige Form, und zwar die einer umgedrehten Pyramide, deren Basis von einem doppelten Dreieck gebildet wird. Die äußere Dreiecksform versinnbildlicht im Wesentlichen große Glückseligkeit, die innere hingegen Leerheit; gemeinsam stehen sie für die Weisheit der großen Glückseligkeit, die untrennbar eins ist mit der Leerheit. Die Gesamtkonstruktion wird oft als Vajrayoginis »Quelle der Phänomene« (skt. *dharmadaya*) bezeichnet. Vor dieser Quelle der Phänomene befindet sich eine aus einem Schädel bestehende Opferschale, die verschiedene menschliche Sinnesorgane enthält, aus denen Flammen schlagen. Dies symbolisiert die Art und Weise, in der unsere gewöhnlichen Sinneserfahrungen durch die glückselige, die Leerheit erfassende Weisheit umgewandelt werden können, so dass sie statt Faktoren, die uns an die Frustration des Samsara fesseln, zur Nahrung werden, die unseren Fortschritt auf dem Weg speist.

Eines der besonderen Kennzeichen des tantrischen Weges von Vajrayogini besteht darin, dass er Methoden enthält, durch die sich die Erzeugungs- und die Vollendungsstufe des Höchsten Yoga-Tantra gleichzeitig praktizieren lassen. Diese gleichzeitige Praxis beider Stufen eröffnet geschickten Schülern und Schülerinnen die Möglichkeit, Vajrayoginis Reines Land zu erreichen, ohne ihren gegenwärtigen Körper aufgeben zu müssen. Es existieren zahlreiche Berichte – einige auch aus jüngster Zeit – über intensiv praktizierende Yogis, die am Ende ihres Lebens einfach verschwanden und nichts zurückließen als ihre Haare, ihre Fingernägel und die Kleider, die sie auf dem Leib hatten; daraus lässt sich schließen, dass sie den sogenannten Regenbogenkörper erlangt hatten, ein Indiz erfolgreicher Praxis. Der oben erwähnte Schrein in Parping ist die Stätte, wo die ersten Schüler, die Naropa das Tantra Vajrayoginis lehrte, die Gebrüder Pamdingpa, dieses höchste Resultat erlangten.

Zur Überlieferungslinie der Praktizierenden von Vajrayogini und Chakrasamvara werden viele wundersame Geschichten erzählt. Einige dieser Geschichten – wie die von Naropa zu Beginn dieses Abschnitts – berichten, wie ein bestimmter Praktizierender einer lebendigen Manifestation von Vajrayogini selbst begegnete. Einer der berühmtesten Berichte dieser Art handelt von dem Mönchsnovizen Kusali, der auf einer gemeinsamen Reise mit seinem Guru am Ufer des Ganges einer alten, leprakranken Frau begegnete, die den Fluss überqueren wollte. Der Guru nahm die Frau nicht zur Kenntnis, Kusali aber wurde von Mitgefühl ergriffen, wickelte sie in seinen Schal, lud sie sich auf den Rücken und versuchte, sie so über den Fluss zu setzen. Auf halbem Wege verwandelte sich die alte Frau plötzlich in Vajrayogini und trug Kusali geradewegs hinüber in ihr Reines Land.

So wundersam solche Geschichten auch klingen, es wäre ein Irrtum, sie lediglich als Hervorbringungen einer blühenden Phantasie abzutun. Unter den im Exil lebenden tibetischen Flüchtlingen gab es Beispiele hoch entwickelter Meditierender, die Zeichen eindeutig überweltlicher Herkunft an den Tag legten. So starb in den siebziger Jahren in Manali, einem Ort in Nordindien, der Tal der Götter genannt wird, der Mönch Jepa Rinpoche. Teil der Übung dieses unscheinbaren Mönchs war es gewesen, Vajrayogini täglich eintausend Wasserschalen und eintausend Butterlampen darzubringen. Als er starb und sein Körper verbrannt wurde, war auf seinen Knochen deutlich das Mantra Vajrayoginis zu lesen. Ereignisse wie dieses sind alles andere als selten und belegen, dass die Methoden des Höchsten Yoga-Tantra, wenn sie mit genügender Sorgfalt angewandt werden, eine außergewöhnliche Transformationskraft haben: die Fähigkeit, beschränkte, selbstbezogene Wesen wie uns in völlig entwickelte und spontan mitfühlende Erwachte Wesen zu verwandeln.

Ein besonderes, glückverheißendes Gebet, das regelmäßig von den Praktizierenden Vajrayoginis rezitiert wird, lautet:

> Möge sich das gute Omen ergeben, dass wir rasch den Segen
> Der Scharen glorreicher, heiliger Gurus erhalten,
> Von Vajradhara, Pandit Naropa und allen andern,
> Den glorreichen Herren aller Tugend und aller Vortrefflichkeit.

> Möge sich das gute Omen des Dakini-Wahrheitskörpers ergeben,
> Die Vollkommenheit der Weisheit, die höchste Mutter der Sieger,
> Das natürliche Klare Licht, uranfänglich frei von jeglicher Entstellung durch Begriffe,
> Die Herrin, die alle beweglichen wie festen Dinge ausstrahlt und wieder in sich versammelt.

Der Weg von Glückseligkeit und Leerheit

Möge sich das gute Omen des gleichzeitig geborenen,
    vollendeten Körpers des Erfreuens ergeben,
Ein Körper strahlend und schön, im Glanz der Pracht
    der Großen und Kleinen Zeichen,
Eine Sprache, in sechzig Melodien das höchste Fahrzeug
    verkündend,
Und ein Geist von konzeptfreier Glückseligkeit und
    Klarheit, der die fünf erhabenen Weisheiten besitzt.

Möge sich das gute Omen des Emanationskörpers erge-
    ben, der aus den Orten geboren ist,
Herrinnen, die mit verschiedenen Formkörpern, an
    verschiedenen Orten,
Mit verschiedenen Mitteln die Ziele der verschiedenen
    zu zähmenden Schüler verwirklichen
Gemäß ihren verschiedenartigen Wünschen.

Möge sich das gute Omen der höchsten,
    mantrageborenen Dakini ergeben,
Einer ehrwürdigen Herrin von einer Farbe ähnlich der
    des Rubins,
Mit einem lächelnden, zornvollen Ausdruck, einem
    Gesicht, zwei Händen, die ein gebogenes Messer und
    eine Schädelschale halten,
Und mit zwei Beinen, eines gebeugt, eines ausgestreckt.

Möge sich das glückliche Omen deiner zahllosen
    Millionen Emanationen ergeben
Und der Scharen der zweiundsiebzigtausend Dakinis,
Die alle Hindernisse der Praktizierenden tilgen
Und alle ersehnten Verwirklichungen gewähren.[47]

177

Buddha Vajradharma

Jede Vajrayana-Sadhana enthält irgendeine Form von Guru-Yoga, so dass der Meditierende den notwendigen Segen und die notwendige Inspiration der Überlieferungslinie empfangen kann. In der Sadhana von Vajrayogini orientiert sich diese Praxis an der Gestalt von Buddha Vajradharma (Tafel 25), der beschrieben wird wie folgt:

> Im Raum vor mir befindet sich, erwachsend aus der Erscheinung der erhabenen Weisheit nicht-dualistischer Reinheit und Klarheit, eine himmlische Wohnstatt, quadratisch, mit vier Toren, Verzierungen und Bogengängen und vollständig mit allen wesentlichen Merkmalen ausgestattet. In der Mitte eines juwelenbesetzten, von acht großen Löwen getragenen Thrones sitzt auf einem Sitz aus einem vielfarbigen Lotos, einer Sonne und einem Mond mein gütiger Wurzellama in der Gestalt von Buddha Vajradharma. Er hat einen Körper von roter Farbe, ein Gesicht und zwei Hände, die über dem Herzen gekreuzt sind und Vajra und Glocke halten. Sein Haar ist in einem Scheitelknoten zusammengebunden, und er sitzt mit gekreuzten Armen in der Vajra-Haltung. Er zeigt sich in der Gestalt eines sechzehnjährigen strahlenden Jünglings und ist geschmückt mit Seidengewändern und Geschmeide aus Knochen und Juwelen.[48]

Um diese Gestalt des Wurzellamas in Form von Buddha Vajradharma – der als untrennbar eins mit Amitabha erkannt wird – sind alle Gurus der Überlieferung gruppiert, durch die die Praxis von Vajrayogini bis in die Gegenwart überliefert wurde, unter ihnen Naropa, Sakya Pandita (Tafel 28) und viele andere hervorragende Meister. Diese Gurus der Überlieferungslinie werden nicht in ihrer gewöhnlichen Gestalt visualisiert, sondern vielmehr

> ... in der Gestalt des heldenhaften Vajradharma mit Körpern von roter Farbe, einem Gesicht und zwei Händen. Ihre rechte Hand lässt jeweils einen Damaru erklingen,

der den Klang von Glückseligkeit und Leerheit verbreitet. Ihre linke Hand hält vor ihrem Herzen jeweils eine mit Nektar gefüllte Schädelschale, und ihr linker Ellbogen hält jeweils einen Kathvanga.[49]

Während er den Wurzellama und die Gurus der Überlieferung fest vor dem inneren Auge hält, führt der Meditierende verschiedene Übungen aus – so zum Beispiel Niederwerfungen, das Darbringen von Opfergaben und ähnliches –, die seinen Geist öffnen für den erleuchtenden Einfluss dieser früheren und heutigen Meister. All dies zielt darauf ab, die anschließenden Yogas der Selbsttransformation so erfolgreich wie möglich zu gestalten.

Wie wir aus dieser Beschreibung ersehen können, gibt es keine festgelegte Form, in der der Guru von uns visualisiert werden muss, damit wir seine Inspiration empfangen. Manchmal erscheint der Guru in alltäglicher Gestalt, ein andermal als Buddha Vajradharma, als Heldenhafter Vajradhara oder als Vajrayogini. Ein qualifizierter Guru zeichnet sich dadurch aus, dass er jede Gestalt annehmen kann, die geeignet ist, um mit dem Geist derjenigen in Verbindung zu treten, die seinen Segen oder seine Unterweisungen brauchen. In manchen Fällen kann sich der Guru als ein Tier oder sogar als ein lebloser Gegenstand manifestieren, wenn dies der beste Weg ist, anderen Nutzen zu bringen.

Der qualifizierte tantrische Adept besitzt ebenfalls, zumindest potentiell, die Fähigkeit, sich in einer Vielzahl von Gestalten zu manifestieren. Mancher hat vielleicht den Eindruck, eine Frau sollte sich in ihrer Praxis weiblichen Gottheiten wie Vajrayogini oder Tara widmen und ein Mann sollte sich Chakrasamvara, Manjushri oder einen anderen männlichen Yidam wählen. Es heißt jedoch:

> Wenn es einem Mann schwerfällt, sich selbst als Vajrayogini zu sehen, und wenn eine Frau die gleiche Schwierigkeit empfindet, sich selbst als Heruka zu sehen, dann liegt dies nur daran, dass sie ihre gewöhnliche Erscheinungsform noch nicht überwunden haben. Ist dieser Fehler erst beseitigt, dann macht es keinen Unterschied, ob du dich als männliche oder als weibliche Gottheit siehst.[50]

Mahakala

Wie die vorangegangenen Erörterungen gezeigt haben, beinhalten die Übungen des Tantra – inbesondere die des Höchsten Yoga-Tantra – das Erwecken schlummernder geistiger wie körperlicher Kräfte von ungeheuerer Stärke. Wenn diese richtig kanalisiert werden, können ihre Umwandlungsenergien ausgesprochen nutzbringend sein; werden sie jedoch in unangemessener Weise eingesetzt, mit der falschen Motivation oder ohne das nötige Geschick, dann können sie dem unglücklichen Praktizierenden Krankheit, Wahnsinn oder sogar frühen Tod bescheren.

Die Überlieferung berichtet von einem Praktizierenden Yamantakas, der besessen war von dem Gedanken an die persönliche Macht, die er sich mit Hilfe dieses tantrischen Systems erwerben könnte. Seine meditative Konzentration war stark und stabil, doch seine Motivation war ohne jedes Mitgefühl für andere; sein einziges Interesse galt dem Erlangen weltlichen Nutzens für sich selbst. Lange Zeit meditierte er einsgerichtet auf sich selbst in der Form von Yamantaka und entwickelte dabei unermüdlich die klare Erscheinung und den göttlichen Stolz, diese mächtige, zornvolle Gottheit zu sein. Nachdem er gestorben war, wurde ein hellsichtiger tantrischer Meister gefragt, was aus ihm geworden sei. Der Guru gab zur Antwort, wegen seiner unreinen, selbstsüchtigen Motivation habe jener Adept keinerlei Verwirklichungen erlangt. Er sei im Gegenteil in den leidvollen niederen Bereichen als Preta wiedergeboren worden, als ein umherirrender, fortwährend unzufriedener Geist. Die einzige Frucht seiner früheren intensiven Praxis bestand darin, dass dieser Preta die äußere Gestalt Yamantakas hatte!

Diese Geschichte verdeutlicht einige der mit der Praxis des Tantra verbundenen Gefahren. Diese Gefahren oder Anfechtungen sind von innerer und von äußerer Art. Letztere beziehen sich auf äußere Kräfte jedweder Art, seien sie belebt oder unbelebt, die die erfolgreiche Vollendung unserer Praxis erschweren oder verhindern oder die uns davon abhalten, unsere weltlichen Ziele zu verwirklichen. Es kommt häufig vor, dass spirituell Praktizierende aufgrund der Reinheit ihrer Absichten Hindernisse in derselben Weise anziehen, wie ein Magnet kleine Metallpartikel anzieht. Das berühmteste Beispiel dafür ist die Geschichte Shakyamuni Buddhas, der von dämonischen Geisterwesen angegriffen wurde, die seine Meditation zu stören suchten, als er unter dem Bodhi-Baum saß. Schüler des tantrischen Weges werden unter anderem deshalb dazu angehalten, ihre Praxis geheimzuhalten und nach außen hin eine bescheidene Haltung zu wahren, weil dadurch solche äußeren Hindernisse, seien sie menschlicher oder nicht-menschlicher Natur, vermieden werden. Wie ein zeitgenössischer Lama es ausgedrückt hat[51]: Unsere Praxis andern vorzuführen und sich als Tantriker herauszustellen ist das gleiche wie allen um uns herum zu verkünden, dass wir kostbaren Schmuck mit uns herumtragen; früher oder später locken wir dadurch Diebe an, die uns unsere kostbare Habe stehlen wollen.

Innere Störungen entstehen aus den Verblendungen – Stolz, Geiz und so weiter -, die die wesenhaft reine Natur unseres Geistes verdunkeln. Solange wir uns in Samsara befinden, ist es nur allzu leicht, von falschen Konzepten in die Irre geführt zu werden, die einmal abgelegten Gelübde zu brechen oder jede eventuell erlangte Macht zu eigennützigen Zwecken einzusetzen.

Ein ernsthafter Dharma-Praktizierender, inbesondere einer, der sich dem Höchsten Yoga-Tantra zuwendet, braucht Schutz vor diesen äußeren und inneren Anfechtungen, und es gibt eine Klasse zornvoller Gottheiten, die sogenannten Dharmapalas oder Schützer der Lehre, deren Hilfe dafür in Anspruch genommen werden kann. Eine besonders wichtige dieser Schutzgottheiten ist Mahakala, und eine seiner vielen Gestalten ist auf Tafel 26 abgebildet.

Mahakala – Der Große Schwarze – wird in seiner sechsarmigen Manifestation gezeigt.[52] Sein Körper wird für gewöhnlich in Dunkelblau oder in Schwarz gemalt, um seine unwandelbare Dharmakaya-Natur zu symbolisieren. Seine drei Augen versinnbildlichen seine klare Erkenntnis von Vergangenheit, Gegenwart und Zukunft, und seine Krone aus fünf Schädeln steht für die fünf giftigen Verblendungen – Zorn, Gier, Unwissenheit, Eifersucht und Stolz -, die in die Weisheiten der fünf Buddha-Familien umgewandelt sind.

Mahakalas sechs Arme versinnbildlichen die Vollendung der sechs Vollkommenheiten und halten verschiedene Werkzeuge, mit denen er seine Schützeraufgaben erfüllt. Das gebogene Messer in seiner ersten rechten Hand zerschneidet die Ego-Anhaftung, und die blutgefüllte Schädelschale in seiner linken Hand demonstriert seine Unterwerfung der Übeltäter. Wie wir zuvor schon gesehen haben, repräsentieren Messer und Schale auch die Untrennbarkeit von Glückseligkeit und Leerheit, die tantrische Vereinigung von Methode und Weisheit. Seine andere rechte Hand hält einen Rosenkranz aus Schädeln zum Zeichen seines fortwährenden Einsatzes zum Nutzen der Wesen und einen Damaru, mit dem er die Herrschaft über sämtliche Klassen von Dakinis ausübt. Seine übrigen linken Hände halten einen Dreizack zum Zeichen seiner Macht über die drei Daseinssphären – den Bereich des Begehrens, der Form und der Formlosigkeit – und ein Lasso, mit dem er diejenigen bindet, die in Versuchung sind, ihre Gelübde zu brechen.

Diese Werkzeuge lassen sich auch noch in anderer Weise deuten: So erzeugt die Handtrommel einen Ton, der uns aus unserer Unwissenheit aufweckt, der Dreizack steht für die Zerstörung der drei Wurzelverblendungen, und das Lasso zügelt die launenhaften Impulse des verwirrten Geistes.

Mahakalas linkes Bein ist ausgestreckt und sein rechtes ist gebeugt, zum Zeichen dessen, was er zum Wohle anderer und seiner selbst erreicht hat. Er tritt auf eine elefantenköpfige Gottheit zum Zeichen dafür, dass er große Hindernisse zerstört und beseitigt hat. Der Elefant steht manchmal auch für die Verwendung von Reichtum für beschränkte, auf Samsara bezogene Zwecke, und seine Unterwerfung unter die Macht Mahakalas zeigt die erleuchtete Umwandlung solchen weltlichen Verhaltens. Mahakala steht auf einer Sonnenscheibe zum Zeichen dafür, dass er die Finsternis der Unwissenheit erhellt, und diese Sonnenscheibe ruht ihrerseits auf einem Lotos zum Zeichen seiner unbefleckten Reinheit. Das lodernde Feuer, das aus allen Poren seines Körpers schlägt, zeigt seine machtvollen Aktivitäten, durch die er alle neurotischen Geisteszustände tilgt. Schließlich ist er mit einem Tigerfellschurz und einem Schlangenhalsband geschmückt und hält eine Elefantenhaut; diese drei Gegenstände versinnbildlichen Mahakalas Läuterung von Gier, Zorn und Stolz. Seine anderen Schmuckgegenstände symbolisieren den Besitz der vollkommenen Eigenschaften eines Buddha.

Mahakala und die anderen Dharmapalas sind zwar manchmal auch als Hauptgestalten auf tibetischen Thangkas abgebildet, häufiger jedoch nehmen sie eine untergeordnete Position ein. Die Hauptgestalt ist für gewöhnlich eine bestimmte Meditationsgottheit – wie Manjushri, Tara oder Chakrasamvara –, mit der der oder die Übende sich zu identifizieren sucht. Über dieser Hauptfigur stehen im Allgemeinen die Gurus der Überlieferungslinie, die die Übungen in Zusammenhang mit dieser Gottheit tradiert haben, oder das Oberhaupt der entsprechenden Buddha-Familie. Am unteren Rand des Gemäldes sind ein oder mehrere der verschiedenen Dharma-Beschützer abgebildet, insbesondere die, die mit der Hauptpraxis des Meditierenden in Verbindung stehen. Doch gleich, wie viele Gestalten auch auf einem bestimmten Thangka erscheinen, man sollte sich immer vergegenwärtigen, dass sie alle als Manifestationen des eigenen gütigen Wurzellamas aufzufassen sind, der seinerseits als untrennbar eins mit den Buddhas von Vergangenheit, Gegenwart und Zukunft angesehen wird.

Ungeachtet seines schreckenerregenden Äußeren ist Mahakala eine Manifestation von Avalokiteshvara, der Verkörperung des universellen Mitgefühls. Es heißt, als Avalokiteshvara erkannte, dass seine friedvollen Methoden zu mild waren, um die entarteten Wesen dieses dunklen Zeitalters zu zähmen und sie vor den Folgen ihres irregeleiteten Verhaltens zu schützen, habe er entschieden, eine zornvolle Gestalt sei besser dazu geeignet, seine mitfühlenden Absichten zu verwirklichen. Er sandte daher das dunkelblaue *HUM* aus, das sich in den machtvollen Mahakala verwandelte. Amitabha und alle Buddhas der zehn Richtungen lobten Avalokiteshvaras Entschluss, anderen durch diese zornvolle Gestalt von Nutzen zu sein, und prophezeiten, Mahakala werde in allen Bereichen, in denen erleuchtete Wesen erscheinen und den Weg zu vollkommener geistiger Befreiung offenbaren, als unbesiegbarer Dharma-Schützer dienen.

Von den vierundachtzig indischen Mahasiddhas war Shavaripa einer der Hauptpraktizierenden Mahakalas.[53] Er war ein mächtiger Jäger, den Avalokiteshvara zu zähmen suchte, indem er sich als überlegener Schütze manifestierte. Als Shavaripa den Bodhisattva bat, ihn so gut schießen zu lehren wie er selbst, versprach Avalokiteshvara ihm das, aber nur unter der Bedingung, dass Shavaripa einen Monat lang kein Fleisch aß. Auf diese Weise gaben der Jäger und seine Frau ihre lebenslange Gewohnheit auf, Tiere zu töten, und wurden Vegetarier. Sie lernten, über liebende Güte und Mitgefühl für alle Geschöpfe zu meditieren, und nachdem ihnen eine Vision der selbstgeschaffenen Qual gezeigt worden war, die ihnen aufgrund ihrer bisherigen, auf der Tötung von Tieren basierenden Lebensweise bevorstand, entwickelten sie aufrichtige Reue über ihre vergangenen unheilsamen Taten.

Nachdem er zwölf Jahre lang in Zustand jenseits des diskursiven Denkens über das erhabene Mitgefühl meditiert hatte, erlangte Shavaripa die höchste Verwirklichung der Mahamudra und empfing eine Initiation von Mahakala selbst. Vajrayogini, Tara und viele andere Gottheiten gewährten ihm ihren Segen, und Shavaripa wurde ein großer Dharma-Lehrer, der seine Einsichten durch Lied und Tanz, Klang und Symbole vermittelte. Es heißt, dass Shavaripa auf dieser Erde verweilen wird, bis Maitreya, der Buddha der liebenden Güte (Tafel 32), erscheint und als der fünfte der tausend Gründer-Buddhas dieses Weltzeitalters das Rad des Dharma dreht.

Die Praxis der Dharmapalas ist unter den Tibetern sehr beliebt, doch sind solche machtvollen Methoden, wie gesagt, nicht ohne ihre Gefahren. Es heißt: »Wenn sich der Praktizierende auf gefährlichen Boden wagt, der für seinen Fortschritt auf dem Weg ungesund ist, dann wird ihn das Dharmapala-Prinzip heftig zurückreißen.«[54] Überdies sind wir erst dann wirklich in der Lage, einen Schützer wie Mahakala um Unterstützung anzurufen, wenn wir festes Vertrauen in unsere persönliche Meditationsgottheit erworben haben. Sonst ist es so, als besäßen wir einen bissigen Wachhund – wenn wir ihn nicht richtig behandeln, besteht die Gefahr, dass er sich umwendet und uns angreift!

Bisher wurden Dharma-Schützer wie Mahakala im Wesentlichen in Bezug auf die tantrische Praxis vorgestellt. Sie können jedoch auch eine wesentliche Rolle auf dem – dem Tantra vorausgehenden – Sutra-Weg spielen. Nach Atisha, Je Tsong Khapa und anderen Meistern ist der Sutra-Weg in drei abgestufte Zielsetzungen unterteilt, von denen jede einem anderen Niveau von Praktizierenden entspricht. Die Schüler auf der anfänglichen Stufe sind vor allem darauf konzentriert, gegenüber den verlockenden Objekten sinnlichen Begehren dieses Lebens Distanz zu wahren.

Der Weg von Glückseligkeit und Leerheit

Da die wichtigste Methode zur Entwicklung einer solch losgelösten Haltung in der Meditation über Tod und Vergänglichkeit besteht, können sich solche Praktizierende auf Dharmaraja (Tafel 21) stützen, den Hauptschützer in dem System des »Henkers des Herrn des Todes«, Yamantaka.

Für Schüler mit mittlerer Zielsetzung bestehen die wesentlichen Übungen in den höheren Schulungen der ethischen Disziplin, der Sammlung und der Weisheit. Von diesen ist die grundlegende die ethische Disziplin, und daher wird der Praktizierende dieser Stufe von Vaishravana (Tafel 15) geschützt, dem Wächter, der denen hilft, die versuchen, eine reine sittliche Lebensweise aufrechtzuerhalten. Für den Schüler der höchsten Stufe schließlich ist die Entwicklung des mitfühlenden Bodhicitta am allerwichtigsten. Mahakala, eine Emanation des äußerst mitfühlenden Avalokiteshvara, wird daher als der Schützer derer angesehen, die sich bemühen, eine derartige altruistische Motivation zu entwickeln.

In Bezug auf die fortgeschrittene tantrische Praxis als solche besteht Mahakalas Hauptaufgabe darin, die vier erleuchteten Tätigkeiten auszuführen: störende Einflüsse zu befrieden, günstige Umstände zu vermehren, Kontrolle über Situationen zu erlangen und – wenn alles andere nicht anschlägt – mit zornvoller Kraft Hindernisse zu zerstören. Solche Kräfte, insbesondere die letzte, lassen sich leicht missbrauchen, und es wurde gemutmaßt, schwerer Missbrauch dieser machtvollen Techniken sei zum Teil für die schreckliche Verwüstung mitverantwortlich gewesen, die Tibet durch die chinesischen Invasoren erlitten hat. Daher sollten diejenigen, die die Praxis eines Dharmapala aufnehmen wollen, sich – nach den Worten Seiner Heiligkeit des Dalai Lama – vergegenwärtigen, dass der bestmögliche Schutz die Entwicklung eines gütigen und liebevollen Herzens ist. So wie Shakyamuni durch seine Meditation über die Liebe vor Maras Angriff geschützt war, so werden wir vor innerem und äußerem Schaden bewahrt, indem wir selbst liebende Güte entwickeln.

Nichtsdestotrotz ist für entsprechend qualifizierte Schülerinnen und Schüler ein Dharma-Schützer wie Mahakala von großer Wichtigkeit. Die folgenden Strophen gehören zu den vielen Huldigungen, die diesem Schützer von vielen Praktizierenden entgegengebracht wurden. Sie sind aus einem Werk des Ersten Dalai

Bilder des Erwachens

Lama entnommen, der wie Mahakala selbst eine Emanation Avalokiteshvaras war:

> Ich verneige mich vor Mahakala, dem Großen Schwarzen,
> Der Zornvollen Emanation des Bodhisattvas des Mitgefühls.
> Ich verneige mich vor Mahakala mit seinen Attributen:
> Der Schädelschale glückseliger Weisheit und dem Messer
> Der durchdringenden Methoden, die alles Negative
>   durchtrennen,
> Vor dem Schwarzen Gebieter von schreckenerregendem
>   Äußern,
> Dessen Stimme alle auf Erden erzittern lässt.
> O Mahakala, du erscheinst in der Gestalt eines
>   schrecklichen Dämons,
> Um die unendlichen Scharen der Dämonen zu überwinden.
> Wie der erste Tag des zunehmenden Mondes
> Kündest du die Vernichtung der Kräfte der Finsternis.
> Schutzherr, dessen Klauen Liebe, Mitgefühl, Gleichmut
>   und Freude sind,
> Dessen Körper lodert im Feuer der Weisheit,
> Dein Mantra ist wie das Gebrüll eines Löwen,
> Das die Schackale des Bösen zerstreut.
> So wie das wütende Yak seine Feinde auf seine Hörner
>   nimmt
> Und dann das Leben aus ihnen schüttelt,
> So zerstörst du die inneren Kräfte,
> Durch die wir uns selbst den Weg zur Befreiung
>   versperren.[55]

6. Eine lebendige Tradition

Die im vorigen Kapitel präsentierten Meditationsgottheiten dienen als visuelle Katalysatoren für die hochwirksamen Transformationsmethoden des Höchsten Yoga-Tantra. Durch geschicktes Anwenden dieser Methoden ist es möglich, sehr rasch, in manchen Fällen sogar innerhalb weniger Jahre, völliges geistiges Erwachen zu erlangen. Doch die Wirksamkeit dieser Übungen beruht nicht in erster Linie auf den Gottheiten selbst. Sie ist vielmehr abhängig von der ununterbrochenen Überlieferung erleuchteter Einsicht von einem Geist zum andern durch das Medium der Guru-Schüler-Beziehung. Ohne eine solche Beziehung bleibt der vermeintliche spirituelle Sucher ohne Verbindung zu dem inspirierenden Einfluss jener vollendeten Wesen, von denen die Kraft, ja sogar die Existenz dieser Übungen abhängen. Wie der indische Mahasiddha Naropa sagte:

> Bevor es einen Guru gab,
> War nicht einmal der Name 'Buddha' zu vernehmen.
> Alle Buddhas von eintausend Kalpas
> Treten einzig durch den Guru ins Dasein.[1]

Daher ist im Vajrayana-Buddhismus die Hinwendung zum Guru von höchster Wichtigkeit, und Guru-Hingabe wird als die

Bilder des Erwachens

Wurzel des Weges angesehen. Um die unverzichtbare Rolle einer solchen uneingeschränkten Verpflichtung und Hingabe richtig einschätzen zu können, gilt es zu verstehen, dass der Ausdruck *Guru* auf verschiedenen Ebenen aufzufassen ist. In seiner höchsten Bedeutung bezieht sich *Guru* auf die unzerstörbare Vereinigung des Klaren Lichtes der großen Glückseligkeit mit der nichtbegrifflichen, untrüglichen Weisheit der Leerheit: der letzendlichen Natur der Wirklichkeit. In diesem Sinne ist der Guru daher gleichbedeutend mit dem vollkommen erwachten Geist der Erleuchtung selbst, mit der absoluten Erfahrung des Dharmakaya jenseits des Denkens und des Ausdrückbaren. In der gewöhnlichen Bedeutung des Wortes ist 'Guru' jedoch dasjenige, was uns aus unserem gegenwärtigen Zustand der Verwirrung und Enge zu dem angestrebten Zustand von Klarheit und Weisheit führt. Solch ein Guru ist unser geistiger Führer und Mentor, der uns dazu inspiriert, den inneren Weg zur höchsten Erfüllung zu beschreiten.

Doch auch der relative Guru, unser Führer und unsere Inspiration, lässt sich auf zwei verschiedene, doch grundlegend miteinander verknüpfte Arten auffassen. Zuerst geht es dabei um den äußeren Guru, die Person, die unseren Geist mit dem Weg vertraut macht, uns Unterweisung, Ratschlag und Initiationen erteilt und unsere Praxis anleitet. Einen solchen geschickten und mitfühlenden Freund meinen wir im Allgemeinen, wenn wir den Ausdruck *Guru* oder seine tibetische Entsprechung *Lama* gebrauchen. Doch der letztendliche Zweck dieses äußeren Guru besteht darin, uns mit unserem eigenen inneren Guru in Verbindung treten zu lassen: mit der angeborenen, unserem Herzen innewohnenden Weisheit, die unbefleckt ist von den Verblendungen, die gegenwärtig die wesenhaft reine Natur unseres Geistes verdunkeln, aber nicht auslöschen können. Dieser innere Guru ist unsere letztendliche Zuflucht, denn unsere Fähigkeit, Erleuchtung zu erlangen, hängt vor allem von uns selbst und von unserem Vermögen ab, die Weisheitsenergie unseres innersten Wesens zu erwecken.

Wenn wir davon sprechen, wie wichtig es ist, die richtige Guru-Schüler-Beziehung aufzubauen – vor allem in Zusammenhang mit der Praxis des Höchsten Yoga-Tantra -, räumen wir damit die Notwendigkeit ein, mit dem speziellen äußeren Guru – oder den

Gurus – in Kontakt zu treten, die die Essenz unseres Geistes und unseres Herzens zu erfassen vermögen. Nicht jeder spirituelle Meister, wie hoch entwickelt er auch sei, hat diese Fähigkeit *in Bezug auf uns*. Es muss eine spezifische Verbindung zwischen Guru und Schüler hergestellt werden, damit die notwendige Übertragung von Inspiration und Einsicht stattfinden kann. Ohne eine solche Verknüpfung oder karmische Verbindung wird der Guru nicht in der Lage sein, die tiefste Essenz des Geistes des Schülers zu berühren, und der Schüler wird nicht in der Lage sein, das aufrichtige Vertrauen zu entwickeln, das nötig ist, um das Ego und seine neurotischen Muster völlig preiszugeben.

Aus diesen Gründen warnen tibetische Lamas ihre Schüler stets davor, sich genauso wahllos einen Lehrer auszusuchen, wie ein hungriger Hund einem Stück Fleisch hinterherrennt und nach allem schnappt, was ihm in die Quere kommt. Es gibt zwar zahlreiche Fälle, wo Suchende ihre wahren Gurus auf den ersten Blick oder sogar schon durch das Hören ihres Namens erkannt haben, doch im Allgemeinen wird empfohlen, dass Schüler einen Lehrer genau prüfen, bevor sie die Verpflichtungen einer gültigen Guru-Schüler-Beziehung eingehen, vor allen Dingen die Verpflichtungen, die mit einer Initiation innerhalb des Höchsten Yoga-Tantra verbunden sind. Wenn die Beziehung mit dem Guru, der diese Initiation gewährt, zu leichtfertig eingegangen wird, dann wird es sich als äußerst schwierig, wenn nicht unmöglich erweisen, diese Verpflichtungen treu zu erfüllen – zum äußersten Nachteil der eigenen Praxis und des eigenen gegenwärtigen wie künftigen Wohlergehens.

Was Tibets Tradition des Vajrayana-Buddhismus so kostbar macht, ist die Tatsache, dass in ihr der empfindliche Faden der erleuchteten Guru-Schüler-Beziehung bis zum heutigen Tag keine Unterbrechung aufweist. Zweitausendfünfhundert Jahre nach dem Parinirvana Shakyamuni Buddhas existieren immer noch lebendige Überlieferungslinien von Einsicht und Unterweisung, die qualifizierte Schüler zu dem gleichen spirituellen Erwachen führen können, das Shakyamuni selber unter dem Bodhi-Baum erreichte. Dies ist in der Tat erstaunlich, wenn wir bedenken, dass das, was durch diese verschiedenen Traditionslinien übertragen wird, nicht lediglich Wissen um den spirituellen Weg ist, sondern die eigentlichen Verwirklichungen, die zur erleuchteten Selbsttransformation führen. Durch die Vermittlung des Guru wird der qualifizierte Schüler an die tiefste Natur seines eigenen Geistes herangeführt, aus der schließlich eine durchdringende, allumfassende Weisheit hervorgeht, die über das gewöhnliche konzeptuelle Verständnis, mit dem wir vertraut sind, bei weitem hinausgeht. Während andere Traditionen dieser uralten, zeitlosen Weisheit sehr stark geschwächt wurden oder sogar erloschen sind, vermochte das Vajrayana lebendig und kraftvoll zu bleiben.

Indes kann der Fortbestand dieser kostbaren Traditionslinien nicht als ungefährdet gelten. In Indien selbst – wo das Vajrayana seinen Zenit erreichte, als Klosteruniversitäten wie Nalanda und Vikramashila zwischen dem siebten und dem elften Jahrhundert ihren größten Einfluss entfalteten – wurden die lebendigen buddhistischen Traditionen von aufeinander folgenden Wellen von Eroberern vernichtet, die ab dem zwölften Jahrhundert über den Subkontinent hereinbrachen. Bevor dieses schreckliche Vernichtungswerk stattfand, war das Vajrayana glücklicherweise in des Schneeland Tibet verpflanzt worden. Der unvergleichliche Mahasiddha Guru Rinpoche, Padmasambhava (Tafel 27), war im achten Jahrhundert dorthin eingeladen worden, und als Frucht seines machtvollen, weitreichenden Wirkens fasste der Buddhismus in der tibetischen Kultur festen Fuß.

Doch selbst in dem abgeschirmten Schneeland war das Überleben des Vajrayana gefährdet. Zwischen 836 und 842 u.Z. befahl der religionsfeindliche König Lang-darma einen kurzen, aber vernichtenden Verfolgungsfeldzug, der den Buddhismus in Zentraltibet regelrecht auslöschte. Nach seiner Regierungszeit konnten sich die Lehren erneut ausbreiten, und die Hauptfigur dieser zweiten Blüte des Dharma war der indische Meister Atisha (Abbildung 9), der wie Guru Rinpoche vor ihm nach Tibet eingeladen wurde, um die noch intakten Traditionslinien des Vajrayana zu übermitteln.[2]

Von diesen beiden indischen Gurus und ihren tibetischen Schülern gingen die – später jeweils so genannten – »alten« (tib. *nying-ma*) und die »neuen« (tib. *sar-ma*) Übersetzungstraditionen der Tantras aus. Die Nyingma-Tradition, die auf Guru Rinpoche zurückgeht, hat bis heute Bestand, während Atishas eigene Sarma-Tradition, die Kadam-Schule, als eigenständige Schule nicht mehr existiert. Statt ihrer entstanden schließlich drei Sarma-Traditionen – die Sakya, Kagyü und Gelug -, die zusammen mit den Nyingma die vier heute bestehenden Hauptschulen des tibetischen Buddhismus bilden. Um einen kleinen Geschmack dieser unterschiedlichen Vajrayana-Traditionen zu geben, enthält dieses Kapitel jeweils eine kurze Auswahl aus den Biographien der beiden erwähnten großen indischen Meister Guru Rinpoche und Atisha sowie der vier großen tibetischen Lamas, die den Charakter der Sarma-Traditionen wesentlich geprägt haben. Zu diesen gehören Sakya Pandita (Tafel 28) für die Sakya-Tradition, Marpa, der Übersetzer, und sein Herzenssohn Jetsün Milarepa (Tafeln 29 und 30) für die Kagyü-Tradition und Je Tsong Khapa (Tafel 31) für die Gelug-Tradition.

In der Textauswahl zu den Darstellungen dieser spirituellen Meister wurde auf zwei wesentliche Themen besondere Aufmerksamkeit gerichtet: auf die Guru-Schüler-Beziehung als die unverzichtbare Quelle des Weges zum Erwachen und auf die zentrale Rolle, die verschiedene Meditationsgottheiten, insbesondere die in diesem Buch abgebildeten, im Leben dieser Meister gespielt haben. Weil die Beziehung zum Guru, um wirklich von Nutzen zu sein, eine tiefgreifende Verwandlung in Herz und Geist des Schülers auslösen muss und weil die Welt der Meditationsgottheiten so völlig verschieden ist von der Welt, die wir für gewöhnlich bewohnen, enthalten diese kurzen Lebensbeschreibungen notwendigerweise vieles, das außergewöhnlich oder sogar nach Wunderglauben klingt. Jeglicher Versuch, solche Passagen zu verwässern, um sie dem profanen und entschieden skeptischen Geschmack der heutigen Zeit eingängiger zu machen, wäre ebenso irrig und unangemessen wie das Unterfangen, die Gemälde ihrer intensiven Farbgebung zu berauben. Was auch immer das Vajrayana ist, es ist ganz gewiss *nicht* blass und fade. Um von der Kraft und Unmittelbarkeit des Diamantfahrzeugs zumindest einen kleinen Geschmack zu geben, sind hier Passagen von besonderer Eindrücklichkeit genauso wiedergegeben, wie sie in den Standardbiographien dieser berühmten Meister erscheinen.

Es ist wichtig, sich zu vergegenwärtigen, dass die vier noch existierenden Traditionen oder Schulen des tibetischen Buddhismus – Nyingma, Sakya, Kagyü und Gelug – keine abgeschotteten, voneinander unabhängigen oder einander widersprechenden

Systeme sind. Sie wurzeln alle in gleicher Weise in den Lehren Shakyamuni Buddhas, und wenn sie sich auch in ihrer Herangehensweise und in der Gewichtung einzelner Aspekte unterscheiden, bewahrt und tradiert jede Schule die Erkenntnisse und die Inspiration, die ernsthafte Praktizierende zur vollen Erleuchtung führen können. Und wenn wir die Guru-Schüler-Abfolgen irgendeiner der Schulen betrachten, dann finden wir fast immer, dass sie unauflösbar mit den Traditionslinien einer oder mehrerer der anderen Schulen verknüpft sind.

Zwei kurze Beispiele werden dies verdeutlichen. Eine der Gottheiten, die von vielen Angehörigen der Gelug-Tradition praktiziert wird, ist Vajrayogini, insbesondere in der Gestalt, wie sie von dem indischen Meister Naropa offenbart wurde und auf Tafel 24 gezeigt ist. Naropa selber war ein Wegbereiter der Kagyü-Tradition, und durch seine nepalesischen Schüler ging diese spezielle Überlieferungslinie Vajrayoginis zuerst in die Sakya-Tradition und von dort in die der Gelug über. In ähnlicher Weise gelangten die Überlieferungslinien der »Stufen des Weges« (tib. *lam-rim*) des Kadampa-Meisters Atisha zu Je Tsong Khapa, und zwar über zwei seiner vielen berühmten Gurus, von denen einer zur Nyingma- und der zweite zur Kagyü-Tradition gehörte. Diese wechselseitige Befruchtung der Traditionen findet auch heute noch statt, und viele der höchsten Lamas einer Schule haben bei Lamas der anderen Schulen studiert und von ihnen Initiationen erhalten.

Es ist ferner wichtig, sich klarzumachen, dass keine dieser Schulen mit der Absicht gegründet wurde, mit den anderen zu konkurrieren oder sie zu ersetzen. Ja, es ist in gewisser Weise sogar irreführend, die Gründung dieser Schulen überhaupt auf einen bewussten Akt zurückzuführen; in gewisser Weise entwickelten sie sich einfach im Laufe der Zeit, weil die Umstände sich wandelten. Wann immer eine Gestalt von überragender spiritueller Kraft erscheint, wird sie natürlicherweise einen Kern von Schülern um sich scharen, die sich in denjenigen Übungen oder in demjenigen Stil schulen werden, die ihr Mentor bevorzugt. In Abhängigkeit von so verschiedenen Faktoren wie dem persönlichen Charisma des Lehrers, dem Temperament und den Fähigkeiten der Schüler, der Gründung eines Klosters oder einer Lehreinrichtung an einem bestimmten Ort, der Festlegung politischer oder kultureller Grenzen entwickelt sich dann vielleicht etwas, das genügend Eigenständigkeit aufweist, um den Namen einer speziellen geistigen Tradition zu tragen.

Doch wie heftig auch bestimmte Personen eine solche Tradition als etwas Neues und Spezielles reklamieren: Deren eigentlicher Zweck übersteigt gleichwohl bei weitem die Beschränktheit von parteiischem Sektierertum. Weil die einzelnen Menschen so verschieden sind, muss es notwendigerweise eine Vielfalt unterschiedlicher Traditionen geben – seien sie buddhistisch oder nicht –, um die individuellen Fähigkeiten und Neigungen dieser Individuen anzusprechen und einzusetzen.[3] Während sich so im Laufe der Zeit zahlreiche Schulen, Unterschulen usw. entwickeln, liegt der einzig legitime Grund für die Existenz einer jeden von ihnen einzig darin: die Flamme der Erleuchtung lebendig zu erhalten und sicherzustellen, dass sie möglichst vielen Wesen zeitlichen und letztendlichen Nutzen bringt. Wie der große Meister Jamyang Khyentze Rinpoche (1820-1892) über die verschiedenen Traditionen des Vajrayana-Buddhismus schrieb:

> Außer durch ihre verschiedenen Namen unterscheiden sich diese vielen Traditionen in keiner Weise. Im Wesentlichen treffen sie alle sich in einem Punkt: Jede einzelne von ihnen lehrt Methoden, dasselbe letztendliche Ziel zu verwirklichen, das völlige Erwachen der Buddhaschaft.[4]

Guru Rinpoche, Padmasambhava

Padmasambhava, der Lotosgeborene – allgemein bekannt als Guru Rinpoche, der Kostbare Meister – wird im gesamten Himalaya-Gebiet als ein Zweiter Buddha verehrt. Nachdem er im achten Jahrhundert aus Indien eingeladen worden war, um die Kräfte zu unterwerfen, die sich der Verbreitung der Lehren Shakyamunis entgegenstellten, vermochte er ehemals feindliche Mächte in Wächter und Schützer des reinen Dharma zu verwandeln; durch diese Aktivität prägte er dem gesamten Himalaya seinen unauslöschlichen Stempel auf.

Und tatsächlich findet sich Guru Rinpoches Stempel im ganz wörtlichen Sinne über den gesamten Himalaya verstreut im Innern und in der Umgebung vieler Höhlen, die er zur Meditation benutzte. An diesen Stätten sind noch die Hand- und Fußabdrücke des Kostbaren Meisters zu sehen, abgeformt im massiven Fels, als stummes Zeichen der außergewöhnlichen Kraft, die dieser vollendete Yogi und tantrische Magier über die inneren und äußeren Elemente ausübte.

Guru Rinpoche verkörpert die vollkommene Meisterung des Vajrayana und die sowohl weltliche wie spirituelle Kraft, die mit dieser unvergleichlichen Meisterung einhergeht. Entsprechend machtvolle Attribute finden sich dargestellt auf Tafel 27, die Guru Rinpoche zeigt: Er hat einen Gesichtsausdruck großer Stärke und Konzentration und hält verschiedene Instrumente machtvollen Wirkens wie Vajra-Zepter, Schädelschale und Dreizackstab. Bekleidet ist er nicht nur mit den Mönchsgewändern, sondern auch mit der Königstracht, zum Zeichen, dass er sowohl dem weltlichen wie dem religiösen Königtum angehört. Der Künstler hat die Wasser unter Guru Rinpoches Thron als tosend und brodelnd dargestellt, um diesen Eindruck allumfassender Kraft noch zu steigern.

Über seine Geburt sagte Guru Rinpoche selber:

> Manche glauben, ich habe mich auf dem Pollenbett eines Lotos im Dhanakosha-See im Lande Orgyen offenbart; manche glauben, ich sei als Prinz von Orgyen geboren

worden; und wieder andere glauben, ich sei in Blitz und Donner auf den Namchak-Hügel gelangt; es gibt viele verschiedene Auffassungen von vielen Einzelnen und vielen Völkern, denn ich bin in vielen Formen erschienen.

Doch vierundzwanzig Jahre nach dem Parinirvana des Buddha Shakyamuni entwickelte der Adibuddha des Unermesslichen Lichtes, Amitabha, den Gedanken der Erleuchtung in der Gestalt des Großen Mitfühlenden (Avalokiteshvara), und aus dem Herzen des Großen Mitfühlenden wurde ich, Padma, der Lotosgeborene Guru, als die Silbe *HRI* ausgestrahlt. In unzähligen Milliarden Formen kam ich auf der ganzen Welt wie strömender Regen zu denen, die bereit waren, mich zu empfangen. Die Taten der Erleuchteten sind unbegreiflich! Wer kann sie definieren oder messen![5]

Seiner Autobiographie zufolge wurde Guru Rinpoche von Orgyens König Indrabhuti adoptiert und zu dessen Erben eingesetzt. Damit war der Hintergrund geschaffen, vor dem Padmasambhava als Prinz von Orgyen viele eben jener Taten vollbrachte, die Skakyamuni als Prinz Siddharta vollführt hatte. Er heiratete die Tochter eines Nachbarkönigs, lebte ein schwelgerisches Leben am Königshof, um zu guter Letzt diesem Leben zugunsten eines bedeutenderen Zieles zu entsagen und seines Vaters Königreich zu verlassen, um sich in Selbstkasteiung zu üben. Er ging nach Benares, wo er von Arjuna, einem Mitglied des Stamms der Shakya, Astrologie erlernte, und studierte danach Medizin, Sprachen, Komposition und verschiedene andere Künste und Wissensgebiete, die er alle meisterte.

Schließlich begegnete er Ananda, der Buddhas persönlicher Diener gewesen war, wurde zum buddhistischen Mönch ordiniert und praktizierte sowohl den Sutra- als auch den Tantra-Aspekt der Lehre Buddhas. Von Guru Garab Dorje, einer Emanation Vajrasattvas, empfing er Unterweisungen über die Große Vollendung, »den Weg unmittelbar erfahrener innerer Freiheit«. Seine Erfahrung dieser Lehren der Großen Vollendung (tib. *dzog-chen*) wurde folgendermaßen beschrieben:

Garab Dorje, die gute Quelle des Dharma, besaß all-
umfassendes Wissen, und Padma nahm es in sich auf.
Er konzentrierte sich auf die Versenkung in die Reine
    Leerheit
Und auf die Ebene des Wesenhaften, die aus ihr hervor-
    geht.
Er übte Enthaltung vom Annehmen wie vom Ablehnen
des Leidens wie des Erwachens.
Als Frucht erlangte er die Befreiung durch sich selbst,
frei von Entsagung oder Erwerbung.[6]

Nachdem er Meister in der Unterwerfung feindlicher und zer-
störerischer Kräfte geworden war, manifestierte sich Padmasambhava in vielen verschiedenen Gegenden Indiens, Chinas und
Nepals, wo er viele Wesen die reine Übung des Buddhadharma
lehrte.[7] Weil seine Methoden weit über das hinausgingen, was die
Gesellschaft als annehmbares Verhalten eines religiös Praktizierenden betrachtete, erregte er oft das Missfallen der örtlichen
Herrscher. Einmal, so erzählt eine berühmte Legende, verbreite-
te sich das Gerücht, er habe sich ungebührlich verhalten, während
er Prinzessin Mandarava und ihren Hofdamen Unterweisungen
erteilte. Daraufhin befahl deren Vater, der König von Zohar, die
Prinzessin in eine Dornengrube zu werfen und ihren Guru auf
dem Scheiterhaufen zu verbrennen. Da, so berichten die traditionellen Darstellungen,

kamen alle Gottheiten und Buddhas Padma zu Hilfe.
Einige schufen einen See, andere warfen das Holz beiseite, andere entrollten das ölgetränkte Tuch, andere
fächelten ihm Kühlung zu. Am siebten Tag nach der
Hinrichtung schaute der König hinaus, und da er sah,
dass von dem Scheiterhaufen immer noch Rauch auf-
stieg, dachte er bei sich: »Dieser Bettler ist vielleicht
doch irgendeine Inkarnation gewesen«, und er sandte
seine Minister zu Nachforschungen aus. Zu ihrem
Erstaunen sahen sie dort, wo der Scheiterhaufen gewesen war, einen von einem Regenbogen überwölbten See
und an seinen Ufern all das brennende Holz und in der
Mitte des Sees eine Lotosblüte, auf der in einer Aura ein

schönes Kind saß, offenbar um die acht Jahre alt, das Gesicht mit tauartiger Feuchtigkeit bedeckt. Acht Mädchen, die aussahen wie Mandarava, umsorgten das Kind.[8]

Heute ist dieser See noch immer eine bedeutende Pilgerstätte und gilt als ein besonders gesegneter Ort für die Meditationspraxis.

Die Tibeter verehren Padmasambhava vor allem auch als denjenigen, der den Vajrayana-Buddhismus in das Schneeland brachte. König Trisong Detsen – der selber als eine Inkarnation Manjushris angesehen wird – lud ihn nach Tibet ein, um die Hindernisse zu beseitigen, die sich dem Bau und der Weihe Samyes, des ersten Klosters in seinem Land, in den Weg stellten. Indem er die feindlichen Kräfte unterwarf und sie in Dharma-Schützer verwandelte, gründete Padmasambhava nicht nur Samye (ca. 779) als Zentrum für die Verbreitung des Buddhismus in ganz Tibet, sondern legte auch den Grundstein für das, was später als Nyingma-Tradition bekannt werden sollte. Seine fünfundzwanzig engsten Schüler meisterten und übertrugen die verschiedenen Aspekte der Lehren Guru Rinpoches, und durch eine Abfolge von großen Lamas der Überlieferung wie Longchen Rabjampa (1308-1363)[9] und Jigme Lingpa (1729-1798)[10] wurden diese Lehren tradiert und bis heute praktiziert.

Innerhalb der Nyingma-Tradition gibt es drei Überlieferungslinien, die in Verbindung miteinander praktiziert werden: die Mündliche (tib. *ka-ma*)-, die Reine Sicht (*dag-nang*)- und die Schatztext (*ter-ma*)-Tradition. Die erste enthält alles das, was von Padmasambhava und dem großen Bodhisattva Shantarakshita öffentlich dargelegt wurde, als sie Buddhas Lehren zum ersten Mal nach Tibet brachten. Die zweite leitet sich her von den visionären Erfahrungen späterer Meister, die unmittelbar von Guru Rinpoche, Vajrasattva und anderen Unterweisungen erhielten. Und die dritte bezieht sich auf jene Lehren, die von Padmasambhava verborgen und von späteren Schülern enthüllt wurden. Wegen der Bedeutung, die dieser dritten Linie der Unterweisungen beigemessen wird, heißt die Nyingma-Tradition manchmal auch die Schatztext-Tradition.

Termas sind Lehren, für gewöhnlich der Ebene des Höchsten Yoga-Tantra zugehörig, die Padmasambhava – oft mit Hilfe seiner Gefährtin Yeshe Tsogyal – verbarg, damit sie später entdeckt würden. Manche wurden in der Erde vergraben, während andere unmittelbar in den Geist seiner wichtigsten Schüler eingepflanzt wurden. Wenn die Zeit reif für die Verbreitung dieser verborgenen Lehren ist, erscheinen Reinkarnationen eben dieser Schüler und empfangen die Inspiration dazu, sie zu entdecken und zu offenbaren. Die Entdecker dieser verborgenen Lehren heißen *tertöns* oder Schatz-Meister; zu ihnen gehören nicht nur so berühmte Lamas der Vergangenheit wie der als Emanation Manjushris betrachtete Longchen Rabjampa, wie Jigme Lingpa und wie der Fünfte Dalai Lama (1617-1682), sondern auch heutige Meister wie seine Heiligkeit Dudjom Rinpoche (1904-1087)[12], das verstorbene Oberhaupt der Nyingma-Tradition, und der verstorbene Kyabje Dilgo Khyentse Rinpoche (1910-1991)[13], einer der meistverehrten Lamas der jüngeren Vergangenheit.

Am Schluss einer seiner Autobiographien – die selber ein Schatz-Text ist, der von Yeshe Tsogyal niedergeschrieben und von dem großen Tertön Orgyen Chökyur Lingpa entdeckt wurde – erläutert Guru Rinpoche die Umstände seiner Abreise aus Tibet. Er bezieht sich auf eine Prophezeiung Shakyamunis, derzufolge Barbaren vom Südwestlichen Inselkontinent diese Welt angreifen würden, und verkündet seine Absicht, diese sich als Invasoren aufspielenden Störenfriede zu unterwerfen. Doch der Fürst dieser Gegend, Murub Tsempo, der Sohn von König Trisong Detsen,

> wurde traurig und ängstlich und bat mich, nicht zu gehen, und führte an, die Menschen könnten ohne mich nicht sein. In großem Mitgefühl verschob ich meine Abreise, um dem Volk von Tibet zu helfen und ihm die wesentlichen Unterweisungen für die Zukunft zu gewähren.
>
> Dann gab ich, Padma, meinen Jüngern und denen, die in der Zukunft wiedergeboren werden würden, letzte Anweisungen: Künftige Generationen, die mir nicht begegnen können, müssen diese Darlegung meiner spirituellen Übung und meines selbstbefreiten Seins in dieser Welt lesen und, indem sie einen klaren Einblick in

ihre Bedeutung erlangen, entsprechend den darin enthaltenen Geboten leben und in allem vollkommen werden...

Nachdem ich, Padma, die Menschen ermahnt hatte,
auf diese Weise nach der Buddhaschaft zu streben,
bestieg ich das magische Ross und wurde von vier Dakinis in die Höhe getragen. Abermals sprach ich zu den
Menschen: Ich werde am zehnten Tag jeden Mondes,
aber insbesondere am zehnten Tag des Affenmonats
kommen, um das Leid der Menschen in der Welt zu tilgen. Vergesst nicht zu beten!

Dann wandte ich mein Gesicht gen Südwesten und
flog von dannen. Der Prinz Murub Tsempo und seine
Untertanen kehrten jeder in sein Haus und zu seiner
jeweiligen Praxis zurück.[14]

Atisha

So wie sich Padmasambhava als der Meister, der für die Einführung des Buddhismus in Tibet in erster Linie verantwortlich war, großer Beliebtheit erfreut, so wird Atisha (982-1054, Abbildung 9) als derjenige verehrt, der Buddhas Lehre nach der grausamen Verfolgung durch König Lang-darma wieder zum Leben erweckte. Als zweiter Sohn einer Königsfamilie in Bengalen geboren, zeigte Atisha solche Zeichen von Intelligenz und edlem Wesen, dass er zum Erben des väterlichen Throns auserkoren wurde. Als er elf Jahre alt war und entsprechend der Landessitte verheiratet werden sollte, erschien ihm die Göttin Tara leibhaftig im Traum und ermahnte ihn, sich nicht dem weltlichen Leben hinzugeben. Es gelang Atisha, die geplante Verheiratung abzuwenden; unter dem Vorwand, er wolle auf die Jagd gehen, rang er seinen Eltern die Erlaubnis ab, den Palastbezirk verlassen zu dürfen. Seine eigentliche Absicht war es jedoch, einen geistigen Lehrer zu finden.

Er traf eine ganze Reihe von Meistern, darunter auch Vidyakiloka den Älteren und Avadhutipa, und schließlich erhielt er von dem Meister Rahulagupta die Einweihung in die dem Höchsten Yoga-Tantra zugehörige Praxis des Hevajra. Als dieser große Yogi sah, dass sein junger, eifriger Schüler von den weltlichen Erwartungen seiner Eltern noch immer nicht frei war, ersann er einen Plan, um Atishas Freiheit zu erreichen:

(Rahulagupta) sandte ihn mit acht seiner Schüler, vier Männern und vier Frauen, die spärlich mit dem Knochenschmuck (der fortgeschrittenen Vajrayana-Praktizierenden) bekleidet waren, zum Palast zurück.

Drei Monate lang hielt sich Atisha mit diesen seltsamen neuen Gefährten in der Umgebung des Palastes auf und benahm sich dabei auf eine völlig unerhörte, Anstoß erregende Art und Weise. Schließlich sahen sich seine Eltern gezwungen, alle in ihren kostbaren Sohn gesetzten Hoffnungen aufzugeben. Im Glauben, er habe den Verstand verloren, erteilten sie ihm die uneingeschränkte Erlaubnis, mit seinen ziemlich unerquicklich ausse-

Abbildung 9: Atisha

henden Freunden davonzuziehen und für immer
Abschied zu nehmen.[15]

Jetzt konnte sich Atisha intensiver geistiger Schulung widmen.
Unter Avadhutipa, der die Überlieferungslinie der Weisheitsleh-
ren innehatte, studierte er die tiefgründige Wirklichkeitssicht des
Mittleren Weges und erhielt weitere Initiationen in die Vajrayana-
Praxis. Mit neunundzwanzig Jahren legte er auf Anraten Rahula-
guptas das Mönchsgewand an und erhielt den Ordinationsnamen
Dipamkara Shrijnana, Leuchte der ursprünglichen Weisheit.

Obwohl er weiterhin viele tiefgründige Unterweisungen empfing und tiefe Verwirklichungen erreichte, blieb Atisha unzufrieden. Da sagte sein Vajra-Meister Rahulagupta zu ihm:

> Es ist unwichtig, wie viele klare Visionen tantrischer
> Gottheiten du empfängst, du musst lernen, Liebe, Mit-
> gefühl und das hingebungsvolle Bodhicitta-Herz zu
> entwickeln.[16]

Diesem Rat entsprechend widmete sich Atisha der Praxis von
Avalokiteshvara und machte sich auf die Reise, um die Unterweisungen über die Entwicklung des kostbaren Bodhicitta von Dharmamati, dem Linienhalter dieser weitreichenden Lehren, zu
erhalten.

Dharmamati lebte in dem fernen Land Suvarnadvipa, auf den
Goldenen Inseln, und Atisha musste eine äußerst schwierige,
dreizehnmonatige Reise hinter sich bringen, um dorthin zu gelangen. Als er schließlich ankam, begab sich nicht sofort zu dem
berühmten Lehrer, sondern verbrachte stattdessen zwei Wochen
mit einer Gruppe von Schülern Dharmamatis. Er benutzte diese
Zeit, um die Fähigkeiten ihres Meisters zu prüfen, bevor er sich
entschloss, ihn als seinen Guru anzunehmen. Als beide sich
schließlich begegneten, schenkte Dharmamati Atisha eine Buddha-Statue und sagte voraus, eines Tages werde durch sein Wirken der Geist der Bewohner des nördlichen Schneelandes
gezähmt.

Atisha blieb zwölf Jahre lang in Suvarnadvipa – das die meisten
Gelehrten mit dem heutigen Indonesien identifizieren – und
erhielt die vollständige Übertragung der Lehren und Einsichten,

die Dharmamati von seinen eigenen spirituellen Lehrern empfangen hatte. Im Alter von fünfundvierzig Jahren kehrte er dann nach Indien zurück und wohnte danach vor allem in Vikramashila, einer der bedeutendsten nordindischen Klosteruniversitäten. Dort fanden ihn die Gesandten des tibetischen Königs Jangchub Ö und luden ihn ein, mit ihnen nach Tibet zurückzukehren und dort den reinen Buddhadharma wieder zur Geltung zu bringen. Nachdem er Tara um Rat gefragt hatte, entschied sich Atisha zur Reise.

Er war dreiundfünfzig Jahre alt, als er Vikramashila verließ, und brauchte zwei Jahre, um die mühsame Fahrt in die Hauptstadt Ngari hinter sich zu bringen. Dort richtete der König eine Bitte an ihn, deren Aufrichtigkeit und Schlichtheit Atisha sehr erfreute:

> Wir wollen keine Unterweisungen, die so umfassend und tiefgründig sind, dass wir niemals in der Lage sein werden, sie anzuwenden. Was wir benötigen, ist etwas, das unseren Geist zähmt und uns befähigt, mit der alltäglichen Unbeherrschtheit umzugehen... Bitte lehre uns die Mittel, die du selber anwendest.[17]

Als Antwort auf diese Bitten hielt Atisha eine Reihe von Lehrreden, die später zur Grundlage seiner einflussreichsten Schrift, *Leuchte auf dem Weg zum Erwachen*, wurden. In diesem kurzen Werk und in dem Kommentar, den er später dazu verfasste, teilte Atisha das gesamte Spektrum der Lehren, die er empfangen hatte, in einen Stufenweg für die fortschreitende Schulung des Geistes der Schüler ein. Er vermochte zu zeigen, dass das Sutra- und das Tantra-Fahrzeug, die viele Praktizierende in Tibet inzwischen als so verschieden voneinander empfanden, dass sie ihnen als ganz und gar gegensätzlich erschienen, in Wahrheit eine Einheit bildeten. Ferner konnte er einer weitverbreiteten Fehlauffassung des Vajrayana entgegenwirken, indem er hervorhob, dass ethische Disziplin die Grundlage ist, auf der jegliche erfolgreiche Praxis aufbauen muss. Wie Je Tsong Khapa ungefähr vier Jahrhunderte später schrieb:

> Wo immer die Lehre verschwunden war, führte er sie wieder ein; wo sie einen Niedergang erfahren hatte,

erweckte er sie zu neuer Blüte; und wo sie durch falsche Deutungen befleckt worden war, reinigte er sie. So brachte er den Dharma in Tibet in einen Zustand, der frei von Entstellung war.[18]

Unter den vielen Schülern, die Atisha in den siebzehn Jahren seines Aufenthaltes in Tibet um sich sammelte, war es der Laie Dromtönpa, der alle wesentlichen Überlieferungslinien des Meisters empfing und tradierte. Als Atisha mit zweiundsiebzig Jahren starb – wie es Tara fast zwanzig Jahre zuvor vorausgesagt hatte –, gründete Dromtönpa das Kloster Radreng, wo diese kostbaren Überlieferungslinien bewahrt und am Leben erhalten wurden. Dadurch wurde Radreng zum Ausgangspunkt der Kadam-Tradition, deren spätere Meister, die Kadampa-Geshes, der nach außen hin unscheinbaren, innerlich aber hochentwickelten Art von Praxis folgten, die Atisha selber bevorzugt hatte.

Die Kadampa-Geshes legten besonderes Gewicht auf die Lehren zur Geistesumwandlung (tib. *lo-jong*), die Atisha während seines Aufenthaltes auf den Goldenen Inseln empfangen und denen er einen so hohen Wert beigemessen hatte. Die folgenden Anweisungen wurden aus Atishas Lo-jong-Belehrungen ausgewählt, weil ihre direkte, handfeste Art für den pragmatischen Zugang der Kadam-Tradition typisch ist:

> Löse dich von Schläfrigkeit, Dumpfheit und Trägheit
> Und übe dich stets in freudigem Bemühen.
> Mit Geistesgegenwart, Achtsamkeit und Wachsamkeit
> Hüte stets jedes Sinnestor...
> Besiege Zorn und Anmaßung
> Und erwirb einen demütigen Geist...
> Wann immer sich Hochmut einstellt,
> Überwinde solchen Dünkel;
> Erinnere dich der Lehren deines Meisters.
> Wenn Verzagtheit entsteht,
> Preise die Erhabenheit des Geistes.
> Wann immer Objekte der Anziehung oder Ablehnung
>   entstehen,
> Meditiere über die Leerheit beider;
> Sieh sie als Illusionen und Emanationen.

Wenn du kränkende Worte hörst,
Betrachte sie als Echo...
Konzentriere dich stets auf deinen Yidam und,
Wann immer Trägheit oder Mattigkeit aufkommen,
Zähle dir selber deren Nachteile auf
Und empfinde Reue in deinem Herzen...
Wenn du anderen Rat erteilst,
Habe Mitgefühl und denke an ihr Wohlergehen.
Setze geistige Lehren nicht herab [19]
Und widme dich eifrig derjenigen, die du bewunderst...
Prüfe deine Rede, wenn du unter vielen Menschen weilst.
Prüfe deinen Geist, wenn du alleine lebst. [20]

Sakya Pandita

Als Atisha im Jahre 1040 von Ngari gen Norden reiste, rastete er eine Weile an einer Stelle, von der aus er zwei weibliche Yaks grasen sehen konnte. Kurz danach brachte er Niederwerfungen vor einem spiegelartigen Fleck grauer Erde dar, auf dem er die Silben *HRIH, DHIH* und *HUM* hatte erscheinen sehen. Es sind dies die Keimsilben von Avalokiteshvara, Manjushri und Vajrapani. Atisha deutete ihr Erscheinen dahingehend, dass er voraussagte, Emanationen dieser drei Gottheiten würden an diesen Ort kommen und zum Wohle aller lebenden Wesen wirken; dieses Wirken werde von zwei Aspekten des Schützers Mahakala gefördert. Im Jahre 1047 gründete Könchog Gyalpo aus der einflussreichen Familie der Khön an eben diesem Fleck grauer Erde (tib. *sa-kya*) das Kloster, in dem die Sakya-Tradition, geschützt durch zwei Aspekte von Mahakala, ihren Ursprung nehmen und eine ununterbrochene Abfolge erleuchteter Wesen ihr Glanz verleihen sollte.

Die speziellen Lehren der Sakya-Tradition lassen sich bis ins neunte Jahrhundert zu dem indischen Mahasiddha Virupa zurückverfolgen. Dieser große Gelehrte und Meditierende, der zuvor unter dem Namen Shri Dharmapala bekannt war, war Abt des berühmten nordindischen Klosters Nalanda geworden – manche Quellen bezeichnen ihn als Abt von Vikramashila – und praktizierte sein Leben lang das *Chakrasamvara-Tantra*.

Nachdem er sich dieser Meditationsgottheit jedoch jahrelang ohne Ergebnis gewidmet hatte, beschloss er, seine Übung aufzugeben und warf seinen Rosenkranz voll Widerwillen in die Latrine. In dieser Nacht erschien die Göttin Nairatma (wörtlich »Selbstlosigkeit«), die Gefährtin Hevajras, Dharmapala in einer klaren Vision in der Gestalt einer Frau von blauer Farbe, die zu ihm sagte:

Kostbarer Sohn, beende dieses ungebührliche Verhalten. Hole deinen Rosenkranz wieder, wasche ihn mit Duftöl und fahre fort, richtig zu üben. Ich bin die Gottheit, mit der du eine karmische Verbindung hast, und ich werde dich führen.[21]

Dann gab sie Dharmapala eine Einweihung in das Mandala Hevajras, und in den darauffolgenden Tagen machte er durch die Praxis dieses tantrischen Systems erstaunliche Fortschritte. Die Klostergemeinschaft erkannte, dass mit ihrem verehrten Meister, dessen Verhalten exzentrisch und unberechenbar geworden war, etwas Außergewöhnliches vorging. Die Klosterverwaltung sah sich schließlich genötigt, ihn um seinen Austritt zu bitten, und Virupa, der Hässliche – wie er sich jetzt selber nannte –, gab sein Mönchsgewand zurück, kleidete sich in Lumpen und Blumen und verließ Nalanda. Ab diesem Zeitpunkt ist seine Lebensgeschichte voller wundersamer Begebenheiten: So teilte er die Wasser des Ganges, überlebte verschiedene Versuche, ihn hinzurichten, und ließ einmal sogar die Sonne am Himmel stillstehen. Nachdem er durch diese Demonstration magischer Kräfte das Vertrauen vieler Menschen gewonnen hatte, konnte Virupa denen, die dafür reif waren, die Tradition der reinen Vajrayana-Praxis übertragen.

Aus der Perspektive späterer Generationen bestand Virupas größte Leistung in der Übermittlung der Lehren, die später als »Der Weg und seine Frucht« (tib. *lam-dre*) bekannt wurden. Diese beinhalten eine systematische Anordnung der gesamten Lehren von Sutra und Tantra in Zusammenhang mit der Meditationsgottheit Hevajra. Die in diesen Belehrungen dargelegte Perspektive ist als »die Untrennbarkeit von Samsara und Nirvana« bekannt. Wie ein zeitgenössischer Sakya-Meister es formuliert:

> Der Geist selbst, die Vereinigung von Lichtheit und Leerheit, ist die Wurzel von Samsara und Nirvana. Wenn er verschleiert ist, nimmt er die Form von Samsara an, und wenn er von allen Schleiern befreit ist, die Form von Nirvana. Der Schlüssel zur Buddhaschaft, zur letztendlichen Quelle des Wohlergehens aller Wesen, liegt in dieser Erkenntnis.[22]

Die Lam-dre-Lehren erreichten Tibet schließlich durch das Werk des Übersetzers Drogmi – eines Zeitgenossen Atishas und Lehrers von Marpa –, der sie an Könchog Gyalpo (1034-1102), den Gründer des Klosters Sa-kya, weitergab. Dann gingen sie über auf Könchog Gyalpos hervorragenden Sohn, Kunga Nyingpo (1092-1158), die prophezeite Emanation Avalokiteshvaras, der nicht weniger als elf Kommentare zu ihrer Praxis verfasste.

Kunga Nyingpo empfing nicht nur in einer klaren Vision Unterweisungen von Virupa, sondern erblickte bereits im Alter von zwölf Jahren Manjushri selbst und empfing von ihm den Verstext mit dem Titel »Die Loslösung von den Vier Arten der Anhaftung«:

> Wenn du Anhaftung an dieses Leben hast,
> dann bist du kein religiöser Mensch.
> Wenn du Anhaftung an die Welt der Erscheinungen hast,
> dann hast du keine Entsagung.
> Wenn du Anhaftung an deine eigenen Ziele hast,
> dann hast du nicht den Erleuchtungsgedanken.
> Wenn du nach etwas greifst, dann hast du nicht die Sicht.[23]

Diese und andere Unterweisungen – insbesondere diejenigen über die neuen oder Sarma-Übersetzungen der Tantras, die damals in Tibet verbreitet wurden – wurden die Grundlagen der Lehren der Sakya-Tradition und erhielten ihre spezifische Form durch die Nachfolger von Könchog Gyalpo, die Fünf Herausragenden.[24] Unter diesen fünf gilt zu Recht der für gewöhnlich als Sakya Pandita bekannte Kunga Gyaltsen (1181-1251; siehe Tafel 28) als der größte.

Schon von frühester Jugend an gab Kunga Gyaltsen durch viele Zeichen zu erkennen, dass er eine Emanation Manjushris, der Verkörperung erleuchteter Weisheit, war. Er sprach Sanskrit, bevor er alt genug zum Laufen war, und beherrschte schon als Junge die Medizin und verschiedene andere Künste und Wissensgebiete. Als er einmal in einem Stupa schlief, empfing er eine vollständige Belehrung über das *Schatzhaus des Abhidharma* direkt von dessen Autor, dem großen Meister Vasubandhu aus dem fünften Jahrhundert. Er befasste sich mit vielen Wissenszweigen und praktizierte Tantras wie Chakrasamvara und Guhyasamaja und meisterte sie vollkommen. Er war maßgeblich daran beteiligt, dass die Tradition der logischen Analyse in Tibet eingeführt wurde, und manche seiner Werke erlangten solche Berühmtheit, dass sie in Sanskrit-Übersetzung in Indien verbreitet wurden.

Er war zudem äußerst geschickt in der philosophischen Debatte und benutzte diese Fähigkeit, um Fehlauffassungen zu tilgen und Fehler in früheren Deutungen der buddhistischen Lehren zu korrigieren. Bei verschiedenen Gelegenheiten siegte er über nichtbuddhistische Meister. Einer seiner geschlagenen Gegner, der später buddhistischer Mönch wurde, rief aus:

Nicht du warst der, den ich nicht überwinden konnte, sondern vielmehr das orangefarbene Wesen mit dem Schwert an deiner rechten Schulter.[25]

Er meinte damit natürlich Manjushri, der während der Debatte neben Kunga Gyaltsen erschien.

Als er noch ein junger Mann war, erfuhr Kunga Gyaltsen von seinem Onkel:

In einem späteren Lebensabschnitt werden Botschafter aus dem weit entfernten Königreich der Mongolei zu dir gesandt werden... Wenn sie dich rufen, zögere nicht. Geh, denn dies bringt dem Dharma und den Lebewesen größten Gewinn.[26]

Diese Prophezeiung erfüllte sich, als der mongolische Herrscher Chinas, Fürst Godan, darum ersuchte, der Sakya Pandita möge als der berühmteste Weise seiner Zeit zu ihm kommen und ihm als geistiger Führer dienen. Also reiste er im Alter von dreiundsechzig Jahren an den mongolischen Hof nach China, wo er seine verbleibenden Jahre verlebte und die Verbreitung des Buddhaddharma förderte, indem er eine neue mongolische Schrift entwarf, in die der gesamte tibetisch-buddhistische Kanon schließlich übersetzt wurde.

Am Ende eines Lebens, das mit Lehrtätigkeit und der Sorge um das Wohlergehen anderer ausgefüllt war, legte Sakya Pandita seine Hand auf den Kopf seines jungen Neffen und Dharma-Erben Chogyal Pagpa – der der spirituelle Tutor Kublai Khans werden sollte – und sagte: »Übe Guru-Yoga, den einen Weg, dem alle Buddhas folgen.« Dann nahm er die volle Meditationshaltung an, hielt Vajra und Glocke vor sein Herz und trat in das Klare Licht des Todes ein. Obwohl alle Lebenszeichen aufgehört hatten, behielt sein Körper drei Tage lang sein strahlend frisches Aussehen. Während der folgenden Verbrennungszeremonie erschienen viele glückverheißende Zeichen am Himmel und wurden von allen Anwesenden bezeugt. Als später seine sterblichen Überreste untersucht wurden, waren auf seinen Knochen deutlich Bilder von Meditationsgottheiten wie Hevajra, Manjushri, Chakrasamvara, Avalokiteshavara und Tara zu sehen.

Sowohl in seinen Lehren als auch durch sein persönliches Beispiel zeigte Sakya Pandita, dass die spirituelle Praxis sowohl Studium als auch Meditation beinhalten muss. Und die Sakya-Tradition bringt immer noch Meister hervor – so wie ihr gegenwärtiges Oberhaupt, Seine Heiligkeit Sakya Trizin, Ngawang Kunga -, die sowohl für ihre Gelehrsamkeit als auch für ihre hohen Verwirklichungen berühmt sind. So orientieren sich die Angehörigen dieser ruhmreichen spirituellen Tradition auch noch nach siebenhundert Jahren an der Ermahnung Sakya Panditas:

»Meditiert! Es ist unnötig, aus Unterweisungen zu lernen«,
Sagt der geistlose Tor.
Kontemplation ohne vorherige Unterweisung ist,
Selbst eifrig betrieben, der Weg des Tieres.

Durch die Vervollkommnung der Weisheit
Unterscheidet sich Allwissenheit von gewöhnlichem Wissen.
Wie könnte diese untrügliche Lehre wahr sein,
Könnte man allwissend sein, ohne zu lernen?

Meditation ohne (vorheriges) Hören (der Lehre) wird,
Selbst wenn sie eine Weile gelingt, bald scheitern.
Du kannst Gold und Silber schmelzen,
Doch nimmst du sie vom Feuer, erstarren sie wieder.[27]

Marpa der Übersetzer und
Jetsün Milarepa

Wie der große Virupa der bedeutendste indische Meister der
Sakya-Tradition war, so sind die Mahasiddhas Tilopa (Abbildung
10) und Naropa die Wegbereiter der Kagyü-Schule. Tilopa (988-
1069) empfing die Belehrungen der Mahamudra unmittelbar von
Buddha Vajradhara, und von Vajrayogini empfing er die spezielle, nur mündlich tradierte Dakini-Überlieferungslinie. Beide gab
er weiter an Naropa (1016-1100), der sie seinerseits weitergab an
seinen tibetischen Schüler Marpa Chökyi Lodrö (1012-1096), der
bekannter ist unter seinem Namen Marpa der Übersetzer (Tafel
29). Marpas bedeutendster Herzenssohn und Dharma-Erbe war
der hoch verehrte Jetsün Milarepa (1052-1135; Tafel 30), und
durch diese beiden berühmten Stifter entstand die Kagyü- (die
»ins Ohr geflüsterte«) Tradition. Dank einer ununterbrochenen
Abfolge großer Praktizierender wie Gampopa, Pagmo Drupa und
die Gyalwa Karmapas hat sich diese Tradition ohne Verfallser-
scheinung bis zum heutigen Tag lebendig erhalten.

Milarepas Lehrzeit bei Marpa dient oft als Musterbeispiel für
die Guru-Schüler-Beziehung. Diese beiden waren in fast jeder
Beziehung voneinander verschieden – gemeinsam war ihnen nur
ihre tiefe Hingabe an den Dharma. Marpa war ein kräftig gebau-
ter, bärbeißiger Familienvater mit großem Anhang, während man
sich Milarepa oft als abgemagerten, auf den Bergen des Himalaya
einsam in Höhlen lebenden Asketen vorstellt, mit einer Haut, die
schon die grüne Farbe der Nesseln angenommen hatte, von denen
er sich kärglich ernährte. Doch wie die Übersetzer der Biographie
Marpas schrieben:

> Jeder von ihnen schuf sich seinen eigenen Weg auf der
> Basis dessen, was er war und worin seine Stärken bestan-
> den. Ihre Lebensgeschichten sind Beispiele, wie das
> eigene Leben – das Leben eines jeden – konsequent der
> Praxis und der Verwirklichung des Buddhadharma
> gewidmet werden kann.[28]

Es wäre unmöglich, den ereignisreichen Lebensgeschichten dieser beiden spirituellen Genies hier gerecht zu werden, doch eini-

Abbildung 10: Der Mahasiddha Tilopa

ge Kernpunkte lassen sich kurz erwähnen. Marpa unternahm seine erste Reise nach Indien aus Enttäuschung darüber, dass er die Dharma-Unterweisungen, die er wünschte, in Tibet nicht erhalten konnte. Er hatte vor, in den großen nordindischen Klöstern das Vajrayana zu studieren, doch er musste in Nepal einen dreijährigen Zwischenaufenthalt einlegen, um sich an die Hitze der tiefer gelegenen Zonen zu akklimatisieren. Dort begegnete er Schülern von Naropa und wusste sofort, dass dies sein Lehrer sein würde. Insgesamt reiste Marpa dreimal nach Indien und verbrachte dort einundzwanzig Jahre, davon sechzehn im Dienst Naropas. Er studierte auch bei Maitripa und empfing von diesem Mahasiddha eine weitere Mahamudra-Überlieferungslinie.

Der Ausdruck 'Mahamudra' umfasst ein weites Spektrum von miteinander in Verbindung stehenden Übungen, die alle zu einer unmittelbaren, intuitiven Erfahrung der letztendlichen Natur des Geistes führen. Durch intensives Praktizieren dieser Übungen ist es möglich, in unmittelbaren Kontakt mit der »Soheit« zu kommen, der tatsächlichen Bestehensweise der Dinge, frei von vorgefassten Meinungen und Urteilen, jenseits der Reichweite der Worte und des Intellekts. Wir erhalten eine ferne Ahnung von der durch Mahamudra-Meditation erreichbaren Freiheit durch eines der Lieder, die Marpa sang, um seine Verwirklichungen zum Ausdruck zu bringen; eine Strophe dieses Liedes lautet:

> Die Essenz der Verwirklichung ist das 'Jetzt',
> Unvermittelt geschehend, durch nichts zu vermehren,
>   durch nichts zu vermindern.
> Selbstbefreiung, gleichzeitig entstehende große
>   Glückseligkeit,
> Frei von Hoffnung oder Furcht, ist die Frucht.[29]

Während Marpas letzten Aufenthalts in Indien beschloss Naropa zu prüfen, ob der Tibeter in der Lage sei, die Überlieferung seiner Lehren zu übernehmen. Daher ließ er das gesamte Mandala Hevajras, Marpas Hauptmeditationsgottheit, erstehen und sagte zu seinem Schüler:

> Dein persönlicher Yidam Hevajra mit den neun Emanationsgöttinnen ist im Himmel vor dir erstanden. Wirst du dich vor mir oder wirst du dich vor dem Yidam niederwerfen?[30]

Da er dachte, den Anblick seines Guru sei er gewohnt, seine Meditationsgottheit aber sehe er zum allerersten Mal, warf sich Marpa vor dem strahlenden, schimmernden Mandala nieder, das vor ihm erschien. Daraufhin löste Naropa das gesamte Mandala wieder in sein eigenes Herz auf und ermahnte Marpa: Ohne den Guru gäbe es nicht einmal die Namen der erleuchteten Wesen. Dann sagte er voraus, obwohl Marpa acht Söhne habe, werde seine Dharma-Tradition nicht durch die Nachkommen seiner eigenen Familie weitergegeben werden. Doch er prophezeite ebenfalls:

> Obwohl deine Familientradition in diesem Leben unter-brochen werden wird, wird deine Dharma-Tradition weiterfließen wie ein breiter Strom, solange die Lehren Buddhas bestehen... Alle künftigen Schüler der Überlie-ferungslinie werden wie Kinder von Löwen und Garu-das sein, und jede Generation wird die vorangegangene noch übertreffen.[31]

Insbesondere prophezeite Naropa, Marpas Schüler Milarepa, dem Naropa nie begegnet war, werde zu besonderem Ruhm gelangen. Als Marpa Milarepa seinem Guru gegenüber zum ersten Mal erwähnte, faltete Naropa die Hände auf dem Kopf und sagte:

> Im pechschwarzen Land des Nordens
> Ist einer, der aufsteigt wie die Sonne über dem Schnee.
> Vor diesem Wesen mit dem Namen Thopaga (d.h. Milarepa)
> Verneige ich mich.[32]

Als Milarepa zum ersten Mal zu Marpa kam, machte er keines-wegs den Eindruck eines furchtlosen Löwen, eines Garuda oder einer strahlenden Sonne des Dharma. Er befand sich im Gegenteil in einem Zustand tiefster Verzweiflung. Milarepas Vater war ein wohlhabender Grundherr gewesen. Nach seinem Tod wurden Milarepas Mutter, seine Schwester und er selbst von einem skru-pellosen Onkel und dessen Frau um ihr Erbe betrogen und so bit-terster Armut preisgegeben. Um sich an diesen Menschen zu rächen, drängte Milarepas Mutter ihn dazu, die schwarze Magie zu erlernen, was er auch tat. Durch den Einsatz dieser Kräfte gelang es ihm, die Feinde seiner Mutter zu vernichten, wobei er jedoch zahlreiche Menschen und Tiere tötete. Entsetzt über die eigene Tat und voller Angst vor dem Schicksal, das ihm als Mörder bevorstand, suchte er verzweifelt nach Zuflucht bei einem Dharma-Meister, der ihn vor den Früchten seiner Untaten retten könnte. In dieser geistigen Verfassung vertraute er sich Marpa an.

Marpa behandelte den Bewerber sehr hart. Er nannte ihn zum Spott »den Zauberer« – ein Name, der ihm sehr lange anhaftete - , und weigerte sich, ihm irgendwelche Dharma-Unterweisungen zu erteilen. Wenn Milarepa wagte, den Raum zu betreten, in dem eine Initiation oder eine Belehrung stattfinden sollte, stieg Marpa stets wutentbrannt von seinem Thron, verpasste Milarepa eine gründliche Tracht Prügel und warf ihn hinaus! Statt ihn zu unterweisen, ließ Marpa Milarepa härteste körperliche Arbeit verrichten. Die berühmteste dieser Aufgaben bestand darin, eigenhändig einen Felsenturm zu errichten, den Milarepa dreimal niederreißen und wieder aufbauen musste.

Trotz bitterer Mühen diente Milarepa Marpa weiterhin mit unerschütterlicher Hingabe. Nachdem er Milarepa jahrelang so hart behandelt hatte, erkannte Marpa, dass seine Methoden endlich die gewünschte Wirkung erzielt hatten. Die Aufgaben hatten als Reinigungsübungen gedient, die Milarepa läuterten und ihn darauf vorbereiteten, Marpas tiefgründigstes Vermächtnis zu empfangen.

Daraufhin gewährte Marpa Milarepa die Kernunterweisungen der Lehren, die er selber von Naropa empfangen hatte, insbesondere die, die sich auf die Übungen Chakrasamvaras bezogen, und sandte ihn zu einer strengen Klausur in die Berge. Durch unermüdliches Bemühen und durch seine tiefe Hingabe zu seinem Guru vollbrachte Milarepa die höchste Aufgabe, die völlige Selbsttransformation, und erreichte innerhalb weniger kurzer Jahre die volle Erleuchtung der Buddhaschaft. Den Rest seines Lebens zog er von Ort zu Ort und offenbarte den Dharma durch spontane Lieder, die das Herz der einfachen Leute wie das der Gelehrten gleichermaßen berührten. Diese Lieder werden noch immer von den Tibetern gesungen, die völlig unabhängig von ihrer Zugehörigkeit zu einer bestimmten Tradition Milarepa mit bleibender Zuneigung als einen der ihren betrachten.

Bilder des Erwachens

Besonders reifen Schülern übertrug Jetsün Milarepa – Mila, der Ehrwürdige, der in Baumwolle gewandet ist – die tiefgründigen Belehrungen, die von Vajradhara über Tilopa, Naropa und Marpa auf ihn gekommen waren. Gampopa (1079-1153), einem Meister der Kadam-Tradition, übertrug er spezielle Belehrungen, die auf Tilopas Anordnung hin besonders geheim zu halten waren und über dreizehn aufeinanderfolgende Generationen vom Guru nur an einen einzigen Schüler überliefert werden sollten. Doch eine der kraftvollsten Belehrungen, die Milarepa Gampopa jemals gab, vollzog sich völlig ohne Worte. Milarepa hatte Gampopa zu einer Klausur fortgeschickt, als er seinen Schüler plötzlich zu sich zurückrief und ihm bedeutete, er habe eine weitere Reihe von Unterweisungen an ihn weiterzugeben. Dann hob er sein Baumwollgewand und zeigte Gampopa seine eigenen vernarbten, schwieligen Hintern zum Zeugnis der Jahre endloser Meditation, die er auf sich genommen hatte, um das Ziel des völligen Erwachens zu erreichen. Unter dem Eindruck dieser stummen Belehrung machte sich Gampopa wieder auf den Weg, entschlossen, genauso intensiv zu praktizieren.

Über die Jahrhunderte hinweg hat die Kagyü-Tradition eine ununterbrochene Abfolge hoch entwickelter Meister hervorgebracht, die sich denselben Übungen widmeten, die durch Marpa und Milarepa zur Vollendung gebracht wurden. Zu diesen Meistern gehören das verstorbene Oberhaupt der Kagyü-Tradition, Seine Heiligkeit der Sechzehnte Karmapa, Rangjung Rigpe Dorje (1923-1981), und Seine Eminenz der verstorbene Kalu Rinpoche (1904-1989), die beide von Angehörigen aller tibetischen Traditionen als Yogis mit außergewöhnlichen Verwirklichungen anerkannt werden. In seiner letzten öffentlichen Ansprache beschrieb Kalu Rinpoche die Haltung, die vom Schüler gegenüber seinem Guru zu entwickeln sei, folgendermaßen:

...das, was wir Buddha oder Lama nennen, ist nicht materiell in dem Sinne, wie Eisen, Gold oder Silber materiell sind. Ihr sollt ihnen nie mit einer solchen materialistischen Einstellung gegenübertreten. Die Essenz des Lama oder des Buddha ist Leerheit; ihre Natur Klarheit; ihre Erscheinung das Spiel ungehinderten Gewahrseins. Ansonsten haben sie keine reale, materielle Form,

Gestalt oder Farbe, so wie die leere Lichtheit des Raumes. Wenn wir wissen, dass sie von solcher Art sind, können wir Vertrauen entwickeln, unseren Geist mit ihrem verschmelzen und ihn friedvoll ruhen lassen. Diese Haltung und diese Übung sind am allerwichtigsten.[33]

Je Tsong Khapa

Während der sogenannten Kulturrevolution in China, als die Roten Garden in Tibet ihre schlimmste Verwüstung anrichteten, befand sich unter den vielen kostbaren Schätzen, die sie entweihten und plünderten, auch ein Grab in dem in der Nähe von Lhasa gelegenen Kloster Ganden. Zu ihrer Verblüffung entdeckten sie, dass der Leichnam in diesem Grab unverwest war und seine Haare und seine Fingernägel nach fünf Jahrhunderten immer noch wuchsen. Es handelte sich dabei um die sterblichen Überreste von Lama Tsong Khapa (1357-1409), einer der überragenden Gestalten in Tibets langer und an großen Persönlichkeiten nicht armen Religionsgeschichte.

Die Geschichte dieses ungewöhnlichen Yogis, Lehrers und fruchtbaren Autors beginnt zur Zeit Shakyamuni Buddhas, also vor mehr als zweitausendfünfhundert Jahren. Bei einer bestimmten Gelegenheit brachte ein Junge Buddha eine Muschel dar, ein Symbol für die Verbreitung des Dharma. Daraufhin weissagte Buddha seinem engen Schüler und Diener Ananda, dieser Junge werde dereinst im nördlichen Schneeland wiedergeboren werden; dort werde er ein großes Kloster gründen, einer heiligen Buddha-Statue eine Krone darbringen und großen Anteil an der Verbreitung des Buddhadharma haben. Des Weiteren sagte er voraus, diese künftige Inkarnation werde bekannt werden unter dem Namen Sumati Kirti – Ruhmreicher Reiner Geist -, auf tibetisch Losang Dragpa. Mehr als tausend Jahre später prophezeite der große Guru Rinpoche, Padmasambhava, ein voll ordinierter Mönch namens Losang Dragpa werde im Osten Tibets, an der Grenze zu China, geboren werden, und diese Bodhisattva-Emanation werde den vollständigen Sambhogakaya-Körper eines Buddha erlangen.

All dies ereignete sich genauso wie vorhergesagt. Je Tsong Khapa wurde im Jahr 1357 in Amdo in Osttibet unter glückverheißenden Vorzeichen geboren. Dort, wo seine Nachgeburt vergraben wurde, wuchs ein Baum, der auf seinen Blättern und auf seiner Rinde heilige Silben trug; dieser Baum steht heute noch, und selbst skeptische heutige Besucher der Stätte haben berichtet, dass sie diese von selbst enstandenen Zeichen mit eigenen Augen sahen. Der Bezirk, in dem er geboren wurde, heißt Tsong-Kha, »Zwiebelland«, und er gab Tsong Khapa den Namen, unter dem er heute am meisten bekannt ist.

Ein großer Lehrer aus Amdo namens Chöje Döndrub Rinchen hatte sich in Lhasa befunden, als er erfuhr, dass er nach seiner Rückkehr nach Hause einen Schüler vorfinden werde, der eine Emanation Manjushris sei. Dieser Schüler war, wie sich herausstellte, Je Tsong Khapa, der bereits als kleines Kind seine formelle Dharma-Ausbildung unter Döndrub Rinchen begann. Im Alter von drei Jahren empfing er die buddhistischen Laiengelübde von dem berühmten Vierten Karmapa, Rölpe Dorje[34], und als er sieben war, ordinierte sein Lehrer ihn zum Novizen und gab ihm seinen prophezeiten Namen, Losang Dragpa. In diesem Alter hatte Tsong Khapa bereits die Einweihung in so hohe Yoga-Tantra-Übungen wie Yamantaka und Hevajra erhalten und eine längere Meditationsklausur zu Chakrasamvara abgeschlossen.

Schließlich kam für Tsong Khapa die Zeit, nach Zentraltibet zu reisen, um seine spirituelle Schulung fortzusetzen. Vor seiner Abreise erteilte Döndrub Rinchen ihm Ratschläge, welche Schriften er zu Anfang studieren und welchen Meditationsgottheiten er sich für den Rest seines Lebens widmen sollte. Zu diesen gehörten Yamantaka für die Fortsetzung seiner Praxis, Vajrapani für die Freiheit von Unterbrechungen, Manjushri für das Anwachsen der Weisheit, Amitayus für langes Leben und Vaishravana, Mahakala und Dharmaraja (aus dem Yamantaka-Mandala) zum Schutz.

Im Alter von sechzehn Jahren kam Tsong Khapa in Drikung an, das eine Fünf-Tage-Reise von Lhasa entfernt lag, und empfing dort Unterweisungen zu Themen wie der kostbaren Bodhicitta-Motivation und zur tiefgründigen Mahamudra von dem berühmten, in Drikung lebenden Kagyü-Meister Chennge Chökyi Gyalpo. Damals studierte er auch die wichtigsten buddhistischen Abhandlungen zur Medizin und wurde bald für seine heilerischen Fähigkeiten bekannt.

Ab diesem Zeitpunkt ist Tsong Khapas Lebensgeschichte angefüllt mit zahlreichen Berichten über die großen Lehrer aller Traditionen, bei denen er studierte und von denen er tantrische Einweihungen erhielt, über die Geschwindigkeit und die Gründlichkeit, mit der er alles Erlernte meisterte, und über die wunderbaren Visionen, die erschienen, während Tsong Khapa von Ort zu

Ort reiste, um sein Verständnis und seine Verwirklichungen zu vervollkommnen. Besonders bemerkenswert war seine Beziehung zu dem bedeutenden Sakya-Meister Rendawa, von dem er Belehrungen über viele tiefgründige Themen erhielt, insbesondere über die Philosophie des Mittleren Weges (skt. *madhyamika*) des indischen Mahasiddha Nagarjuna. Ihre Beziehung war von solcher Art, dass jeder zum Meister des anderen wurde, und ihr ganzes Leben lang tauschten sie untereinander die verschiedenen Belehrungen aus, die sie von anderen Gurus erhalten hatten. Zu Ehren Rendawas verfaßte Tsong Khapa die folgenden Verse:

Manjushri, Herr makelloser Allwissenheit,
Avalokiteshvara, mächtiger Schatz unbefleckter Liebe,
O Rendawa Zhönnu Lodrö, Kronjuwel der tibetischen
   Weisen,
Dir zur Füßen bringe ich diese Bitte vor:
Gewähre mir, einer Fliege, die Befreiung sucht, deinen
   Schutz.[35]

Rendawa war der Meinung, solcher Lobpreis sei eher für Tsong Khapa als für ihn selbst angemessen, und wandelte sie folgendermaßen um:

Avalokiteshvara, großer Schatz objektlosen Mitgefühls[36],
Manjushri, Meister makelloser Weisheit,
Vajrapani, Zerstörer ausnahmslos aller Dämonen:
Tsong Khapa, Kronjuwel aller Weisen des Schneelandes,
Losang Dragpa, dir zu Füßen bringe ich meine Bitten
   dar.[37]

Es gehört immer noch zur Praxis der Schüler Tsong Khapas, diese Verse zu rezitieren, während sie auf Tsong Khapas Scheitel Manjushri visualisieren als Symbol der erleuchteten Qualitäten seines heiligen Körpers, Avalokiteshvara in seiner Kehle als Symbol seiner Sprache und Vajrapani in seinem Herzen zum Zeichen seines grenzenlosen Geistes.[38]
   Der Umfang von Tsong Khapas Gelehrsamkeit war außergewöhnlich. Er empfing und gab nicht nur Belehrungen auf der Grundlage der Werke Shakyamunis und seiner wichtigsten indi-

schen Kommentatoren – wie Nagarjuna, Asanga und Dharmakirti –, sondern er übertrug auch die Überlieferungslinien der großen
tibetischen Meister, die ihm vorausgegangen waren. Dazu
gehören die Hevajra-Überlieferungslinie der Sakyas, Mahamudra
und die Sechs Yogas von Naropa aus der Kagyü-Tradition Marpas und Milarepas, Kalachakra in der Tradition Butön Rinpoches,
die verschiedenen von dem Nyingma-Meister Kyungpo Lhaypa
gehaltenen Chakrasamvara-Überlieferungslinien und viele andere Unterweisungen, die hier in ihrer Fülle nicht aufgeführt werden können. Tsong Khapa widmete sich nicht nur dem Studium
und der Weitergabe dieser Überlieferungslinien, sondern erlangte
auch ihre inneren Verwirklichungen, indem er die entsprechenden
Meditationsklausuren absolvierte.

Während einer seiner Meditationsklausuren erfuhr Tsong
Khapa – oder Je Rinpoche, der Ehrwürdige Kostbare, als der er
bekannt wurde – klare, unmittelbare Visionen von Manjushri.
Von diesem Zeitpunkt an stand er in fortwährender Verbindung
mit dem Buddha der Weisheit und war in der Lage, viele schwierige Punkte sowohl der Sutras wie der Tantras zu klären, indem er
sich direkt mit ihm besprach. Die innige Verbindung zwischen
ihnen beiden spiegelt sich in der Art und Weise, wie Tsong Khapa
für gewöhnlich abgebildet wird: Dabei hält er das Schwert und
den Schrifttext, die Embleme Manjushris (siehe Tafel 31). Auf
manchen Abbildungen trägt er auch den Hut eines Pandits zum
Zeichen, dass er das gesamte Spektrum buddhistischer Lehren
gemeistert hat. Die goldgelbe Farbe dieses Hutes – die zugleich
die Farbe des Erdelements ist – kennzeichnet die Bedeutung, die
Tsong Khapa der reinen ethischen Disziplin als Basis oder Fundament der spirituellen Praxis zuerkannte.

Auf Manjushris Rat, aber auch aufgrund seines eigenen Wun-
sches, seine Verwirklichung des Dharma zu vervollkommnen, reiste Tsong Khapa mit acht seiner engsten Schüler in das südlich von
Lhasa gelegene Ölka Chölung, um sich in strengste Klausur zu
begeben. Während der ersten Phase dieser Klausur konzentrier-
ten sich die Meditierenden auf die verschiedenen vorbereitenden
Übungen, die Körper und Geist läutern und stärken, zur Ein-
stimmung auf die anschließenden fortgeschritteneren tantrischen
Yogas. Damit sie für ihre Ernährung auf niemand anderen angewiesen seien und während ihres intensiven Übens völlig isoliert

bleiben konnten, beschlossen sie, nur noch Wacholderbeeren zu sich zu nehmen. Die neun Yogis widmeten sich der gestellten Aufgabe mit großer Hingabe und höchster Konzentration. Je Tsong Khapa selbst brachte während dieser Klausur dreieinhalb Millionen Niederwerfungen und eine Million achthunderttausend Mandala-Opfergaben dar. Er übte so intensiv, dass seine Gestalt durch die vielen Niederwerfungen einen Abdruck auf dem Boden hinterließ und der Unterarm, mit dem er die Unterlage der Opfergabe abwischte, oft blutig gescheuert war.

Am Ende dieser vierjährigen Klausur, in der Tsong Khapa und seine Gefährten viele unmittelbare Visionen solcher erleuchteten Wesen wie des Medizin-Buddha empfingen, reisten sie zum Tempel von Dzing-ji Ling, wo sie dessen Hauptstatue, ein Standbild Maitreyas, in einem Zustand traurigen Verfalls vorfanden. Durch den Verkauf ihrer wenigen Habe und Opfergaben an Vaishravana, den Gott des Reichtums, gelang es ihnen, eine große Zahl von Menschen zusammenzubringen, die ihnen halfen, die Statue zu restaurieren. Durch diesen Akt der Hingabe wurde ein starkes Band mit dem zukünftigen Buddha geknüpft, und zwar nicht nur zum Wohle derer, die Tsong Khapa in seinem Bemühen unterstützten, sondern auch späterer Generationen.

Danach begaben sich Tsong Khapa und seine acht Schüler in die Berge, um intensiv weiterzuüben. Während dieser Zeit empfingen sie nicht nur Visionen verschiedener Gottheiten, sondern auch solcher großen Mahasiddhas und Pandits wie Nagarjuna, Asanga, Tilopa und Naropa. Bei einer berühmten Gelegenheit, die bis auf den heutigen Tag auf Gemälden dargestellt wird, erschien Manjushri und berührte Tsong Khapas Brust mit seinem Schwert. Sofort floss ein Strom von Nektar aus dem Herz der Gottheit in den Meditierenden und erfüllte ihn mit unbeschreiblicher Glückseligkeit. Diese Begebenheit wurde von seinen Gefährten bezeugt, die – je nach der Reinheit ihrer Sicht und dem Grad ihrer spirituellen Entwicklung – verschiedene Stufen ähnlicher Glückseligkeit erfuhren.

Es heißt, Tsong Khapa habe vier große Taten vollbracht, und die Restaurierung der Maitreya-Statue gilt als die erste. Die anderen sind seine besonders klaren und vollständigen Erläuterungen zu Shakyamunis Belehrungen über moralisches Verhalten (skt.

vinaya), wodurch er den Weg der ethischen Disziplin erhellte; das Darbringen einer goldenen Krone für die altehrwürdige Buddha-Statue im Haupttempel von Lhasa, wodurch er die von Buddha Shakyamuni ausgesprochene Weissagung erfüllte; und, gegen Ende seines Lebens, die Gründung und Weihe des Klosters Ganden in den Nähe von Lhasa, das zum Ursprungsort der Tradition wurde, die Tsong Khapas Methode von Studium und Praxis nach seinem Tod verbreiten sollte. Seit ihrer Gründung sind diese Tradition und ihre Anhänger unter verschiedenen Namen bekannt: »Gandenpa« erinnert an das erste Kloster der Schule; »Neue Kadam« verdeutlicht Tsong Khapas Hingabe an und seine Verbreitung von Atishas Überlieferungslinie; und »Gelugpa« – die Tugendhaften – spiegelt das große Gewicht, das diese Tradition stets auf ein reines sittliches Verhalten gelegt hat.

Obwohl Tsong Khapas Gelehrsamkeit bereits in seiner Jugend unübertroffen war und er als Lehrer und Meditationsmeister weithin berühmt war, blieb er unzufrieden mit seiner Verwirklichung der letztendlichen Sicht der Wirklichkeit, der Weisheit der Leerheit. Insbesondere bedurften für ihn bestimmte subtile Aspekte der tiefgründigen Madhyamika-Philosophie, wie sie die indischen Meister Nagarjuna, Buddhapalita und Chandrakirti dargelegt hatten, noch der weiteren Klärung. Daher zog er sich im Alter von vierzig Jahren aus dem aktiven Lehren zurück und begab sich in Klausur, um intensiv über diese Punkte zu meditieren. Daraufhin widerfuhr ihm – wie in der an ihn selbst gerichteten dichterischen Wiedergabe seiner mystischen Erfahrungen durch einen seiner Schüler geschildert – folgendes:

Eines Nachts träumtest du von Nagarjuna
Und seinen fünf geistigen Söhnen,
Die untereinander das Gewebe
Des bedingten Entstehens besprachen.
Aus ihrer Mitte trat Buddhapalita,
Der dich mit einem Band der Schriften berührte.[40]

Tsong Khapa erwachte mit einem Gefühl großer Glückseligkeit und öffnete sofort sein Exemplar des Werkes von Buddhapalita. In seiner Biographie wird berichtet:

Bilder des Erwachens

Während er die Worte las: »Das Selbst ist weder dasselbe wie die (geistigen und körperlichen) Aggregate noch ist es etwas anderes als diese Aggregate«, erkannte er mühelos die absolute Wirklichkeit und erlangte zugleich ein völliges Verständnis aller ... subtilen Unterscheidungen bezüglich der richtigen Sicht.[41]

In überströmender Freude und erfüllt von Vertrauen zu Shakyamuni Buddha, der ursprünglichen Quelle dieser Verwirklichung, verfasste er das Gedicht mit dem Titel »Lobpreis des bedingten Entstehens«, das die folgenden Strophen enthält:

O wunderbarer Lehrer, o wunderbare Zuflucht,
Höchster Verkünder, großer Schutzherr.
Ich huldige jenem großen Lehrer,
Der das bedingte Entstehen so deutlich dargelegt hat.

O Wohltäter, um alle Wesen zu heilen,
Hast du (das bedingte Entstehen) verkündet,
Die unvergleichliche Begründung für die Erkenntnis
Der Leerheit, die das Herz der Lehre ist.[42]

Diese Zeilen spiegeln Tsong Khapas Einsicht, die zu einem Kernpunkt seiner späteren Lehren und Schriften wurde, dass zwischen der Tatsache, dass jegliches Phänomen völlig ohne inhärente Eigenexistenz ist – d.h. zwischen seiner absoluten Wahrheit, der Leerheit – und seinem gültigen konventionellen Funktionieren gemäß den Gesetzen von Ursache und Wirkung, also seinem bedingten Entstehen, kein Widerspruch besteht.[43] Die wechselseitige Widerspruchsfreiheit der beiden Wahrheiten, der absoluten und der konventionellen, ist nach Tsong Khapas Darlegung die tiefgründigste Sicht der Wirklichkeit, die tatsächliche Bedeutung, die Shakyamuni, Nagarjuna und alle erleuchteten Wesen zum Ausdruck gebracht haben.

Unter den vielen Menschen, die Tsong Khapa sehen wollten, befanden sich einige, die sein Verständnis im Verhältnis zu ihrem eigenen prüfen und mit ihm debattieren wollten. Ein solcher Herausforderer war Gyaltsab Dharma Rinchen, ein großer Gelehrter

Abbildung 11: Je Tsong Khapa mit Gyaltsab Je (zur Rechten) und Khedrup Je (zur Linken)

225

der Sakya-Tradition. Er traf während einer Lehrrede Tsong Khapas ein und setzte sich, aufgebläht vom Gefühl seiner eigenen Wichtigkeit, nicht zu den Schülern, sondern auf den Lehrthron des Guru. Tsong Khapa rückte lediglich ein wenig zur Seite, um ihm Platz zu machen, und fuhr in seiner Belehrung fort. Während Gyaltsab zuhörte, fühlte er sich durch die Tiefgründigkeit von Tsong Khapas Weisheit und Geschicklichkeit immer stärker beeindruckt. Erst setzte er zum Zeichen der Ehrfurcht seinen Hut ab, dann machte er Niederwerfungen, und schließlich nahm er bescheiden zwischen Tsong Khapas Schülern Platz.

Obwohl Gyaltsabs erste Tat, nämlich auf Je Rinpoches Sitz Platz zu nehmen, anmaßend gewesen war, erwies sie sich für die Zukunft als günstiges Omen; nach Tsong Khapas Ableben ging der Lehrmantel des Meisters auf Gyaltsab Je über, und er wurde der erste Thronhalter von Ganden (tib. *Ganden Tri-pa*); diesen Titel tragen die jeweiligen Oberhäupter der Gelug-Tradition bis heute.

Tsong Khapa wird oft abgebildet, wie er zur Rechten von Gyaltsab Je und zur Linken von einem anderen seiner Hauptschüler, von Khedrub Chöje Gelek Palzangpo (Abbildung 11) flankiert wird.[44] Letzterer sorgte für die Verbreitung der tiefgründigsten tantrischen Überlieferungslinien seines Lehrers und war Gyaltsabs Nachfolger als Oberhaupt der Gelugpa-Tradition. In einer der meistpraktizierten Guru-Yoga-Visualisationen der Gelugpa erscheinen Tsong Khapa und seine beiden Nachfolger, wie sie aus dem Herzen von Buddha Maitreya emanieren; Tsong Khapa hält die Attribute Manjushris, während Gyaltsab Je den friedvollen Ausdruck des mitfühlenden Avalokiteshvara und Khedrub Je den energievollen Blick Vajrapanis, des Herrn über die Tantras, zeigen. Mit dieser Visualisation vor dem geistigen Auge und mit tiefem Vertrauen zu ihrem persönlichen Guru, der untrennbar eins ist mit Je Rinpoche, rezitieren die Übenden das bereits zitierte Lobgedicht Rendawas.

Ein anderer hoch entwickelter Schüler Tsong Khapas war Gendün Drub, der Gründer des berühmten Klosters Tashi Lünpo, das später zum Sitz der als Emanationen von Amitabha Buddha anerkannten Panchen Lamas wurde. Gendün Drub selbst galt als eine Inkarnation von Atishas Hauptschüler Dromtönpa und wie dieser als Emanation Avalokiteshvaras. Er ist der erste in der Abfol-

Abbildung 12: Khedrup Jes Vision von Tsong Kahpa

ge der vierzehn als Dalai Lamas bekannten inkarnierten Meister, die seit der Zeit des großen Fünften Dalai Lama im siebzehnten Jahrhundert die weltlichen und geistlichen Oberhäupter des tibetischen Volkes sind.

Auch wenn der Dalai Lama der höchstrangige Lama der tibetischen Hierarchie ist, ist er nicht das Oberhaupt der Gelug-Tradition. Diese Position haben die jeweiligen Thronhalter von Ganden inne; der gegenwärtige, der achtundneunzigste, ist Ganden Tri Rinpoche Jampel Shenpen. Die Dalai Lamas selbst waren stets Meister eines weiten Spektrums von Lehren und Übungen; der Große Fünfte, um nur ein Beispiel zu zitieren, war Träger vieler Nyingma-Überlieferungslinien und ein Entdecker von Schatz-Texten, die Guru Rinpoche, Padmasambhava, verborgen hatte.

Obwohl Tsong Khapa relativ früh, nämlich im Alter von zweiundsechzig Jahren, verstarb, hinterließ er ein gewaltiges Erbe. Sein achtzehn umfangreiche Bände umfassendes Werk beinhaltet alles, von hingebungsvollen Gebeten bis zu eingehenden Analysen so komplexer Themen wie der Madhyamika-Sicht der Wirklichkeit oder Guhyasamajas Übungen zum Illusionskörper. Am nachdrücklichsten ist er der Nachwelt jedoch durch seine beiden enzyklopädischen Werke *Große Darlegung der Stufen des Pfades* und *Große Darlegung des Geheimen Mantra* im Gedächtnis geblieben. In diesen umfangreichen Texten ordnete er die vollständigen Wege der Sutras und der Tantras zu einem einheitlichen, auf die Bedürfnisse der Praxis zugeschnittenen Ganzen. In diesem Bemühen folgte er dem Beispiel Atishas;[46] tatsächlich empfing er bei der Abfassung von *Stufen des Pfades* Visionen dieses großen Meisters und aller Gurus der Überlieferungslinie bis hin zu Shakyamuni selbst.

Selbst als er sich allen Anzeichen zufolge bereits auf sein baldiges Ableben vorbereite, gab Tsong Khapa weiter Belehrungen und widmete sich seiner persönlichen Meditationspraxis. Damit fuhr er fort bis zum Morgen des fünfundzwanzigsten Tages des zehnten tibetischen Monats; dieser Tag ist für Chakrasamvara-Praktizierende von besonders großer Bedeutung. Im Morgengrauen brachte er eine spezielle Abfolge tantrischer Opfergaben dar und hörte dann auf zu atmen. Daraufhin nahm sein Körper die strahlende Gestalt des jugendlichen Manjushri an und sandte vielfarbige Lichtstrahlen aus; dies war das Zeichen, dass Tsong Khapa wie vorhergesagt nach dem Klaren Licht des Todes in der Gestalt eines vollkommenen Sambhogakaya Erleuchtung erlangte. Wie es bei hoch entwickelten Lehrern üblich ist, verwandten seine Schüler besondere Sorgfalt auf die Behandlung von Tsong Khapas Leichnam. Nachdem sie von verschiedenen Orakeln Rat eingeholt hatten, beschlossen sie, ihn in einem Schrein innerhalb eines Stupa zu verwahren; dieser Stupa blieb bis zu den zu Anfang dieses Abschnitts erwähnten Ereignissen der Kulturrevolution unangetastet.

Selbst nach seinem Ableben war Je Tsong Khapa für viele seiner Schüler weiterhin eine lebendige Inspiration. Insbesondere Khedrub Je empfing verschiedene Visionen seines verstorbenen Meisters, der Fragen beantwortete, die sein treuer Schüler ihm stellte, und ihn ermutigte, die Schwierigkeiten, die sich ihm boten, zu überwinden. In einer dieser Visionen (siehe Abbildung 12) erschien Tsong Khapa, ein Schwert und eine Schädelschale haltend, auf einem Tiger und verkündete Khedrub Je, er weile jetzt im Reinen Land Tushita, der Stätte von Maitreya Buddha. Es heißt, dass er dort verweilen wird, bis die Zeit kommt, zu der er als der elfte der eintausend Gründer-Buddhas erscheinen wird, deren Herabkunft für das gegenwärtige Zeitalter geweissagt ist. Dann wird er herabsteigen und das Rad des Dharma drehen, wie es Shakyamuni tat, und die vollständigen Wege der Sutras und der Tantras offenbaren.

Die Wertschätzung, die Manjushri Je Tsong Khapa, wie er oft genannt wird, von seinen Zeitgenossen und späteren Generationen entgegengebracht wurde, hat sich in vielen Lobpreisgedichten niedergeschlagen, die nicht nur von Angehörigen seiner Gelug-Tradition, sondern auch von Schülern anderer Traditionen verfasst wurden. Als der Achte Karmapa, Mikyö Dorje (1507-1554), der große Kagyü-Gelehrte und Yogi, in Tibet über den Charida-Paß reiste, da – so lauten seine eigenen Worte – »entströmten ihm Gedanken an den unvergleichlichen Tsong Khapa«, und es drängte ihn, eine Huldigung zu verfassen, die die folgenden Verse enthält:

Zu einer Zeit, da beinahe alle in diesem Nördlichen Land
Ganz und gar im Gegensatz zum Dharma lebten,

Da, o Tsong Khapa, hast du ohne Trug die Lehren zu
neuem Glanz erweckt.
Darum singe ich dieses Lob dir vom Berge Ganden.

Als die Lehren der Sakya, Kagyü, Kadam
Und Nyingma-Schulen in Tibet verfielen,
Da hast du, o Tsong Khapa, Buddhas Lehre wiederbelebt,
Darum singe ich dieses Lob dir vom Berge Ganden.

In nur wenigen Jahren fülltest du
Das Land von Indien bis nach China
Mit unvergleichlichen Trägern der Safrangewänder.
Darum singe ich dieses Lob dir vom Berge Ganden.

In eigner Person und im Traum kommst du zu denen,
Die sich auch nur einmal an dein Bild erinnern.
Tsong Khapa, der aus mitfühlenden Augen blickt,
Ich singe dieses Lob dir vom Berge Ganden.

Von erhabener Entsagung und Zucht,
Waren Gestalt und Duft deines Lebens unvergleichlich.
O Tsong Khapa, du Gezähmter, der den Buddhas wohl-
gefällt,
Ich singe dieses Lob dir vom Berge Ganden.

Durch die Kraft der Söhne deiner Traditionslinie
Und dadurch, dass ich Dir voll Vertrauen dieses Lob darbot,
Möge das erleuchtete Wirken Buddha Shakyamunis
Die Erde für die Dauer kommender Äonen durchdringen.[47]

7 Maitreya, der künftige Buddha

So wie die Liebe – der Wunsch, dass andere glücklich sein mögen – die Motivation dafür bildet, den Übungsweg des Vajrayana zu beschreiten, so ist der offene, grenzenlose Ausdruck dieser Liebe eines der sprechendsten Zeichen dafür, dass diese Übung erfolgreich war. Die liebevolle Ausstrahlung eines spirituellen Meisters ist, auch wenn sie sich in Strenge oder Zorn hüllt, die besondere Qualität, die Herz und Geist anderer gewinnt und bindet, und es heißt oft, die Liebe eines Guru zu seinen Schülern sei weit größer als seine Liebe zu sich selbst. Sinnvollerweise schließt daher diese Einführung in die Welt des Vajrayana mit dem Buddha der Liebenden Güte, dem Sieger Maitreya (Tafel 32).

Die Geschichte Maitreyas beginnt vor unzähligen Zeitaltern zur Zeit des Buddha Ratna-chattra. Einer von dessen Schülern war der Mönch Sthiramati, dem an dem Wohlergehen anderer unendlich viel mehr gelegen war als an seinem eigenen. Oft weigerte er sich, Nahrung zu sich zu nehmen, bevor er nicht eine durch ein vorheriges Gelöbnis festgelegte Zahl von Wesen auf den Weg der reinen ethischen Disziplin, der Sammlung und der Weisheit geführt hatte. Sein Einsatz für das Glück anderer war so stark und seine Güte und seine Liebe (skt. *maitri*) so strahlend, dass ihn sogar die Götter des Himmels priesen und ihm den Titel »Liebender« oder Maitreya verliehen. Buddha Ratna-chattra weissagte, in all seinen künftigen Wiedergeburten als Bodhisattva

231

werde er unter diesem Namen bekannt sein und sein Ruhm werde sich weithin verbreiten. Außer der liebenden Güte war eine der Hauptübungen Maitreyas die sogenannte *Puja der Sieben Zweige*. Diese wirkungsvolle Methode zur Überwindung der Verblendungen, zur Reinigung von Negativität und zum Ansammeln verdienstvoller Energie ist ein wesentlicher Bestandteil buddhistischer Praxis; ihre Hauptpunkte werden in den folgenden Versen genannt:

> Mit Körper, Sprache und Geist verneige ich mich voll
>   Vertrauen,
> Wolken von Opfergaben bringe ich dar, tatsächliche und
>   geistig vorgestellte.
> Ich bekenne alle negativen Handlungen, begangen seit
>   anfangsloser Zeit,
> Und erfreue mich an den Verdiensten aller Wesen.
> O Gurus, bitte verweilt bei uns, bis Samsara endet
> Und dreht das Rad der Lehre zum Wohle aller.
> Meine eigenen Verdienste und die aller anderen
> Widme ich der höchsten Erleuchtung.[1]

Durch das aufrichtige Üben dieser sieben Zweige – Niederwerfung, Darbringung von Gaben, Bekennen der unheilsamen Handlungen, Freude an heilsamen Handlungen, Bitte an die Guru-Buddhas zu verweilen, Ersuchen um Belehrungen und Abschlusswidmung – erlangte Maitreya schließlich die volle Erleuchtung.

Obwohl Maitreya die Buddhaschaft vor Shakyamuni verwirklichte, ehrte er Shakyamuni als seinen Guru und erwies ihm tiefen Respekt. Eine Darstellungsweise zeigt Maitreya mit einem Stupa als Scheitelschmuck; der Stupa versinnbildlicht Shakyamuni, und seine Position auf Maitreyas Scheitel ist ein Zeichen höchster Ehrfurcht. Zu der Zeit, da Shakyamuni als vierter Gründer-Buddha des gegenwärtigen Zeitalters erschien, manifestierte sich Maitreya – gemeinsam mit Avalokiteshvara, Manjushri und anderen – als einer seiner Schüler, um zu zeigen, auf welche Weise der Bodhisattva-Weg zu beschreiten sei.

Shakyamuni weissagte, infolge des unvermeidlichen Niedergangs der Zeiten würden seine eigenen Lehren nur fünftausend Jahre überdauern, bevor sie aus dieser Welt verschwänden. Die

Menschen werden immer zuchtloser, ihre Lebensspanne nimmt immer mehr ab und ebenso auch ihre Gesundheit, ihre Körpergröße und ihr Wohlstand. Während Verblendungen wie Geiz, Hass und Eifersucht an Stärke zunehmen, durchlebt die Welt lange Perioden des Hungers, der Seuchen und der ständigen Kriege, bis sie schließlich aussieht wie ein riesiges Schlachtfeld oder ein Friedhof. Daraufhin wird Maitreya erscheinen, nicht in seiner völlig entfalteten Buddha-Gestalt, sondern als ein Mensch von königlichem Äußeren, von auffallender Schönheit und von höherem Wuchs als die Menschen seiner Umgebung. Beim Anblick dieses ungewöhnlichen Wesens werden die Menschen mit Staunen und Vertrauen erfüllt sein und fragen, wie er zu diesem anziehenden Äußeren kam. Darauf wird Maitreya antworten: »Durch die Übung der Geduld, indem ich es vermied, anderen Schaden zuzufügen. Wenn auch ihr Liebe und Duldsamkeit übt, werdet auch ihr mir ähnlich werden.«

Maitreyas Erscheinen wird einen großen Wendepunkt in den Geschicken dieser Welt bedeuten. Dadurch, dass immer mehr Wesen seinem Beispiel folgen, wird ihr Schatz an Verdiensten und dementsprechend auch ihre Lebensspanne zunehmen. Schließlich werden die Menschen so lange bei voller Gesundheit leben, dass die Leiden von Alter und Tod kaum mehr bekannt sind. Daraufhin werden die Menschen immer zuchtloser werden und ihr Herz an weltliche Freuden hängen. Durch diesen Verfall der Disziplin wird ihre Lebensspanne erneut abnehmen und ihr Leben härter werden, bis die Wesen wieder die richtige Reife dafür haben, sich aufrichtig dem spirituellen Weg zuzuwenden. Zu dieser Zeit wird Buddha Maitreya aus dem Buddha-Bereich Tushita, in dem er gegenwärtig verweilt, herabsteigen, um als fünfter Gründer-Buddha dieses Weltzeitalters zu erscheinen.

Maitreya ist auf Tafel 32 in einer Haltung abgebildet, die zum Ausdruck bringt, dass er bereit ist, sich als Antwort auf die Nöte der Welt zu erheben und herabzusteigen, um das Rad des Dharma zu drehen, wie es Shakyamuni vor ihm getan hat. Seine Hände befinden sich in der Mudra des Lehrens an seinem Herzen und halten die Stengel zweier Lotosblüten; diese tragen ein Rad, was auf seine Rolle als nächster, das Rad drehender Gründer-Buddha hinweist, und eine Vase zum Zeichen dafür, dass Maitreya im Gegensatz zu Shakyamuni, der in eine Königsfamilie geboren wurde, ein Mitglied der Priester- oder Brahmanenkaste sein wird. Über seinem Kopf befindet sich ein Schirm – eines der acht Glückssymbole –, der Maitreyas Fähigkeit ausdrückt, Schutz vor dem Einfluss böser Mächte zu gewähren. Auf diesem Gemälde hat der Künstler Maitreya mit einer leuchtenden Aura umgeben, um anzudeuten, dass durch den Buddha der Liebenden Güte das Licht der Hoffnung für die Zukunft erstrahlt.

Die erste der vier großen Taten Je Tsong Khapas war die Restaurierung einer Maitreya-Statue. In Bezug auf diese Tat schrieb einer von Tsong Khapas Hauptschülern, Gendün Drub, der Erste Dalai Lama:

> Mögen die Wesen, die dabei mitwirken,
> Statuen Maitreyas, des Buddhas der Liebe, zu schaffen,
> Den Dharma des Großen Weges erfahren
> In Maitreyas eigener Gegenwart.[2]

In diesen Versen gibt der Dalai Lama einem Wunsch Ausdruck, der unter den Anhängern des Mahayana-Buddhismus verbreitet ist: dass sie in Zukunft als Schüler Maitreyas wiedergeboren werden mögen. Die folgenden von einem zeitgenössischen tibetischen Meister verfassten Strophen sind ein Beispiel für ein dementsprechendes Gebet:

> Vormals bin ich auf endlosen, einsamen Pfaden gewandert,
> Doch möge nun, o Schutzherr, indem ich deiner gedenke,
> Wenn das Licht meines Lebens untergeht,
> Der Haken deines Erbarmens meinen Geist ergreifen.

> Wenn mein Geist weiterwandert zu meiner künftigen
>   Wiedergeburt,
> Möge ich in der Gegenwart Maitreyas im Tushita-Himmel
> Ungehindert dem Herzen eines Lotos entsprießen
> Und möge ich vom Ambrosia des Mahayana genährt werden.

> O Schutzherr Maitreya, wenn du an der Stätte Bodh Gaya
> Der Lama unzähliger Wesen bist,
> Möge dann auch ich einer deiner Hauptschüler werden
> Und in der Lage sein, alle karmisch Begünstigten zur
>   Reife zu führen.

So widme ich denn jegliches weiße Karma,
Dass ich in Vergangenheit, Gegenwart und Zukunft
    ansammle,
Dem Ziel, in deiner Gegenwart wiedergeboren zu wer-
    den, o mächtiger Schutzherr.
Möge ich, indem ich Einsicht in den Mahayana-Weg
    entwickle
Und andere unterweise, eine wahre Zuflucht werden
Für jedes gepeinigte und bedrückte Lebenwesen.[3]

Shakyamuni prophezeite, diejenigen, die seiner Lehre folgten,
würden im ersten Kreis von Maitreyas Gefolge wieder geboren
werden und in der Lage sein, den spirituellen Weg unter seiner
Leitung zu vollenden. Daher werden bei dem Gelöbnis, sich im
altruistischen Verhalten eines Bodhisattva zu üben, üblicherweise
die folgenden Verse rezitiert:

Wenn, gleich der Sonne, die über den Bergen aufsteigt,
Buddha Maitreya auf dem Diamantsitz[4] erscheint
Und meinen Lotosgeist öffnet, möge ich alle Bedürfnisse
Der Schwärme der vom Glück begünstigten Schüler stillen,
Die sich versammeln werden wie durstige Bienen,
    die zu trinken wünschen.

Und wenn Buddha Maitreya mir mit großer Freude
Die Hand aufs Haupt legt und weissagt, wo und wann
Ich volle Erleuchtung erlangen werde, möge ich
Diese Erleuchtung rasch zum Wohle aller erreichen.[5]

Es ist nicht immer notwendig zu warten, bis Maitreya das nächste Mal in dieser Welt erscheint, um unmittelbaren Nutzen durch
ihn zu erlangen. Eine der meistverbreiteten Geschichten, in denen
berichtet wird, wie man auch gegenwärtig mit ihm in Verbindung
treten kann, handelt von dem indischen Meister Asanga[6], der
gemeinsam mit Nagarjuna als eines der beiden Kronjuwelen der
Welt geachtet wird. Asanga war es schwergefallen, zu einem feh-
lerfreien Verständnis der Prajnaparamita-Sutras zu gelangen, und
er war zu dem Schluss gekommen, nur von Maitreya könne er die
gewünschten Unterweisungen erhalten. Er begab sich darum in

235

eine strenge Klausur in der Hoffnung, eine direkte Vision dieses Buddhas zu empfangen. Doch nach drei erfolglosen Jahren brach er seine Klausur verärgert ab. Auf seinem Weg in die Stadt sah er einen alten Mann, der in Wirklichkeit eine Emanation Maitreyas war; dieser Mann versuchte, einen Stein, der die Sonne von seinem Haus abhielt, zu entfernen, indem er mit einer Feder darüberstrich. Asanga nahm dies als Zeichen, dass mit entschlossenem Bemühen alles zu erreichen sei, und begab sich in seine Klausur zurück.

Drei weitere Jahre gingen vorüber, danach abermals drei, und keines brachte ein Ergebnis. Aber jedes Mal, wenn Asanga aufgab, traf er jemanden, der sich an einer unmöglichen Aufgabe versuchte und ihm dadurch Mut machte, zu seiner Übung zurückzukehren. Nachdem er nach zwölf Jahren schließlich immer noch nichts vorzuweisen hatte, was seinen Einsatz gelohnt hätte, gab Asanga seine Praxis endgültig auf. Diesmal bot sich ihm auf seinem Weg in die Stadt ein jämmerlicher Anblick: Da lag am Boden ein verhungernder, räudiger Hund, in dessen Wunden Maden wühlten. Aus Mitgefühl mit dem Hund und in der Absicht, das Leben der Maden zu schonen, schnitt er sich ein Stück Fleisch aus dem Körper und bückte sich, um die Tierchen auf das Fleisch zu befördern; um ihnen nicht wehzutun, benutzte er dazu die Zunge. Er schloss die Augen, um nicht sehen zu müssen, was er da tat, und beugte sich tiefer. Doch obwohl er sich weit vorbeugte, spürte er nichts. Als er die Augen öffnete, um zu sehen, was geschehen war, war der Hund verschwunden und an seiner Stelle stand da Maitreya in all seiner Herrlichkeit.

Asanga war so bestürzt, dass er fragte: »Wo warst du all die Jahre, die ich in der Höhle meditiert habe?« Maitreya antwortete, er sei die ganze Zeit um ihn gewesen und nur seine Verblendungen hätten Asanga daran gehindert, ihn zu sehen. Jetzt, da seine mitfühlende Tat den Schleier dieser Verblendungen beseitigt hatte, gab es nichts mehr, das sie daran hinderte, sich direkt zu verständigen. Asanga war so außer sich vor Freude, dass er trotz Maitreyas Widerstreben den Buddha auf seine Schultern hob und durch die Stadt rannte mit dem Ruf: »Schaut alle her, hier ist Maitreya!« Doch mit Ausnahme einer alten Frau sah niemand etwas anderes als einen offenbar geistesgestörten Mann, der durch die Straßen lief. Jene alte Frau, deren Schleier der Verblendung etwas dünner war als der der anderen Dorfbewohner, sah, dass Asanga einen räudigen Hund auf den Schultern trug.

Daraufhin ergriff Maitreya Asanga und trug ihn auf der Stelle in das Reine Land Tushita. Dort verbrachten sie einen Morgen, an dem Asanga von Maitreya ausführliche Unterweisungen über die Prajnaparamita-Sutras in der Form von fünf Texten erhielt, die immer noch einen festen Bestandteil des Studiums an den buddhistischen Klosteruniversitäten bilden.[7] Nachdem er Asanga diese Lehren überliefert hatte, brachte Maitreya ihn in diese Welt zurück, wo Asanga entdeckte, dass während seiner Abwesenheit fünfzig Jahre vergangen waren. Den Rest seines langen Lebens verwandte Asanga darauf, diese Lehren und seine eigenen Kommentare zu ihnen zu verbreiten und auf diese Weise anderen einen unschätzbaren Dienst zu erweisen.

In einer der Schriften Maitreyas, die Asanga der Welt offenbarte – im *Uttaratantra* oder *Höchsten Kontinuum* – finden sich ausführliche Belehrungen über die Buddha-Natur oder das Buddha-Potential, das im Geist aller Lebewesen existiert. Eben dieses Potential ermöglicht es gewöhnlichen Wesen, sich mittels der auf Liebe und Mitgefühl basierenden Übungen des Vajrayana in völlig erwachte Wesen zu verwandeln. So ist es angemessen, dieses Kapitel über Maitreya und diese Einführung in die Kunst des Vajrayana mit einem der neun Gleichnisse abzuschließen, mit denen Maitreya die Existenz dieses unendlichen Potentials in unserem begrenzten Geist sinnbildlich ausgedrückt hat:

> Unter dem Boden des Hauses eines armen Mannes liegt
>   ein unversehrter Schatz,
> Den noch nie jemand angerührt hat;
> Doch da der Mann von seiner Existenz nichts weiß,
> Sagt er nicht, er sei reich.
> In ähnlicher Weise liegt im eigenen Geist die Wahrheit
>   selbst, unversehrt und nie schwindend,
> Aber weil die Wesen sie nicht sehen, erfahren sie einen
>   ständigen Strom des Leidens.
>
> Der Arme, unter dessen Hütte ein Schatz vergraben liegt,
> Sagt nicht, er habe einen Schatz, denn er weiß es nicht:

Ebenso liegt der Schatz der Wahrheit im Haus des Geistes,
Doch wir leben mittellos, weil wir seiner ermangeln.
Darum nehmen die Seher eine reine Geburt in der Welt an,
Damit dieser (Schatz) bekannt gemacht werde.[8]

Abbildung 13: Die Augen des Stupa von Boudhanath

Nachwort des Künstlers

Meine eigene Einführung in die Welt der tibetischen Thangka-Malerei fand im nepalesischen Kathmandu-Tal in der Nähe des Boudhanath-Stupa statt. Im Jahre 1973 war das den Stupa umgebende Dorf viel kleiner als heute und wies nur ein paar buddhistische Tempel auf. Heute hingegen besitzt Boudha zahlreiche Tempel und Klöster, die den verschiedenen buddhistischen Traditionen angehören, und das Dorf ist inzwischen eine wichtige Etappe auf der Pilgerroute nach Bodh Gaya, Sarnath, Kushinagar und Lumbini[1]. Trotz dieser Veränderungen und der hektischen »Modernisierung« Kathmandus ist der Boudhanath-Stupa nach wie vor ein beeindruckender Ort der Ruhe, und noch immer strahlen seine vier Augenpaare mitfühlende Weisheit in alle vier Richtungen aus (Abbildung 13).

Fast sechs Jahre lang lag mein Zuhause in Sichtweite des Stupa, und es war immer eine große Inspiration, morgens aufzuwachen und geradewegs in diese beeindruckenden Augen zu schauen. Es lag etwas in ihnen, das ohne Worte von Klarheit, Einsicht und Transzendenz sprach, von einer Schönheit, die weit jenseits dieser Welt lag, aber zugleich verlockend nah war. Jene Augen haben einen gewaltigen Eindruck in meinem Geist hinterlassen, und selbst jetzt noch ist die Erinnerung an sie für mich zutiefst bewegend.

Doch während ich in Boudha lebte, entdeckte ich, dass Inspiration allein nicht ausreichte; es bedurfte eines Schlüssels, um die Bedeutung, das Geheimnis dieser bannenden Augen zu ergründen. Wie wir in diesem Buch zu zeigen versucht haben, war dieser Schlüssel zu einer tieferen Einsicht und Würdigung in den lebendigen Traditionen zu finden, von denen der Stupa von Boudhanath nur ein – wenn auch monumentales – Zeugnis darstellt. Es wurden bereits die verschiedenen tibetischen Lamas genannt, die uns gütig spirituelle Anleitung und Schulung in der Meditation erteilten; ihre unbestreitbare, beeindruckende Fülle von Mitgefühl und Weisheit überzeugte mich, dass das, was ich in den Augen des Stupa entdeckt hatte, für gewöhnliche Wesen wie mich selbst erreichbar war. Doch da mein eigener Weg zu tieferem Verständnis weitgehend durch das Tor der Vajrayana-Kunst als solcher führte, wäre es ungerecht gegenüber den Quellen meiner Inspiration, den beiden tibetischen Künstlern, Ludhup und Thargye, die mich in diese faszinierende Welt einführten, den Ausdruck meiner Anerkennung vorzuenthalten.

Beide Lehrer verdienen uneingeschränkte Verehrung und Dankbarkeit, weil sie mir ohne Zögern soviel Hilfe zukommen ließen, wie es ihnen möglich war. Dies war nicht immer leicht, weil wir oft gezwungen waren, uns mit Hilfe eines Übersetzers zu verständigen, und manchmal mussten Fragen zwei- oder dreimal wiederholt werden, bis wir sicher sein konnten, dass wir einander verstanden. Trotz dieser zeitraubenden Schwierigkeiten waren beide Lehrer äußerst großzügig mit ihren Unterweisungen und ihrer Ermutigung; ohne die Basis, die sie mir gaben, wäre es mir unmöglich gewesen, mich an die hier abgedruckten Bilder heranzuwagen.

Ludhup war mein erster Lehrer. Er stammte aus Amdo und floh noch als junger Mönch aus Tibet. Er hatte einige vielleicht zweihundert Jahre alte Bildrollen bei sich, die ihm sein eigener Lehrer in Tibet mitgegeben hatte. Die Rollen enthielten eine Anzahl verschiedener Abbildungen samt der Raster (tib. *tig-tse*), auf denen alle solche Abbildungen basieren. Weil ich keinerlei diesbezügliche Vorbildung hatte, wurden diese Abbildungen die Grundlage meiner gesamten künstlerischen Laufbahn; auch heute noch sind Photokopien dieser Originale für mich eine gewaltige Quelle der Inspiration.

Ludhup brachte mir das Zeichnen bei, machte mich mit verschiedenen Maltechniken vertraut und eröffnete mir eine faszinierende neue Welt von Buddhas, Bodhisattvas, Dakinis und Schützern. Die Zeit, die ich mit diesem guten Freund verbrachte, war voller Freude; es schien unmöglich, von den Wundern, die er mir zu zeigen hatte, genug zu bekommen, und jeder Tag war wie ein Abenteuer. Leider zwangen ihn noch im ersten Jahr meiner Lehrzeit bei ihm gesundheitliche Gründe dazu, das Kathmandu-Tal zu verlassen und in die Berge zurückzukehren.

Mein zweiter Lehrer war Thargye, ein berühmter Maler aus Tsang in Tibet. Er entstammte einer Familie, in der das Malen eine lange Tradition hatte, und sowohl sein Vater wie sein Großvater hatten das Ansehen eines großen Künstlers genossen. Während mich Ludhup in die Welt der Kunst des Vajrayana einführte, war es Thargye, der mir einen genauen Wegweiser für diese Welt an die Hand gab. Er ist nach wie vor einer der wenigen Künstler, die das gesamte Spektrum des Wissens weitergeben können, das notwendig ist, um ein wirklicher Meister dieser uralten künstlerischen Tradition zu werden.[2] Sein handwerkliches Können und seine Fachkunde erstrecken sich – wegen der Gewinnung von Pigmenten aus Steinen und Pflanzen – auf Gebiete wie Mineralogie und Botanik und sogar auf die Astrologie zur Berechnung der glückverheißenden Zeitpunkte für den Beginn und den Abschluss seiner Gemälde.

Wie viele seiner Tradition verbundene Künstler verfertigt Thargye seine eigenen Pinsel, bereitet selber seine Leinwände und baut die Rahmen, auf die sie aufgespannt werden. Weil er oft neben seiner Familie auch noch einen Trupp von Lehrlingen zu versorgen hat, ist er überdies auch ein aktiver Händler und Geschäftsmann. Seine Gelehrsamkeit in spirituellen Dingen befähigt ihn zudem dazu, den Hintergrund und die Symbolik seiner Werke in allen Einzelheiten zu erklären, und er kennt viele mit diesen Bildern verbundene Texte und Rituale. Dieser mitfühlende Meister erweckte die gesamte künstlerische Tradition des Vajrayana für mich zum Leben, und im Laufe der Jahre, die ich bei ihm lernte, fühlte ich mich mehr und mehr mit einer machtvollen Traditionslinie verbunden, deren Wurzeln tief in die Vergangenheit zurückreichen.

Bilder des Erwachens

Ein besonderes Kennzeichen der Vajrayana-Kunst, das bis auf die Zeit von Shakyamuni selber zurückgeht, ist der Gebrauch von Rastern. Auf die Leinwand oder das Papier werden Linien ganz bestimmter Länge und Proportion aufgetragen, und dann wird die Figur auf dieses Raster gezeichnet, damit sie diesen Vorgaben genau entspricht. Es geht also nicht darum, aufs Geratewohl abzuschätzen, wie groß oder wie breit ein Buddha gezeichnet werden soll; dies ist bereits festgelegt durch eine lange Tradition, die über die Jahrhunderte ohne Unterbrechung weitergegeben wurde. Diese Tatsache hat keine Gesellschaft, in die der Buddhismus eingedrungen ist, daran gehindert, eine Kunst hervorzubringen, die ihre eigene kulturelle Identität spiegelt – man vergleiche nur ein Buddha-Bild aus Thailand mit einem aus China –, doch es stellt sich dadurch, zumindest für einen westlich geprägten Menschen, die Frage nach den Beschränkungen, die eine solche Tradition dem künstlerischen Ausdruck auferlegt. Ich kann darauf nur aus meiner eigenen Erfahrung antworten.

Als ich meine Lehrzeit bei Ludhup anfing, erhielt ich Raster von Buddhas Körper und Gesicht mit der Anweisung, die Beispiele meines Lehrers immer wieder abzuzeichnen (siehe Abbildungen 1 bis 3). Auch wenn dies nach geistlosem Schema klingt, war es doch eine unersetzliche Schulung für Hand und Auge und eröffnete bis dahin unbekannte Quellen schöpferischer Energie. Und ich entdeckte, wie eng mein Geisteszustand mit der Klarheit und dem Fluss der Linien verbunden war, von denen die Schönheit des Bildes abhing. Wenn ich aufgeregt oder unglücklich war, drückte sich dies immer auf irgendeine Weise in der fertigen Abbildung aus. Jedes Buddha-Gesicht war wie ein Selbstportrait, ein Spiegel, in dem bestimmte Aspekte meines Wesens deutlich wiedergegeben waren. Auch jetzt lässt sich in einem Kurs mit neuen Schülern aufgrund dieser unheimlichen Ähnlichkeit zwischen Schöpfer und Schöpfung leicht sagen, wer welches Bild gemalt hat.

Nach einer langen Ausbildungszeit, zu der auch Studium und Praxis spiritueller Inhalte gehörte, erwachte in mir etwas, das vom gewöhnlichen Auf und Ab meines Geistes irgendwie ausgenommen war. Anstatt diesen Schwankungen der Gedanken und Gefühle hilflos ausgeliefert zu sein, entdeckte ich eine Quelle von Gleichgewicht und Harmonie, die vom oberflächlichlichen Wechsel der Stimmungen und der Umstände unberührt blieb.

Ähnlich wie die spirituelle Schulung, in der die Gelübde, bestimmte Verhaltensweisen zu meiden, zunächst als einschränkend erscheinen, später aber als zutiefst befreiend empfunden werden, bildeten die scheinbaren Beschränkungen des Rasterformats den Kontext, in dem ein außergewöhnliches Maß von Freiheit erfahrbar wurde.

Erfahrene Meister wie Thargye brauchen sich auf keinerlei Raster mehr zu stützen; sie setzen ein paar vorbereitende Punkte zur Markierung der gewünschten Größe und des Umrisses der Figuren und zeichnen dann freihändig ein Buddha-Bild mit perfekten Proportionen. Bei solchen Meistern hat die Disziplin einer lebenslänglichen Schulung in ähnlicher Weise einen spontanen schöpferischen Fluss freigesetzt, wie – nach der Lehre der Tradition – eine spirituelle Schulung die eigene angeborene Buddha-Natur zur Entfaltung bringt.

Während demnach künstlerischer Ausdruck und künstlerische Kreativität in der Thangka-Malerei tatsächlich wichtig sind, ist es der sogenannte Selbstausdruck – gemeint ist hier die Selbstdarstellung des neurotischen Ego und seiner Interessen – ganz eindeutig nicht. Anders als wir zunächst vielleicht glauben, schmälert dies in keiner Weise das Gefühl schöpferischer Freude, das man während der Arbeit am Bild empfindet. Bei der Thangka-Malerei sind die künstlerische Freiheit und Freude im *Tun* zu finden, in der Konzentration, der Liebe und der Hingabe, die man während der schöpferischen Arbeit erfährt. Da dies spirituelle Qualitäten sind, lässt sich künstlerische Meisterschaft nicht nur durch technische Perfektion erreichen. Solcher Fortschritt entsteht nur dadurch, dass man sich der spirituellen Inspiration öffnet.

Beim Malen dieser Folge von Thangkas kam es mir vor allem darauf an, die einzelnen Figuren so klar und einfach wie möglich darzustellen. Ich wollte dem Betrachter einen unbeschwerten, unkomplizierten Zugang zu jedem Bild ermöglichen, so dass er die Schönheit jeder einzelnen Gottheit genießen kann, ohne durch eine Fülle äußerlicher Einzelheiten überfordert oder irritiert zu werden. Zu diesem Zweck habe ich es absichtlich vermieden, diese Gottheiten mit einer aufwendigen Aura zu umgeben, habe den Hintergrund möglichst einfach gehalten und auf fast allen Bildern alle Nebenfiguren weggelassen. Die Bilder, die so entstan-

Bilder des Erwachens

den, sind insofern weniger komplex als die meisten traditionellen tibetischen Thangkas, wollen jedoch die gleiche Essenz und die gleiche Ausstrahlung vermitteln. Trotz meiner jahrelangen Ausbildung in Asien bleibe ich ein Europäer und betrachte diese sakralen Figuren aus einer europäischen Perspektive. Diese Gemälde haben dann ihren Zweck erfüllt, wenn sie denen, die wie ich in der westlichen Kultur aufgewachsen sind, etwas von der Welt des Vajrayana vermitteln.

Obwohl die hier vorgestellten Bilder die Arbeit eines Künstlers sind, der noch in seinen Anfängen steht, hoffe ich, dass sie dank der Inspiration unserer spirituellen und künstlerischen Lehrer dennoch etwas zum Verständnis und zum Wohlergehen des Lesers beitragen können. Zeichen des Verfalls umgeben uns überall – in Boudha selbst versorgen ganze Fabriken völlig uninspirierter Handwerker den Touristenmarkt mit nachgemachter Sakralkunst, die keine Spur von Echtheit aufweist -, doch daneben gibt es auch Hinweise dafür, dass die spirituelle Suche, in welcher Verkleidung auch immer, im Menschen nach wie vor sehr lebendig ist. Mögen darum alle, die hinter dem Schleier vergänglicher Erscheinungen nach Sinn suchen, durch die ununterbrochene Segensüberlieferung des Vajrayana Ermutigung und Inspiration finden.

Andy Weber, 6. Juli 1989

Liste der Eigennamen und Begriffe

Für den, der sich anhand anderer Quellen ausführlicher über das in *Bilder des Erwachens* präsentierte Material informieren will, kann das folgende Namens- und Begriffsverzeichnis hilfreich sein.

Die meisten der aufgeführten Termini sind Sanskrit-Namen, die so wiedergegeben werden, wie sie in diesem Buch erscheinen, also ohne diakritische Zeichen; neben diesen Namen (z.b. Vajrapani) steht ergänzend die tibetische Entsprechung, angegeben in Wylies Transliterationssystem (z.b. Phyag.na rDo.rje).

Zu tibetischen Namen und Begriffen, die im Text in phonetischer Umschrift erscheinen (z.b. Songtsen Gampo), werden ebenfalls die Entsprechungen nach dem System Wylies aufgeführt (z.b. Srong.btsan sGampo).

Und schließlich finden hier auch bestimmte englische Ausdrücke und Titel ihre Entsprechung auf Tibetisch oder Sanskrit.

Abhidharma (Tib. Chos.mngon.pa)
Akshobhya (Tib. Mi.bskyod.pa)
Amitabha (Tib. 'Od.dpag.med)
Amitayus (Tib. Tshe.dpag.med)
Amoghasiddhi (Tib. Don.grub)
Ananda (Tib. Kun.dga'.bo)
Aryadeva (Tib. 'Phags.pa.lha)

Bilder des Erwachens

Asanga (Tib. 'Phags.pa Thogs.med)

Atisha (Tib. Jo.bo.rje dPal.ldan A.ti.sha)

Avadhutipa (Rigs.pa'i Khu.byug Chung.ba, Sangs.rgyas
dGongs.skyong)

Avalokiteshvara (Tib. sPyan.ras.gzigs)

Bhaishajyaguru Vaiduryaprabha (Tib. sMan.gyi.lha Bai.du.rya
'Od.gyi rGyal.po)

Bimbisara (Tib. gZugs.can sNying.po)

Bodh Gaya (Skt. Vajrasana; Tib. rDo.rje gDan)

Brahma (Tib. lHa Tshangs.pa)

Buddhapalita (Tib. Sangs.rgyas bsKyangs)

Buton Rinpoche (Bu.ston Rin.po che)

Chakrasamvara (Tib. 'Khor.lo sDom.pa)

Chakrasamvara Tantra (Skt.
Shri-mahasamvarodayatantra-rajanama; Tib. dPal bde.mchog
'byung.ba shes.bya.ba'i rgyud.kyi rgyal.po chen.po)

Chandragomin (Tib. bTsun.pa Zla.ba)

Chandrakirti (Tib. Zla.ba Grags.pa)

Chennge Chökyi Gyalpo (sPyan.snga Chos.kyi rGyal.po)

Chögyal Pagpa ('Gro.mgon Chos.rgyal 'Phags.pa)

Chöje Dondrup Rinchen (Tib. Chos.rje Don.grub Rin.chen)

Dalai Lama (Da.la'i Bla.ma, rGyal.ba Rin.po.che)

Dalai Lama I (rGyal.dbang dGe.'dun Grub)

Dalai Lama V (rGyal.mchog Ngag.dbang bLo.bzang
rGya.mtsho)

Dalai Lama XIII (rGyal.dbang Thub.bstan rGya.mtsho)

Dalai Lama XIV (rGyal.dbang bsTan.'dzin rGya.mtsho)

Devadatta (Tib. lHas.byin)

Dharmakirti (Tib. Chos.kyi Grags.pa)

Dharmaraja (Tib. Chos.rgyal)

Dipamkara Shrijnana (Tib. dPal.ldan Ye.shes Mar.me mDzad)

Drikung (Tib. 'Bri.khungs)

Drogmi (Tib. 'Brog.mi)

Drogön Chagna Dragpa (Tib. 'Gro.mgon Phyag.na Grags.pa)

Dromtönpa ('Brom.ston rGyal.ba'i 'Byung.ngas)

Eintritt in das Leben der Erleuchtung (Skt. Bodhisattva-
charyavatara; Tib. Byang.chub. sems.dpa'i.spyod.pa.la.'jug.pa,
sPyod.'jug)

Gampopa (Dvags.po lHa.rje sGam.po.pa Zla.'od gZhon.nu)

Ganden (dGa.'ldan)

Ganden Tripa (dGa.ldan Khri.pa)

Geierberg (Skt. Grdhakutaparvata; Tib. Bya.rgod Phung.po'i Ri)

Gelug (dGe.lugs)

Gendün Drub *siehe* Dalai Lama I

Ghantapa (auch Ghantapada; Tib. Slob.dpon rDo.rje Dril.bu.pa)

Große Darlegung des Geheimen Mantra (sNgags.rim chen.mo)

Große Darlegung der Stufen des Weges (Lam.rim chen.mo)

Großer König der Gebete (Tib. bZang.mchod smon.lam)

Guhyasamaja (Tib. gSang.ba 'Dus.pa)

Gyaltsab Dharma Rinchen (rGyal.tshab Dar.ma Rin.chen, rGyal.tshab rje)

Herz-Sutra (Skt. Bhagavatiprajnaparamitahrdaya; Tib. bCom. ldan.'das.ma shes.rab.kyi pha.rol.tu phyin.pa'i snying. po, Shes. rab snying.po)

Himmel der Dreiunddreißig (Skt. Trayastrimsha; Tib. Sum.bcu rtsa.gsum)

Heruka (Tib. He.ru.ka, bDe.mchog)

Hevajra (Tib. Kye'i rDo.rje, dGyes rDo.rje)

Indra (Tib. brGya.byin)

Jamyang Khyentse Rinpoche ('Jam.dbyangs mKhyen.brtse Rin.po.che)

Jangchub Ö (lHa.btsun Byang.chub 'od)

Kadam (bKa'.gdams)

Kadampa Geshe (bKa.gdams dGe.bshes)

Kagyü (bKa'.brgyud)

Kalachakra (Tib. dPal. Dus kyi 'Khor.lo)

Kalarupa *siehe* Dharmaraja

Karmapa (rGyal.ba Kar.ma.pa)

Karmapa IV (rGyal.ba Rol.pa'i rDo.rje)

Karmapa VIII (rGyal.ba Mi.bskyod rDo.rje)

Karmapa XVI (rGyal.ba Rang.byung Rig.pa'i rDo.rje)

Karmapa XVII (rGyal.ba O.rgyan 'Gro.'dul 'Phrin.las rDo.rje)

Khedrub Gelek Palzangpo (mKhas.grub dGe.legs dPal.bzang.po, mKhas.grub rje)

Könchog Gyalpo (dKon.mchog rGyal.po)

Kunga Gyaltsen (Sa.chen Kun.dga' rGyal.mtshan)

Kunga Nyingpo (Sa.chen Kun.dga' sNying.po)

Lam-chung (Lam.chung.ba, Lam.'phran bsTan)

Bilder des Erwachens

Lampe auf dem Pfad zur Erleuchtung (Skt. Bodhipathapradipa; Tib. Byang.chub lam gyi sgron me)

Lam-rim (lam.rim)

Lang-darma (Glang dar.ma)

Lob des Bedingten Entstehens (Tib. rTen.brel bstod. pa)

Longchen Rabjampa (Klong.chen Rab.'byams.pa Dri.med 'Od.zer)

Losang Drakpa (Blo.bzang Grags.pa)

Loslösung von den Vier Anhaftungen (Tib. Zhen.pa bzhi.bral)

Machig Labdrön (Ma.cig Lab.sgron)

Magadha (Tib. Yul Ma.ga.dha)

Mahakala (Tib. mGon.po)

Maitreya (Tib. rGyal.ba Byams.pa)

Maitripa (Tib. Mai.tri.pa)

Manjushri (Tib. rJe.btsun 'Jam.dpal.dbyangs)

Mara (Tib. bDud)

Marpa (sGra.bsgyur Mar.pa Lo.tsa.ba)

Meru (Tib. Ri.rab, lHun.po)

Milarepa (rJe.btsun Mi.la.ras.pa bZhad.pa rDo.rje)

Nagarjuna (Tib. mGon.po Klu.sgrub)

Nairatma (Tib. bDag.med.ma)

Ngari (lNga.ris)

Nyingma (rNying.ma)

Opfergabe an den Geistigen Lehrer (Tib. Bla.ma mchod.pa'i cho.ga)

Padampa Sangye (Pha.dam.pa Sangs.rgyas)

Padmasambhava (Tib. Gu.ru Rin.po.che Slob.dpon Chen.po Padma 'Byung.gnas)

Pagmo Drupa (Phag.mo grub.pa rDo.rje rgyal.po)

Pfad und Frucht (Skt. Margaphalanvitavavadaka; Tib. Lam 'bras.bu dang bcas.pa'i rtsa.ba rdo.rje'i tshig.rkang, Lam.'bras)

Prajnaparamita (Tib. Shes.rab.kyi Pha.rol.tu Phyin.pa)

Radreng (Rva.sgreng)

Rahulagupta (Tib. Bla.ma Ra.hu.la, sGra.gcan 'Dzin.sbas)

Rajagriha (rGyal.po'i Khab)

Ralpachen (Ral.pa.can)

Ratnasambhava (Tib. Rin.'byung)

Reh-Park (Skt. Mrgadava; Tib. Ri.dvags kyi Gnas)

Rendawa (Red.mda'.ba gZhon.nu Blo.gros)

Sakya (Sa.skya)

Sakya Pandita (Tib. Sa.chen Kun.dga' rGyal.mtshan)

Samye (bSam.yas)

Schatzhaus des Abhidharma (Skt. Abhidharmakosha; Tib. Chos mngon.pa'i mdzod)

Schneeland (Skt. Himavan; tib. gangs.can)

Sechs Yogas des Naropa (Tib. Na.ro chos drug)

Sechzehn Arhats (Skt. shodashasthvavira; Tib. gNas.brtan bCu.drug)

Shakyamuni (Tib. Sha.kya'i Thub.pa)

Shantarakshita (Tib. Zhi.ba.'tsho, Grags.pa'i.dpal)

Shantideva (Tib. gZhi.ba.lha)

Shariputra (Tib. Sha.ri'i.bu)

Songtsen Gampo (Srong.btsan sGam.po)

Sukhavati (Tib. bDe.ba.can)

Sutra von der Vollkommenheit der Weisheit (Skt. Prajnaparamitasutra; Tib. Shes.rab.kyi pha.rol.tu phyin.pa'i mdo)

Suvarnadvipa (Tib. gSer.gling.pa Chos.kyi Blo.gros)

Tara (Tib. rJe.btsun sGrol.ma)

Taranatha (Tib. Kun.dga' sNying.po)

Tashi Lünpo (bKra.shis lHun.po)

Tausend Gründer-Buddhas (Tib. sTong.pa'i Sangs.rgyas)

Trisong Detsen (Khrid.srong lDe.btsan)

Tsong Khapa (rJe Tsong.kha.pa, 'Jam.mgon La.ma Blo.bzang grags.pa)

Tushita (Tib. dGa'.ldan)

Ushnisha Vijaya (Tib. gTsug.tor rNam.rgyal.ma)

Uttaratantra (Tib. rGyud Bla.ma)

Vairochana (Tib. rNam.par sNang.mdzad)

Vaishravana (Tib. rNam.thos.sras)

Vajrabhairava (Tib. rDo.rje 'Jigs.byed)

Vajradhara (Tib. rDo.rje 'Chang)

Vajradharma (Tib. rDo.rje Chos)

Vajrapani (Tib. Phyag.na rDo.rje)

Vajrasattva (Tib. rDo.rje Sems.dpa')

Vajravarahi (Tib. rDo.rje Phag.mo)

Vajrayogini (Tib. rDo.rje rNal.'byor.ma)

Vasubandhu (Tib. dbYig.gnycn)

Vidyakokila der Ältere (Tib. Rig.pa'i Khu.byug Che.ba)
Vidyakokila der Jüngere *siehe* Avadhutipa
Vier Medizin-Tantras (Skt. Amrita-ashtangahrdayopadeshatantra; Tib. bDud.rtsi snying.po yan.lag brgyad.pa gsang.ba man.ngag gi rgyud, rGyud.bzhi)
Yama (Tib. gShin.rje)
Yamantaka (Tib. gShin.rje gShed, 'Jigs.byed)
Yeshe Tsogyal (Ye.shes mTsho.rgyal)

Glossar

Zu den im Folgenden aufgeführten Ausdrücken werden, entsprechend ihrer Verwendung in diesem Buch, kurze Erläuterungen gegeben. Wo immer es möglich war, wurden auch die Sanskrit- und/oder die tibetischen Termini aufgeführt.

Abhidharma (tib. *mgon.par chos*): die Abteilung der Lehren Shakyamuni Buddhas, die die Entwicklung von Weisheit und die exakte Analyse der Phänomene zum Gegenstand hat.

Achtfacher Pfad (skt. *ashtangamarga;* tib. *'phags.pa'i lam yan.lag bryad.pa*): der Weg, der zur Beendigung des Leidens führt; 1. rechte Anschauung, 2. rechte Absicht, 3. rechte Rede, 4. rechtes Tun, 5. rechter Lebenserwerb, 6. rechtes Bemühen, 7. rechte Achtsamkeit und 8. rechte Sammlung; vgl. *Vier Edle Wahrheiten.*

Aggregate (skt. *skandha;* tib. *phung.po*): die fünf geistigen und körperlichen Konstituentien, die als Grundlage für die Benennung einer 'Person' dienen – Form (skt. *rupa;* tib. *gzugs*), Empfindung (skt. *vedana;* tib. *tshor.ba*), Unterscheidung (skt. *samjna;* tib. *'du.shes*), zusammengesetzte Faktoren (skt. *samskara;* tib. *'du.byed*) und Bewusstsein (skt. *vijnana;* tib. *rnam.shes*).

Altruistische Motivation: siehe *Bodhicitta.*

Arhat (dgra.bcom.pa): Feindzerstörer; jemand, der die persönliche Befreiung vom Leiden durch die Überwindung der Kräfte von Karma und Verblendung erreicht hat.

Bilder des Erwachens

Bardo: siehe *Zwischenzustand*.

Bedingtes Entstehen (skt. *pratityasamutpada*; tib. *rten cing. 'brel.ba*): die wechselseitige Abhängigkeit der Phänomene, wie sie in folgender Feststellung Buddhas zum Ausdruck kommt: »Durch die Existenz von diesem entsteht jenes«; ihre tatsächliche Bestehensweise im Gegensatz zu der aus Unwissenheit rührenden Vorstellung ihrer inhärenten Existenz.

Befreiung (skt. *moksha, nirvana*; tib. *tharpa, mya.ngan.las 'das pa*): Freiheit von Verblendung und Karma, die durch die gemeinsame Übung der höheren Schulungen von ethischer Disziplin, Sammlung und Weisheit erlangt wird.

Begierdebereich (skt. *kamadhatu*; tib. *'dod.khams*): jene Stadien innerhalb des Daseinskreislaufs, in denen die Wesen vor allem auf die Objekte der fünf körperlichen Sinnesorgane bezogen sind (nämlich auf Sichtbares, Hörbares, Riechbares, Schmeckbares und Fühlbares); sie beherbergen sämtliche Höllenwesen, Hungergeister, Tiere, Menschen, Halbgötter und die unteren Klassen der Götter.

Blitzschnelles Fahrzeug: siehe Vajrayana.

Bodhi: siehe *Erwachen*.

Bodhicitta (tib. *byang.chub kyi sems*): der auf Mitgefühl beruhende Wunsch, das volle Erwachen zu erreichen, um für andere wirken zu können; die Mahayana-Motivation.

Bodhisattva (tib. *byang.chub.sems.dpa'*): ein Übender auf dem geistigen Weg, der sich in der Bodhicitta-Motivation geübt hat; ein Anhänger des Mahayana-Weges.

Buddha (tib. *sangs.rgyas*): eine Person, die das völlige Erwachen erreicht hat, indem sie alle die Verblendungen, die die ihrem Wesen nach reine Natur des Geistes überlagern, beseitigt und alle positiven Qualitäten grenzenlos entwickelt hat; das erste der Drei Juwelen der Zuflucht.

Buddha-Natur (skt. *tathagatagarbha*; tib. *de.bzhin gsheg.pa'i snying.po):* das Potential des Geistes, volle Erleuchtung zu erlangen.

Buddhaschaft (skt. *buddhatvam, buddhapadam*; tib. *sangs.rgyas nyid, sangs.rgyas kyi go.'phang*): völlige Erleuchtung; die höchste spirituelle Verwirklichung, gekennzeichnet durch grenzenloses Mitgefühl, grenzenlose Weisheit und grenzenlose Wirkkraft.

Chakra (tib. *'khor.lo, rtsa.'khor*): Rad; Rad im Zentralkanal; Punkte im Zentralkanal des Vajra-Körpers, auf die während der Vollendungsstufe des Höchsten Yoga-Tantra die Konzentration gelenkt wird.

Chöd (tib. *gcod*): das Ritual des Durchschneidens; eine Form von Meditation, die auf Padampa Sangye und Machig Labdrön zurückgeht; dabei konfrontiert sich der Übende mit angstbesetzten Situationen, in denen Ich-Anhaftung und Ich-Bezogenheit entstehen, die dadurch erkannt und überwunden werden können.

Dakini (tib. *mkha'. 'gro.ma*): »Himmelsgeherin«; weibliche Gottheit, die einem qualifizierten Tantra-Praktizierenden hilft, die glückselige Weisheitsenergie zu erwecken.

Daseinskreislauf (skt. *samsara*; tib. *'khor.ba*): der immer wiederkehrende, durch Unwissenheit bedingte und mit Leiden behaftete Kreislauf von Tod und Wiedergeburt.

Dharma (tib. *chos*): spirituelle Lehren und Verwirklichungen; das, was eine Person vor der unerwünschten Erfahrung des Leidens bewahrt; das zweite der Drei Juwelen der Zuflucht.

Dharma-Schützer: siehe *Dharmapala*.

Dharmakaya: siehe *Wahrheitskörper*.

Dharmapala (tib. *chos.kyong*): eine zornvolle Gottheit, die als Schützer der Dharma-Praktizierenden fungiert.

Diamant-Fahrzeug (skt. *vajrayana*; tib. *rdo.rje theg.pa*): siehe *Vajrayana*.

Diamant-Zepter (skt. *vajra;* tib. *rdo.rje*): ein Ritualgegenstand, der von Vajrayana-Praktizierenden zur Versinnbildlichung der kraftvollen mitfühlenden Methode eingesetzt wird. Es wird in der rechten Hand gehalten und ist auf vielen Abbildungen von Meditationsgottheiten zu sehen. Vgl. *Glocke*.

Drei Hauptaspekte (tib. *lam.gtso rnam.gsum*): Kernpunkte des Sutra-Weges, die für die erfolgreiche Praxis der höheren tantrischen Methoden entwickelt werden müssen, nämlich 1. Entsagung, 2. die mitfühlende Bodhicitta-Motivation und 3. die Weisheit der Leerheit.

Bilder des Erwachens

Drei Juwelen der Zuflucht (skt. *triratna, trisharana*; tib. *dkon.mchog gsum*): Buddha, Dharma und Sangha.

Drei Schulungen (tib. *trishiksha;* tib. *bslab.pa gsum*): die Schulungen der ethischen Disziplin, der Sammlung und der Weisheit, die zu der Befreiung aus dem Daseinskreislauf führen, wie sie ein Arhat erreicht.

Dzog-chen (skt. *mahasampanna, mahasandhi, atiyoga*; tib. *rdzogs.chen*): große Vollendung; große Vollkommenheit; innerhalb der Nyingma-Tradition ist Dzog-chen das höchste Fahrzeug, das den Praktizierenden, der die entsprechenden Voraussetzungen besitzt, in die Sphäre des unmittelbar Existierenden führt.

Eigenexistenz: siehe *inhärente Existenz*.

Einweihung: siehe *Initiation*.

Emanationskörper (skt. *nirmanakaya*; tib. *sprul.sku*): die Form, in der sich der erleuchtete Geist manifestiert, um zum Wohle gewöhnlicher Wesen zu wirken; vgl. *Formkörper*.

Endgültiges Hinaustreten (skt. *nihsarana*; tib. *nges.'byung*): der Wunsch, sich von den Leiden des Daseinskreislaufs zu lösen und Befreiung zu erlangen; Entsagung.

Energiewind (skt. *vayu, prana*; tib. *rlung*): siehe *Vajra-Körper*.

Entsagung: siehe *Endgültiges Hinaustreten*.

Erleuchtung / Erwachen (skt. *bodhi*, tib. *byang.chub*): völliges Erwachen; Buddhaschaft; das endgültige Ziel der Übung von Sutra und Tantra.

Erzeugungsstufe (skt. *utpattikrama;* tib. *bskyed.rim*): die erste der beiden Stufen der Übung des Höchsten Yoga-Tantra, bei der die Entwicklung der klaren Erscheinung und des göttlichen Stolzes, bezogen auf sich selbst als die Meditationsgottheit, im Mittelpunkt steht und die Grundlage geschaffen wird für die Umwandlung von Tod, Zwischenzustand und Wiedergeburt in den Wahrheitskörper, den Körper des Erfreuens und den Emanationskörper eines Buddha; vgl. *Vollendungsstufe*.

Fahrzeug des Geheimen Mantra (skt. *guhyamantrayana*; tib. *theg.pa gsang.sngags*): siehe *Vajrayana*.

Formkörper (skt. *rupakaya*, tib. *gzugs.sku*): die Manifestation des reinen Bewusstsein eines Buddha in einer Gestalt, die dem Wohl anderer dient. Sie weist zwei Ausprägungen auf: den Körper des Erfreuens und den Emanationskörper; vgl. *Wahrheitskörper.*

Fünf Buddha-Familien (tib. *rigs.lnga*): die Erfahrung der vollen Erleuchtung als Umwandlung der fünf Aggregate und Läuterung der fünf Verblendungen zu den fünf Weisheiten, dargestellt durch Vairochana (Vajra-Familie), Ratnasambhava (Ratna), Amitabha (Padma), Amoghasiddhi (Karma) und Akshobhya (Buddha-Familie).

Gedankenumwandlung des Mahayana: siehe *Lo-jong.*

Geistesumwandlung: siehe *Lo-jong.*

Geshe (skt. *kalyanamitra*; tib. *dge.bshes*): geistiger Freund; Titel der tibetischen Meister von Atishas Kadam-Tradition; Titel derjenigen, die das ausführliche Studium der wichtigen buddhistischen Lehrschriften abgeschlossen haben.

Glocke (skt. *ghanta;* tib. *dril.bu*): ein Ritualgegenstand, der von Vajrayana-Praktizierenden zur Versinnbildlichung tiefgründiger Einsicht in die Natur der Wirklichkeit verwandt wird. Die Glocke wird in der linken Hand gehalten und ist auf vielen Abbildungen von Meditationsgottheiten zu sehen. Vgl. *Diamantzepter.*

Gottheiten-Yoga: die in den Tantras erläuterte Übung, die klare Erscheinung und den göttlichen Stolz einer bestimmten Meditationsgottheit zu entwickeln; vgl. *Leerheits-Yoga.*

Göttlicher Stolz (tib. *lha'i nga.rgyal*): Zustand, in dem man sich auf die Empfindung konzentriert, tatsächlich selbst zu der gewählten Meditationsgottheit geworden zu sein: vgl. *Erzeugungsstufe.*

Greifen nach dem Ich (skt. *atmagraha*; tib. *bdag.'dzin*): der auf Unwissenheit beruhende Drang, das eigene Ich oder Selbst als inhärent existent zu betrachten.

Großes Fahrzeug: (skt. *mahayana*; tib. *theg.chen)*: der Aspekt der Lehren von Buddha Shakyamuni, der zum Erreichen der vollen Erleuchtung der Buddhaschaft führt; er besteht aus dem allgemeinen Sutra- und dem esoterischen Tantra-Fahrzeug.

Guru (tib. *bla-ma*): geistiger Meister, Lehrer, Führer; der Wurzelguru (tib. *rtsa.ba'i blama*) ist jener geistige Lehrer, dem wir uns hauptsächlich anvertrauen, derjenige, der uns am meisten dabei geholfen hat, unseren Geist zu zähmen.

Guru-Yoga (tib. *bla.ma'i rnal.'byor*): die grundlegende tantrische Praxis, in der man den eigenen geistigen Meister als in seinem Wesen identisch mit dem Buddha, mit der eigenen Meditationsgottheit und mit der reinen Natur des eigenen Geistes betrachtet.

Höchstes Yoga-Tantra (skt. *anuttarayogatantra*; tib. *rnal.'byor bla.med kyi rgyud*): die fortgeschrittenste der vier Tantraklassen, die Praktizierende mit den ensprechenden Voraussetzungen in einem Leben zur vollen Erleuchtung führen kann; unterteilt in die Erzeugungs- und in die Vollendungsstufe.

Illusionskörper (skt. *mahakaya, mayadeha*; tib. *sgyu.lus*): ein reiner, feinstofflicher Körper, der durch die Übungen der Vollendungsstufe des Höchsten Yoga-Tantra erreicht wird.

Inhärente Existenz: (skt. *svabhavasiddha*; tib. *rang.bzhin gyis grub.pa*): die irrige Auffassung, wonach man selbst und alle anderen Phänomene unabhängig, von ihrer eigenen Seite her, existieren und nicht in Abhängigkeit von Ursachen, Bedingungen, Teilen und dem Vorgang der Benennung; wahre Existenz; Selbst-Existenz.

Initiation (skt. *abhisheka*; tib. *dbang*): die von einem tantrischen Meister empfangene Übertragung, die es einem geeigneten Schüler ermöglicht, die Übungen einer bestimmten Meditationsgottheit aufzunehmen; Einweihung.

Inkarnierter Lama (tib. *sprul.sku*): Tulku; die Reinkarnation eines spirituellen Meisters.

Innere Hitze (tib. *gtum.mo*): inneres Feuer; im Nabelchakra lokalisierte Energie, die bei den Übungen der Vollendungsstufe des Höchsten Yoga-Tantra dazu benutzt wird, Energie-Winde in den Zentralkanal zu bringen und dadurch die subtilste Schicht des Geistes zu erwecken, das glückselige Klare Licht.

Kanal (skt. *nadi*; tib. *rtsa*): siehe *Vajra-Körper*.

Karma (tib. *las*): Tat; der Zusammenhang von Ursache und Wirkung, aufgrund dessen positive Handlungen Glück und untugendhafte Handlungen Leiden hervorbringen.

Kaya (tib. *sku*): der »Körper« eines Buddha; vgl. *Formkörper* und *Wahrheitskörper*.

Keimsilbe: eine Sanskritsilbe, die im Rahmen tantrischer Visualisierungen aus der Leerheit entsteht und aus der wiederum eine Meditationsgottheit hervorgeht.

Klare Erscheinung (tib. *gsal.snang*): Visualisation von sich selbst und der eigenen Umgebung in der gereinigten Gestalt einer Meditationsgottheit und ihres Mandalas; vgl. *Erzeugungsstufe*.

Klares Licht (skt. *prabhasavara*; tib. *od.gsal*): die subtilste Ebene des Geistes, die zur Zeit des Todes auf natürliche Weise entsteht und durch die Übungen der Vollendungsstufe des Höchsten Yoga-Tantra erreichbar ist.

Körper des vollkommenen Erfreuens (skt. *sambhogakaya*, tib. *longs.spyod rdzogs.pa'i ku*): die Gestalt, in der der erleuchtete Geist sich manifestiert, um zum Wohle hoch entwickelter Bodhisattvas zu wirken; vgl. *Formkörper*.

Lam-rim: Stufen des Weges; eine Darlegung der gesamten Belehrungen von Buddha Shakyamuni in einer Form, die durch ihren Stufenaufbau als Schulungsweg geeignet ist.

Lama: siehe *Guru*.

Leerheit (skt. *shunyata*; tib. *stong.pa nyid*): das Fehlen aller irrigen Vorstellungen über die Existenzweise der Phänomene; insbesondere die Abwesenheit der scheinbar unabhängigen, inhärenten Bestehensweise unserer selbst und aller anderen Phänomene; das Objekt der Weisheit, die die wahre Natur der Wirklichkeit erkennt; Selbstlosigkeit.

Leerheits-Yoga: die tantrische Praxis, alle gewöhnlichen Erscheinungen in Leerheit aufzulösen als notwendige Voraussetzung, um in der gereinigten Gestalt einer Meditationsgottheit zu erstehen; vgl. *Gottheiten-Yoga*.

Leuchtend klare Erscheinung siehe *klare Erscheinung*.

Liebe (skt. *maitri*; tib. *byams.pa*): der Wunsch, dass andere Glück und die Ursachen des Glücks besitzen mögen.

Lo-jong (tib. *blo.sbyong*): die Gedankenumwandlung des Mahayana; praktische Methoden zur Überwindung der ichbezogenen Haltung und Entwicklung der mitfühlenden Bodhicitta-Motivation.

Madhyamaka: siehe *Mittlerer Weg*.

Mahamudra: (tib. *phyag.rgya chen.po*): großes Siegel; tiefgründiges Meditationssystem, das sich mit dem Geist und der letztendlichen Natur der Wirklichkeit beschäftigt.

Mahasiddha (tib. *grub.thob chen.po*): ein sehr weit fortgeschrittener Tantra-Praktizierender.

Mahayana: siehe *Großes Fahrzeug*.

Mandala (tib. *dkyil.'khor, man.dal*): die himmlische Wohnstatt einer Meditationsgottheit, die als eine Emanation der Weisheit dieser Gottheit aufgefaßt wird. Auch: ein kreisförmiger Ritualgegenstand, der das Weltall versinnbildlicht und beim Darbringen von Opfergaben verwendet wird.

Mantra (tib. *sngags*): Schutz des Geistes; Sanskrit-Silben, die in Verbindung mit der Praxis einer bestimmten Meditationsgottheit rezitiert werden.

Mantrayana: siehe *Vajrayana*.

Meditation (skt. *bhavana*; tib. *sgom*): der Prozess, sich sowohl vermittels analytischer Untersuchung als auch einspitziger Konzentration mit positiven Geisteszuständen intensiv vertraut zu machen.

Meditationsgottheit (skt. *ishtadevata*; tib. *yi.dam*): persönliche Gottheit; archetypische Gottheit; eine Gestalt, die spezifische Aspekte der Erleuchtung wie zum Beispiel universelles Mitgefühl verkörpert und in den Übungen des Vajrayana als Konzentrationsobjekt dient, mit dem die Übenden sich zu identifizieren suchen.

Meditative Konzentration (skt. *dhyana*; tib. *bsam.gtan*): die Entwicklung besonders stabiler und durchdringender Geisteszustände; die fünfte der sechs Vollkommenheiten.

Methode (skt. *upaya*; tib. *thabs*): der Aspekt des Weges zur Erleuchtung, der Mitgefühl, Bodhicitta und die ersten fünf der sechs Vollkommenheiten beinhaltet und zum Erlangen des Formkörpers eines Buddha führt; vgl. *Weisheit*.

Mitgefühl (skt. *karuna*; tib. *snying.rje*): der Wunsch, dass andere von Leiden und seinen Ursachen frei sein mögen.

Mittlerer Weg (skt. *madhyamaka*; tib. *dbu.ma*): die in Shakyamuni Buddhas Prajnaparamita-Sutras dargelegte und von Nagarjuna erläuterte Sicht, wonach sämtliche Phänomene von der Natur des bedingten Entstehens sind, wodurch die irrigen Extreme von inhärenter Existenz und Nicht-Existenz (oder Ewigkeitsglaube und Nihilismus) überwunden werden.

Mudra (tib. *phyag.rgya*): Geste; die Handhaltung eines erleuchteten Wesens, die eine bestimmte Aktivität wie Belehrung, das Gewähren von Schutz und anderes versinnbildicht.

Mutter-Tantra (tib. *ma.rgyud*): jene Übungen des Höchsten Yoga-Tantra wie die des Heruka Chakrasamvara, in denen der Schwerpunkt darauf liegt, den Geist des Klaren Lichtes hervorzubringen.

Naga (tib. *klu*): Wesen, das im Wasser oder unter der Erde wohnt, den Tieren zugeordnet wird und oft in Gestalt einer Schlange auftritt.

Nirmanakaya: siehe *Emanationskörper*.

Nirvana: siehe *Befreiung*.

Nyung-nä (tib. *smyung.gnas*): eine intensive, sich über zwei Tage erstreckende Reinigungsübung, in deren Mittelpunkt der tausendarmige Avalokiteshvara steht.

Padma: Lotos.

Pandit (tib. *pan.chen, mkhas.pa*): ein Meister der verschiedenen Wissenszweige.

Parinirvana (tib. *yong.su mya.ngan.las 'das.pa*): das Ableben eines erleuchteten Wesens.

Po-wa: siehe *Übertragung des Bewusstseins*.

Prajnaparamita (tib. *shes.rab.kyi pha.rol.tu phyin.pa*): die Vollkommenheit der Weisheit.

Puja (tib. *mchod.pa*): eine Zeremonie, bei der Opfergaben dargebracht werden.

Rad des Lebens (skt. *bhavachakra*; tib. *srid.pa'i 'khor.lo*): visuelle Darstellung des Daseinskreislaufes und des Prozesses, durch den gewöhnliche Wesen unter dem Antrieb von Verblendung und Karma immer wieder Geburt annehmen.

Raster (tib. *thig.mtse*): Hilfsmarkierung für die Einhaltung der genauen Maßverhältnisse bei den Bildern der Vajrayana-Kunst.

Reines Land (skt. *buddhakshetra*; tib. *sangs.rgyas.kyi zhing, dag.zhing*): ein Daseinsbereich außerhalb des Samsara, in dem alle Bedingungen zum Erreichen der Erleuchtung günstig sind.

Rupakaya (tib. *gzugs.sku*): siehe *Formkörper.*

Sadhana (tib. *sgrub.thabs*): wörtlich »Methode zur Vollendung«; eine Abfolge von Übungen in Zusammenhang mit einer bestimmten Meditationsgottheit.

Sambhogakaya: siehe *Körper des vollkommenen Erfreuens.*

Samsara: siehe *Daseinskreislauf.*

Sangha (tib. *dge.'dun*): die spirituelle Gemeinschaft; das dritte der Drei Juwelen der Zuflucht.

Sarma-Traditionen (tib. *gsar.ma*): die jüngeren Traditionen des tibetischen Buddhismus – Kadam, Sakya, Kagyü und Gelug – im Unterschied zu der älteren oder Nyingma-Tradition.

Schleier (skt. *avarana;* tib. *sgrib.pa*): dasjenige, was die ihrem Wesen nach reine Natur des Geistes trübt. Von den beiden trübenden Schleiern, Kleshavarana (tib. *nyon.sgrib*) und Jneyavarana (tib. *shes.sgrib*) verhindert ersterer die Befreiung und letzterer die Allwissenheit der vollen Erleuchtung.

Sechs Bereiche: die verschiedenen Stadien des Daseinskreislaufes, bestehend aus den drei höheren Bereichen der Götter, Halbgötter und Menschen und aus den drei niederen Bereichen der Tiere, Hungergeister und Höllenwesen.

Selbstsucht: (tib. *rang gces.par 'dzin.pa*): eine selbstbezogene Haltung, in der die Sorge um das eigene Wohlergehen stärker ist als die Sorge für andere; das wichtigste bei der Entwicklung der mitfühlenden Bodhicitta-Motivation zu überwindende Hindernis.

Shunyata: siehe *Leerheit.*

Siebengliedriges Gebet: (tib. *yan.lag bdun*): Übungen, die darauf abzielen, ein Potential an verdienstvoller Energie anzusammeln und Befleckungen von Körper, Sprache und Geist zu reinigen:

1. Niederwerfung, 2. Darbringen von Gaben, 3. Bekenntnis unheilsamer Handlungen, 4. Freude an heilsamen Handlungen, 5. Bitte an die Buddhas, das Rad des Dharma zu drehen, 6. Ersuchen

an die Gurus, nicht ins Parinirvana einzugehen und 7. Widmung mit dem Ziel, Erleuchtung zu erlangen.

Stufen des Weges: siehe *Lam-rim*.

Stupa (tib. *mchod.rten*): ein zur Aufnahme von Reliquien bestimmtes Monument, das den erleuchteten Geist symbolisiert und im Allgemeinen die sterblichen Überreste eines erleuchteten Meisters enthält.

Sutra (tib. *mdo*): eine Lehrrede von Shakyamuni Buddha; die Abteilung der Lehren Buddhas, die die Entwicklung von Stabilität in der Meditation zum Gegenstand hat; der grundlegende, dem Tantra vorausgehende Aspekt des Mahayana-Weges, bei dem die Übung der sechs Vollkommenheiten im Mittelpunkt steht.

Sutras von der Vollkommenheit der Weisheit (skt. *prajnaparamitasutra*; tib. *shes.rab kyi pha.rol tu phyin.pa'i mdo*): jene Belehrungen von Shakyamuni Buddha, in denen die Weisheit der Leerheit und der Weg des Bodhisattva dargelegt werden.

Tantra (tib. rgyud): wörtlich »Faden«, »Kontinuität«; spezielle, esoterische Lehrrede Buddhas, die Methoden darlegt, wie sich durch die Übungen einer bestimmten Meditationsgottheit rasch Erleuchtung erreichen lässt.

Tantrayana: siehe *Vajrayana*.

Tantrika (tib. *rgyud.pa*): Praktizierende(r) der tantrischen Lehren; gewöhnlich auch Mantrika (tib. *sngags.pa*) genannt.

Tathagata (tib. *de.bzhin.gshegs.pa*): ein »So-Gegangener«; ein »zur Soheit Gegangener«; Epitheton für einen Buddha.

Terma (tib. *gter.ma*): Schatztext; eine Belehrung, die von Guru Rinpoche, Padmasambhava, verborgen wurde, damit sie später entdeckt werden kann.

Tertön (tib. *gter.ston*): eine Person, die Termas entdeckt.

Thangka (thang.ka): tibetisches Rollbild, auf dem im Allgemeinen Meditationsgottheiten dargestellt sind.

Tropfen (skt. *bindu*; tib. *thig.le*): siehe *Vajra-Körper*.

Tulku: siehe *inkarnierter Lama*.

Tum-mo: siehe *innere Hitze*.

Bilder des Erwachens

Übertragung des Bewusstseins (skt. *chyuti*; tib. *'pho.ba*): Übung, durch die man zur Zeit des Todes sein Bewusstsein auf eine Wiedergeburt in einem reinen Land ausrichtet.

Unwissenheit (skt. *avidhya*; tib. *ma.rig.pa*): falsche Vorstellung von der wirklichen Natur der Phänomene; die Wurzelursache allen Leidens und aller Frustration innerhalb des Daseinskreislaufs; das Hindernis, das durch die Weisheit, die die Leerheit erfasst, überwunden wird.

Upanishaden: Heilige Schriften der Hindus.

Vajra-Körper (tib. *rdo.rje sku*): das feinstoffliche System der Kanäle, Energie-Winde und roten und weißen Tropfen, über die man während der Vollendungsstufe des Höchten Yoga-Tantra meditiert, um die glückselige Erfahrung des Klaren Lichtes zu erwecken; die subtilste Schicht des Geistes.

Vajra-Sitzhaltung (skt. *vajraparyaka*; tib. *rdo.rje skyil.krung*): Sitzhaltung mit vollständig übereinandergeschlagenen Beinen.

Vajra: siehe *Diamant-Zepter*

Vajrayana (tib. *rdo.rje theg.pa*): Diamantfahrzeug; der fortgeschrittene, esoterische, in den buddhistischen Tantras dargelegte Weg, der entsprechend geeignete Praktizierende rasch zum Wohle anderer zur Erleuchtung führt; auch bekannt als Fahrzeug des Geheimen Mantras (skt. *guhyamantrayana*), als Fahrzeug des Tantra (skt. *tantrayana*), als Mantrafahrzeug (skt. *mantrayana)* und als Blitzschnelles Fahrzeug.

Vater-Mutter-Umarmung (tib. *yab.yum*): Abbildung, bei der eine Gottheit des höchsten Yoga-Tantra mit Gefährtin dargestellt wird, wobei ihre Umarmung die erleuchtete Vereinigung von Methode und Weisheit versinnbildlicht.

Vater-Tantra (tib. *pha.rgyud*): diejenigen Übungen des Höchsten Yoga-Tantra wie zum Beispiel Guhyasamaja, bei denen die Erzeugung des Illusionskörpers besonders im Mittelpunkt steht.

Verblendung (skt. *klesha*; tib. *nyon.mongs*): die geistigen und emotionalen Plagen, die für Leiden und Frustration ursächlich verantwortlich sind; in erster Linie die Unwissenheit, aus der gierige Anhaftung, Hass, Eifersucht und alle daraus hervorgehenden Verblendungen entspringen.

Verdienstvolle Energie (skt. *punya*; tib. *bsod.nams*): das positive Potential, das durch heilsame Handlungen von Körper, Sprache und Geist angesammelt wird.

Vereinigung (skt. *yuganadda*; tib. *zung.'jug*): Resultat bei der Übung der Vollendungsstufe, bei dem der reine Illusionskörper und das Klare Licht der Bedeutung gleichzeitig erlangt werden, was zum Erreichen der vollen Erleuchtung führt.

Vier Edle Wahrheiten (skt. *chatvaryaryasatyani*; tib. *'phags.pa'i bden.bzhi*): die Vier Wahrheiten der Heiligen; der Inhalt von Shakyamuni Buddhas erster Lehrrede, nämlich 1. das Leiden, 2. die Ursache des Leidens, 3. das Aufhören des Leidens und 4. der zum Aufhören des Leidens führende Weg.

Vier Tantra-Klassen: die Unterteilung des Vajrayana in 1. Handlungs-Tantra (skt. *kriyatantra*; tib. *bya.rgyud*), 2. Ausübungs-Tantra (skt. *charyatantra*; tib. *spyod.rgyud*), 3. Yoga-Tantra (skt. *yogatantra*; tib. *rnal.byor rgyud*) und 4. Höchstes Yoga-Tantra.

Vinaya (tib. *'dul.ba*): die Abteilung der Lehren Shakyamuni Buddhas, die ethische Disziplin und den Zusammenhang von Ursache und Wirkung zum Gegenstand hat.

Visualisierung (tib. *gsal.'debs*): Meditationstechnik, die darin besteht, sich vor dem eigenen geistigen Auge eine spezifische erleuchtete Qualität in Form einer Meditationsgottheit vorzustellen.

Vollendungsstufe (skt. *sampannakrama;* tib. *rdzogs.rim*): die zweite der beiden Stufen der Übung des Höchsten Yoga-Tantra, bei der das Erwecken der subtilsten Ebene des Geistes durch Meditation über den Vajra-Körper im Mittelpunkt steht; vgl. *Erzeugungsstufe.*

Vollkommenheit (skt. *paramita*; tib. *pha.rol tu phyin.pa*): eine der sechs Hauptübungen der Bodhisattvas, die zur vollen Erleuchtung führen: Freigebigkeit (skt. *dana*; tib. *sbyin.pa*), ethische Disziplin (skt. *shila*; tib. *tshul.khrims*), Geduld (skt. *kshanti*; *bzod.pa*), Bemühung (skt. *virya;* tib. *brtson.'grus*), meditative Sammlung und Weisheit.

Vorbereitende Übungen (tib. *sngon.'gro*): Übungen, die darauf abzielen, Hindernisse zu beseitigen und ein Potential verdienstvoller Energie anzusammeln, um so den Erfolg der Übung des Vajrayana zu gewährleisten.

Wahrhafte Existenz (skt. *satyasiddha*; tib. *bden.par grub.pa*): siehe *inhärente Existenz.*

Wahrheitskörper (skt. *dharmakaya*; tib. *chos.sku*): der Geist eines völlig erleuchteten, von allen Verblendungen und geistigen Schleiern freien Wesens, das in meditativer Versenkung in der unmittelbaren Wahrnehmung der Leerheit verweilt, während es zugleich alle Phänomene erkennt; vgl. *Form-Körper.*

Wang siehe **Initiation.**

Weisheit (skt. *prajna*; tib. *shes.rab*): jener Aspekt des Weges zur Erleuchtung, der die Einsicht in die wahre Natur der Wirklichkeit, also die Leerheit, zum Gegenstand hat; die letzte der sechs Vollkommenheiten, die zum Erreichen des Wahrheitskörpers eines Buddha führt; vgl. *Methode.*

Wirkungsvolle Methoden (skt. *upayakaushalya*; tib. *thabs.mkhas.pa*): Methoden, die je nach deren Bedürfnissen und Fähigkeiten zum Wohl der anderen wirken .

Yab-yum: siehe *Vater-Mutter-Umarmung.*

Yana (tib. *theg.pa*): Fahrzeug; das Mittel, durch das ein Praktizierender zu seinem gewünschten spirituellen Ziel gelangt.

Yidam (*yi.dam*): siehe *Meditationsgottheit.*

Yoga (tib. *rnal.'byor*): spiritueller Übungsweg.

Yogi (tib. *rnal.'byor.pa*): Yoga-Praktizierender.

Yogini (tib. *rnal.'byor.ma*): Yoga-Praktizierende.

Zentralkanal (skt. *shushumna, avadhuti*; tib. *rtsa dbu.ma*): die Mittelachse des Vajra-Körpers, auf der die verschiedenen Chakras liegen, die während der Übungen der Vollendungsstufe des Höchsten Yoga-Tantra geöffnet werden.

Zwischenzustand (skt. *antarabhava*; tib. *bar.do*): der Zustand zwischen dem Tod in einem Leben und der Wiedergeburt im nächsten.

Anmerkungen

EINLEITUNG

1 Die meisten der farbigen Illustrationen des vorliegenden Buches sind als Reproduktionen beziehbar über Snow Lion Publications, P.O. Box 6483, Ithaca, N.Y. 14851 (1-800-950-0313); in Großbritannien bei Tharpa Publications, 15 Bendemeer Road, London SW15 1JX, England.

2 Ein neueres Beispiel für einen Museumskatalog, der kunstwissenschaftlichen Kriterien gerecht wird und die Kunst des Vajrayana gleichwohl mit der lebendigen spirituellen Tradition in Verbindung zu setzen versteht, ist Rhie und Thurman, *Wisdom and Compassion: The Sacred Art of Tibet.*

3 Traditionelle tibetische Klassifizierungsschemata für die Bildwerke der Kunst des Vajrayana finden sich in Gega Lama, *Principles of Tibetan Art.*

4 Vergleiche Seine Heiligkeit der Dalai Lama, T. Gyatso, *Kalachakra Tantra: Rite of Initiation,* 24-29. Dort findet sich eine ausführlichere Definition des Begriffes *Yana* und eine Darstellung der Unterschiede zwischen den Yanas von Sutra und Tantra.

5 Vergleiche insbesondere Waddell, *The Buddhism of Tibet.*

6 Zur Etymologie des Ausdrucks *Mantra* und zur Erklärung, warum das Vajrayana *Fahrzeug des Geheimen Mantra* genannt

wird, vergleiche Seine Heiligkeit der Dalai Lama, Tenzin Gyatso, »Das Wesen des Tantra« in Tsong-ka-pa, *Tantra in Tibet*, 101. (N.b: *Mantra* bezieht sich auch auf die Abfolge von Sanskrit-Silben, die bei der Anrufung tantrischer Meditationsgottheiten rezitiert wird; siehe Blofeld, *Mantra. Die Kraft des Heiligen Lautes.* Im vorliegenden Buch erscheint dieses Wort in dieser zweiten Bedeutung in Zusammenhang mit dem Mantra Shakyamuni Buddhas, dem Mantra Avalokiteshvaras usw.).

7 Für eine ausführlichere Darstellung der Geschichte des Vajrayana und seiner Ausbreitung von Indien nach Tibet vergleiche die Texte, auf die in Kapitel sechs, Anmerkung 2, verwiesen wird.

8 Eine Erläuterung der Ausdrücke *Eigenexistenz* und *inhärente Existenz* in Verbindung mit dem zentralen buddhistischen Begriff der Leerheit findet sich in den Ausführungen zum Lebensrad in Kapitel eins und in den Abschnitten über Prajnaparamita und Manjushri in Kapitel zwei.

9 MacKenzies *Die Wiedergeburt: Ein tibetischer Lama kehrt zurück* enthält eine knappe Biographie Lama Yeshes und einen ausführlichen Bericht über die Entdeckung seiner Wiedergeburt Tenzin Ösel Rinpoche. Eine umfangreichere Biographie Lama Yeshes wird zur Zeit von Adele Hulse für Wisdom Publications vorbereitet.

KAPITEL EINS:
DER GRÜNDER UND SEINE LEHREN

1 Die verschiedenen buddhistischen Schulen überliefern unterschiedliche Darstellungen, auf welche Weise Shakyamuni Erleuchtung erlangte; diese Darstellungen sind aufgeführt in Lessing und Wayman, *Introduction to the Buddhist Tantric Systems*, 17-39.

Unter den vielen gegenwärtig verfügbaren Versionen der Lebensgeschichte Shakyamunis sind die folgenden drei von besonderem Interesse: Ashvaghosas Sanskrit-Original, übersetzt in Cowell, *Buddhist Mahayana Texts*; Arnolds populärer, in Versform verfasster Klassiker aus dem neunzehnten Jahrhundert

Light of Asia und Thich Nhat Hanhs neueres Werk *Alter Pfad weiße Wolken*.

Im Zusammenhang mit den von Mitgefühl motivierten Taten der Buddhas im Allgemeinen und von Shakyamuni im Besonderen erwähnt seine Heiligkeit der Dalai Lama den sogenannten Höchsten Ausstrahlungskörper, der beschrieben wird als das, was »das Wohl der Schüler durch zwölf Taten in verschiedenen Weltsystemen herbeiführt« (Tenzin Gyatso, *Das Auge einer neuen Achtsamkeit*, 117). Diese zwölf werden in Verbindung mit Shakyamuni Buddha in *Das Auge*... folgendermaßen aufgeführt:

1) Herabkunft aus dem Freudvollen Reinen Land, Tushita
2) Eintritt in den Mutterschoß
3) Geburt im Hain von Lumbini
4) Erlernen der Künste und körperliche Ertüchtigung in der Jugend
5) Übernahme der Verantwortung für sein Königreich und Genuss in den Frauengemächern
6) Nach dem Gang zu den vier Toren der Stadt Erschütterung angesichts des Kreislaufs der Existenzen; infolge dieser Einstellung Verzicht auf ein weltliches Leben
7) Sechs Jahre asketischer Übung und Kasteiung an den Ufern des Flusses Nairanjana
8) Wanderung zum Bodhi-Baum und Meditation unter diesem Baum
9) Sieg über die Dämonenscharen
10) Vollkommene Erleuchtung am fünfzehnten Tag des vierten Monats
11) Ingangsetzen des Rades der Lehre am vierten Tag des sechsten Monats.
12) Parinirvana in der Stadt Kushinagara.

2 Bildnisse des zum Skelett abgemagerten Siddharta gehören zu den packendsten Beispielen der frühen Plastik von Gandhara. In Zwalf, *Buddhism: Art and Faith*, 36, und Pal, *Light of Asia*, 95, finden sich Beispiele solcher Darstellungen.

3 Auf Gemälden, die den Angriff der Legionen Maras darstellen, verwandeln sich die auf Siddharta geschleuderten Waffen bei der Berührung mit der Aura des in Meditation Versunkenen in harmlose Blütenblätter.

4 In Lati Rinbochay, *Meditative States,* findet sich eine ausführliche Beschreibung der fortgeschrittenen Stadien einspitziger Konzentration und ihrer Beziehung zum spirituellen Weg.

5 Eine ausführliche Darstellung dieser Vier Edlen Wahrheiten – auch bekannt als die vier Wahrheiten der Aryas – findet sich in Walshe, *Thus have I heard,* 344-49.

6 Als Gegenmittel gegen die vielen durch Unwissenheit hervorgebrachten Vorstellungen, die sich einem korrekten Verständnis der Wirklichkeit entgegenstellen, erteilte Shakyamuni zahlreiche, zum Teil sehr unterschiedliche Belehrungen über die konventionelle und die endgültige Wahrheit. Auf der Grundlage dieser Lehren entstanden in Indien vier Schulen buddhistischer Philosophie mit zunehmend subtileren und komplexeren Lehrmeinungen: Vaibashika, Sautrantika, Cittamatra und Madhyamika. Eine Darstellung dieser vier Schulen in Verbindung mit einer vollständigen Meditationsübung findet sich in Geshe Sopa, *Der tibetische Buddhismus.* Vergleiche auch Hopkins, *Meditation on Emptiness,* 335-428.

7 Besonders populär sind die Jataka- oder Geburtsgeschichten, die von früheren Leben Shakyamunis berichten – in denen er oft ein Tier war – und die Übung von Freigebigkeit, ethischer Disziplin, Geduld usw. veranschaulichen. Eine Sammlung dieser Geschichten findet sich in der Reihe *Jataka Tales* von Dharma Publishing, in Aryasura, *The Marvelous Companion,* und in Speyer, *The Jatakamala.*

8 Byrom, *The Dhammapada,* 3.

9 Eine ausführliche Behandlung dieses Themas findet sich im Kapitel »Wie Verblendungen entstehen« in Lama Yeshe, *Diamantwasser.*

10 Eine Erläuterung dazu findet sich in Seine Heiligkeit der Dalai Lama, »The Three Higher Trainings«, in Doboom Tulku, *Atisha and Buddhism in Tibet,* 51-70. Die Basis dieser Schulungen ist die grundlegende buddhistische Übung der Achtsamkeit; siehe Walshe, 445-50; Thich Nhat Hanh, *Das Wunder der Achtsamkeit;* und Nyanaponika, *The Heart of Buddhist Meditation.*

11 Walshe, 270.

12 Zu den vier Furchtlosigkeiten eines Erleuchteten vergleiche Tenzin Gyatso, *Das Auge einer neuen Achtsamkeit*, 121; Geshe Dhargyey, *Anthology*, 259-60; und Hopkins, *Meditation on Emptiness*, 210-11.

13 Weitere Erläuterungen zur Symbolik des Lotos finden sich in dem Kapitel »The Flower Support« in Campbell, *The Mythic Image*, 221-35.

14 Die buddhistischen Schriften nennen einhundertzwölf Zeichen, die der höchste Ausstrahlungskörper eines Buddha aufweist; diese werden manchmal in die zweiunddreißig großen und die achtzig kleinen Zeichen unterteilt. Eine Liste und eine Erläuterung der zweiunddreißig großen Zeichen findet sich in Dhargyey, 242-50. Zu ihrer schriftlichen Quelle vergleiche Walshe, 441-60.

15 Nach einer anderen Version dieser Geschichte zeichneten die Künstler Buddhas Bild, indem sie den von seiner Gestalt geworfenen Schatten auf einem Stück Stoff nachzogen. Siehe Geshe Tharchin, *King Udrayana*, 13, und Kapsner, »*Thanka Painting*«, 17.

16 Die folgenden Anleitungen wurden übernommen aus MacDonald, *Wege zur Meditation*, 125-132.

17 Ein ausführlicherer Bericht über die Entstehung dieser bildlichen Darstellung findet sich in Tharchin, *King Udrayana*, 7-17.

18 In anderen Darstellungen des Lebensrades ist der abgebildete Vogel ein Hahn oder ein anderer männlicher Vogel.

19 Shantideva, *Eintritt in das Leben zur Erleuchtung*, 49.

20 Eine ausführliche Erläuterung, wie unterschiedlich unsere Handlungen erfahren werden können und welche Faktoren auf das Gewicht dieser Handlungen Einfluss nehmen, findet sich in Dhargyey, 334-43.

21 Eine ausführlichere Erörterung dieses Themas findet sich in Lati Rinpoche, *Stufen zur Unsterblichkeit. Tod, Zwischenzustand und Wiedergeburt im Tibetischen Buddhismus.*

22 Die zwölf Glieder des bedingten Entstehens lassen sich auf unterschiedlichste Art und Weise erklären. Insofern kann auch die Reihenfolge dieser Glieder im äußeren Ring des Lebensrades vari-

ieren. Eine von der hier abgebildeten abweichende Version findet sich zum Beispiel in Geshe Rabten, *Treasury of Dharma*, 92. Weitere Erläuterungen zu dieser komplexen Thematik bietet Hopkins, *Meditation*, 161-73, 275-83, 707-11. Eine schriftliche Quelle für die zwölf Glieder findet sich in Walshe, 223-30, und eine Erläuterung im Zusammenhang mit der Meditationspraxis bringt Yeshe, *Diamantwasser*. Siehe ferner T. Gyatso, »Dependent-Arising« und *Die Lehre des Buddha vom Abhängigen Entstehen*, 18-41.

23 T. Gyatso, *Die Lehre des Buddha vom Abhängigen Entstehen*, 27. Eine abweichende Version dieser Zeilen findet sich in Tharchin, *King Udrayana*, 13.

24 Die folgenden Strophen stammen aus Dharma Publishing, *Dhammapada*, 49-51.

25 Kurzbiographien der sechzehn Arhats finden sich in Central Institute of Buddhist Studies, *Manjushri*, 20-31, und in Yeshe De Research Project, *Light of Liberation: A History of Buddhism in India*, 150-55. Letztere Arbeit nennt zwei weitere Quellen zu den sechzehn Arhats (Loden Sherab Dagyab, »The Sixteen gNasbrtan« in *Tibetan Religious Art*, 60-118 und *Cristal Mirror VI*, 193-95 und 216-28) und enthält folgende Darstellung ihrer Funktion:

> Aus Sorge um das Wohlergehen des Sangha bat Buddha die sechzehn Arhats, in der Welt zu verweilen und über den Dharma zu wachen, solange Wesen in der Lage seien, aus den Lehren Nutzen zu ziehen. Seither erschienen die Sechzehn Großen Arhats, um die Strebenden zu ermutigen und das Vertrauen in den Dharma zu stärken.(150)

Die vorliegende Version der Geschichte des Arhats Lam-chung wurde übernommen aus Geshe Kelsang Gyatso, *Meaningful to Behold*, 72-74; eine abweichende Fassung findet sich in Tripitaka Master Hua, *A General Explanation*, 84-86.

26 Diese Stätten werden beschrieben in Russel, »The Eight Places of Buddhist Pilgrimage«, enthalten in Mullin, *Teachings at Tushita*, 138-60. Zur Bedeutung der Pilgerreise für die buddhistische Praxis vergleiche T. Gyatso, *My Tibet*, 139ff.

27 Lama Govinda, *Der Stupa. Psychokosmisches Lebens- und Todessymbol*, 22.

28 Entnommen aus Gega Lama, *Principles of Tibetan Art*, Band 2, 81.

29 Auf die Frage, wie ein Stupa zu errichten sei, gab Shakyamuni Buddha die folgenden Anweisungen: »Nacheinander sind zunächst (a-d) vier Terrassen und danach (e) das Behältnis für den Topf zu errichten. Dann sind (f) der Topf, (g) das Gefäß, (h) der Stamm, (i) der Schirmbaldachin – ob einer oder zwei oder drei oder vier oder bis zu dreizehn Schirmbaldachine – und (j) der Regenbaldachin zu errichten.« (Nach G. Roth, »Symbolism of the Buddhist Stupa«, 184, in Dallapiccola, *The Stupa: Its Religious, Historical and Architectural Significance*.)
Die ersten sieben dieser Strukturelemente entsprechen den siebenunddreißig Gliedern der Erleuchtung: a) den vier Grundlagen der Achtsamkeit, b) den vier völligen Entsagungen; c) den vier Pfeilern der Emanation, d) den fünf Fähigkeiten, e) den fünf Kräften, f) den sieben Zweigen der Erleuchtung und g) dem achtfachen Pfad. Eine ausführliche Darstellung findet sich in Dhargyey, *Anthology*, und in T. Gyatso, *Einführung in den Buddhismus. Die Harvard-Vorlesungen*, 158ff.
Die restlichen Elemente (h-i) symbolisieren die zehn höheren Wahrnehmungen und besonderen Entwicklungen der Achtsamkeit sowie (j) das große Mitgefühl eines völlig erleuchteten Wesens (siehe Dallapiccola, 188-90).

30 Nach mündlichen Aussagen verschiedener Lehrer. Andere Darstellungen dieses Ereignisses finden sich in T. Gyatso, *The Buddhism of Tibet*, 33, in Dhargyey, *Anthology*, 171-72 und in Wallace, *Von Tibet nach New York*, 6.

31 Die Errichtung dieses gewaltigen Monuments beschreibt Dowman, *The Legend of the Great Stupa*.

KAPITEL ZWEI: DER BODHISATTVA-WEG

1 Dhargyey 199: »Es gibt zwei Hauptarten geistiger Schleier: 1) diejenigen, die auf störenden Einstellungen (d.h. den Verblendungen) beruhen und die Befreiung verhindern und 2) diejenigen, die

sämtliche Wissensobjekte betreffen und die die Allwissenheit verhindern.« Eine Erläuterung dieser beiden Arten von Schleiern findet sich in Dhargyey, 222-23.

2   Außer Avalokiteshvara, Manjushri und Vajrapani waren diese acht Bodhisattva-Schüler Maitreya (Tafel 32), Samantabhadra, Kshitigarbha, Akashagarbha und Sarvanivarana-Viskambini. Diese acht werden erwähnt im Widmungskapitel von Shantidevas *Eintritt...*; siehe K. Gyatso, *Meaningful to Behold*, 361-62.

3   Erläuterungen zu den mit dem Prozess einer Einweihung verbundenen Vorgängen finden sich in dem »Abisheka« überschriebenen Kapitel in Trungpa, *Feuer trinken, Erde atmen*. Vergleiche auch das Kapitel »Inspiration und der Guru« in Yeshe, *Wege zur Glückseligkeit. Einführung in Tantra*.

4   Eine ausführliche Liste von Synonymbegriffen für »inhärente Existenz« findet sich in Hopkins, *Meditation on Emptiness*, 36ff.

5   K. Gyatso, *Heart of Wisdom*, 29. Die in diesem Zitat ausgedrückten Gedanken lassen sich mit den beiden folgenden Beschreibungen der Unwissenheit, der Wurzelverblendung, von der alle geistigen und körperlichen Leiden und Frustrationen ihren Ausgang nehmen, sinnvoll vergleichen. Die erste Beschreibung stammt von Shakyamuni selbst und findet sich in dem Sutra mit dem Titel *Die Reiskeimlinge*:

Was nun ist die Unwissenheit? Es ist die Auffassung, in diesen sechs Elementen (d.h. Erde, Wasser, Feuer, Luft, Raum und Bewusstsein) gebe es eine Einheit, Stofflichkeit, Beständigkeit, Festigkeit, Dauer, Zufriedenheit, ein Selbst, ein Wesen, eine Seele, ein Lebewesen, eine Individualität, ein menschliches Wesen, eine Person, einen Mann, einen Jüngling, ein »Ich« oder ein »mein«. Diese verschiedenen Arten irriger Vorstellungen nennt man Unwissenheit. Wenn Unwissenheit besteht, werden Begehren, Übelwollen und Verwirrung im objektiven Feld des Bewusstseins in Gang gesetzt. (Übersetzt nach dem englischen Wortlaut von Frye in Sciaky, »A General Presentation«, 39.)

Die zweite findet sich in Hopkins, *Der tibetische Buddhismus*, 15-16:

Unwissenheit ist die Auffassung, die Dinge besäßen eine inhärente oder aufzeigbare konkrete Existenz; sie ist des weiteren die

Auffassung, Subjekt und Objekt seien inhärent verschiedene Entitäten. Sie ist nicht nur ein Mangel an Wissen über die Wirklichkeit, sondern eine irrige Auffassung über die Art und Weise, wie die Dinge existieren... Die Unwissenheit, die die Wurzel des Leidens ist, ist eine Auffassung, die von der Wirklichkeit abweicht, an der aber mit ungeheurer Überzeugung festgehalten wird. Wir sind davon überzeugt, Personen und andere Phänomene existierten als feste, konkrete, aus eigener Kraft angetriebene Einheiten, weil sie uns so erscheinen. Diese Erscheinungsweise jedoch ist von Grund auf irreführend, weil Menschen und Dinge keineswegs so existieren. Gleichwohl gehen wir kraft unserer eigenen Unwissenheit mit ihrer trügerischen Erscheinungsweise konform und gründen unser Leben auf diese auf einem falschen Fundament beruhende Übereinstimmung.

6 Zwischen den verschiedenen Schulen buddhistischer Lehrmeinungen besteht eine Kontroverse, ob die Weisheit, die die Leerheit erkennt, wie sie in den Sutras von der Vollkommenheit der Weisheit gelehrt wird, notwendig ist, um Befreiung aus dem Daseinskreislauf zu erlangen. Nähere Erläuterungen zu diesem Thema finden sich in Shantideva, *Eintritt...*, Kapitel 9, und T. Gyatso, *Transcendent Wisdom*, 43-54. Siehe auch Tsong-ka-pa, *Tantra in Tibet*, 36-42.

7 Vergleiche das Kapitel »Nothingness is not Emptiness« von Kensur Lekden in Tsong-ka-pa, *Compassion in Tibetan Buddhism*, 70-74.

8 Zopa Rinpoche, *Chod*, 27.

9 K. Gyatso, *Heart of Wisdom*, 159.

10 Ebenda, 160.

11 Ebenda, 157.

12 Ebenda, 150.

13 Benard, »Ma-chig Lab-drön«, 43.

14 Die Biographie Machig Labdröns findet sich in Allione, *Tibets Weise Frauen*, 191-257, und Benard, 43-51. Zu ihrer Vorgängerin, der großen Yogini Yeshe Tsogyal, vergleiche Anmerkung 11, Kapitel sechs.

Bilder des Erwachens

15 Eine Darstellung der Begegnung Padampa Sangyes mit dem großen tibetischen Yogi Milarepa findet sich in Chang, *The Hundred Thousand Songs of Milarepa*, 606-13. Und eine Übersetzung von Belehrungen, die Padampa Sangye kurz vor seinem Tod gegeben hat, bietet Evans-Wentz, *Great Liberation*, 241-52.

16 Diese unveröffentlichte Übersetzung des tibetischen Gebetes mit dem Anfangsvers »ma-sam jo-me« (tib. *smar.bsam brjod.med*) stammt von Lama Thubten Yeshe.

17 Geshe Palden Dakpa, »An Explanation of the Name Avalokiteshvara«, 90.

18 Gottheiten wie Avalokiteshvara sind nach der gängigen Praxis tibetischer Kunsttradition gekrönt mit Diademen, die fünf Juwelen enthalten. Vor dem vierzehnten Jahrhundert wiesen solche Diademe im Allgemeinen drei Juwelen auf, die die Drei Juwelen der Zuflucht, Buddha, Dharma und Sangha, symbolisierten.

19 Auf einigen Darstellungen des Lebensrades sind Emanationen Avalokiteshvaras abgebildet, die fühlende Wesen aus den sechs Bereichen herausführen. Vergleiche Lauf, *Tibetan Sacred Art*, 140-43.

20 Weitere Hinweise zu diesem Thema enthält Blofeld, *Mantra*.

21 Diese Darstellung basiert auf mündlichen Darlegungen Seiner Heiligkeit Sakya Trizin, Kalifornien 1978. Siehe auch T. Gyatso, *Logik der Liebe*, 155-57. Für dieses Thema ebenfalls relevant sind die ausführlichen Erläuterungen Lama Govindas in *Grundlagen tibetischer Mystik* sowie diejenigen Dilgo Khyentse Rinpoches in Sakya Trizin, *Essence of Buddhism*, und Sogyal Rinpoches in *Das tibetische Buch vom Leben und vom Sterben*, 339-43. Siehe auch Bokar Rinpoche, *Chenrezig, Lord of Love*, 37-42.

22 K. Gyatso, *Heart of Wisdom*, xviii-xix.

23 Geshe Wangyal, *Tibetische Meditationen*, (54-55).

24 Ebenda, 60.

25 Ebenda, 61.

26 Diese Übersetzung ist eine Adaption verschiedener Quellen, unter anderem auch der von Sogyal Rinpoches Rigpa-Gemeinschaft publizierten Version.

27 Dieses Gebet entstammt einer unveröffentlichen Sadhana, deren Übersetzer namentlich nicht bekannt ist. Weitere Erläuterungen zu den verschiedenen Manifestationen des Bodhisattvas des Mitgefühls bietet Piyasilo, *Avalokiteshvara*.

28 Im Tibetischen wird diese Farbe als rot-gelb (dmar.ser) bezeichnet.

29 Manjushris Geburt und seine Beziehung zu dem Fünfgipfligen Berg werden im Evans-Wentz, *Great Liberation*, 134-35, folgendermaßen beschrieben:

> Einst begab sich der Buddha nach China, um den Dharma zu lehren, aber anstatt seiner Stimme zu lauschen, verfluchten ihn seine Zuhörer. Daher kehrte er nach Indien auf den Geierberg zurück. Da er es für sinnlos erachtete, die Chinesen die höheren Wahrheiten zu lehren, beschloss er, die bedingten Wahrheiten und die Astrologie in China verkünden zu lassen. Während er sich noch auf dem Geierberg aufhielt, ließ der Buddha daher aus seinem Scheitel einen goldgelben Lichtstrahl hervorgehen. Der Strahl fiel auf einen Baum, der in der Nähe eines Stupa wuchs; dieser war einer von fünf Stupas, von denen sich jeweils einer auf jedem der fünf Gipfel des Fünfgipfligen Berges erhob. Aus dem Baum spross ein kropfartiger Auswuchs und aus diesem eine Lotosblüte. Und aus dieser Lotosblüte wurde Manjushri geboren. In seiner rechten Hand hielt er das Schwert der Weisheit und in seiner linken eine blaue Lotosblüte, auf der das *Buch der Weisheit* lag.

30 Nach mündlichen Erzählungen verschiedener Lehrer. Eine abweichende Version der Geschichte von Manjushri und den Möchtegern-Arhats, in der der Fragende als Shariputra statt als Vajrapani dargestellt wird, findet sich in Sakya Pandita, *Illuminations*, 126-27.

31 Vom Autor übersetzt. Eine abweichende Übersetzung dieses Gebetes findet sich in Dhargyey, 95.

32 Diese Geschichte wurde während einer Belehrung von Jack Kornfield in Barre, Massachusetts, berichtet. Eine ausführlichere Version findet sich in Kornfield, *Living Buddhist Masters*, 35, wo der Meditationsmeister als der Ehrwürdige Ajahn Chah identifi-

ziert wird. Eine Sammlung seiner Belehrungen bietet Ehrw. Ajahn Chah, *Bodhinyana.*

33 Yeshe, *The Sadhana of Vajrapani,* 11.

34 Nach Mullin, *Path of the Bodhisattva Warrior,* 6. Das Bild des Bodhisattva als eines spirituellen Kriegers wird näher entfaltet in Chögyam Trungpa, *Das Buch vom Meditativen Leben.*

KAPITEL DREI: DIE FÜNF BUDDHA-FAMILIEN

1 Die Buddhas der fünf Familien – in westlicher buddhistischer Literatur oft auch die fünf Dhyani- oder Meditations-Buddhas genannt – sind hier in ihrem *Nirmanakaya*-Aspekt dargestellt, während sie auf Tafel 9 in ihrem *Sambhogakaya*-Aspekt erscheinen. Wie in der Anmerkung 21 zu Kapitel vier und in den Erklärungen zu Tafel 6 in Kapitel fünf erläutert, manifestieren sich erleuchtete Wesen in verschiedenen »Formkörpern« (skt. *rupakaya*), um den verschiedenen Bedürfnissen fühlender Wesen zu entsprechen. Den Wesen mit geringeren Fähigkeiten erscheinen sie als »Ausstrahlungskörper« (skt. *nirmanakaya*); diese werden ikonographisch in der Gestalt von Mönchen, die völlige Entsagung verkörpern, dargestellt, wie in Abbildung 7. Für Schüler mit höheren Fähigkeiten manifestieren sie sich als »Körper des vollkommenen Erfreuens« (skt. *sambhogakaya*); auf den entsprechenden Darstellungen tragen sie königliche Gewänder, Juwelengeschmeide und umarmen manchmal eine Gefährtin.

Alle Formkörper entstehen aus dem von allen Hindernissen freien, allwissenden Bewusstsein erleuchteter Wesen. Solch ein vollkommen erleuchtetes Bewusstsein heißt »Wahrheitskörper« (skt. *dharmakaya*) eines Buddha und wird nur von anderen vollkommen erleuchteten Wesen wahrgenommen. Obwohl der Wahrkeitskörper gestaltlos ist, gibt es dennoch ikonographische Darstellungen von Buddhas im Dharmakaya-Aspekt. Ein solcher Dharmakaya-Buddha ist in der Nyingma-Tradition Samantabhadra (nicht zu verwechseln mit dem in der Anmerkung 2 zu Kapitel zwei erwähnten Bodhisattva). Wie Chögyam Trungpa in *Visual Dharma*, 20, erklärt, ist Samantabhadra »nackt dargestellt und symbolisiert die Formlosigkeit und Einfachheit des Dharmakaya. Er trägt den Scheitelknoten, ist von dunkler Farbe und hält seine Hände in der Mudra der Meditation.« Die andere wichtige Dharmakaya-Darstellung ist Vajradhara, der in diesem Buch auf Tafel 16 abgebildet ist. Trungpa erklärt:»Vajradhara erscheint in Sambhogakaya-Gewändern und -geschmeide, die die gleichen sind wie die der friedvollen Yidams. Samantabhadra und Vajradhara sind die uranfänglichen Buddhas, die die von jeglicher Bedingtheit völlig losgelöste Natur des erleuchteten Geistes darstellen. Nach der Schule der Neuen Übersetzungstradition (Sarma) nahm Shakyamuni die Gestalt Vajradharas an, um die Tantras zu lehren.«

2   Das folgende Material über die Beziehung zwischen Farbe und spiritueller Transformation entstammt den mündlichen Unterweisungen, die der Künstler von seinem Hauptlehrer in der Thangka-Malerei erhielt. Die Form der Darstellung ist angelehnt an die Behandlung des Themas in Trungpa, *Visual Dharma*, 24-26. Siehe auch Trungpa, *Feuer trinken, Erde atmen*, 48ff. Ausführungen zu den fünf Buddha-Familien und zur Erfahrung der Farbe während des Zwischenzustands enthält Lama Lodo, *Bardo Teachings*. Und schließlich findet sich eine interessante psychologische und mythologische Interpretation der fünf Buddhas und der Erfahrung des Zwischenzustands in Campbell, *Transformations of Myth through Time*, 171-188.

3   Die mit den fünf Buddha-Familien in Verbindung stehenden fünf transzendenten Weisheiten lassen sich als die völlig gereinigten Formen der fünf grundlegenden Weisheiten auffassen, die während des in Kapitel fünf im Abschnitt über Yamantaka (Tafel 20) kurz skizzierten Sterbeprozesses aufgelöst werden. Diese fünf grundlegenden Weisheiten werden in K. Gyatso, *Clear Light of Bliss*, 77-78, folgendermaßen beschrieben:

Die grundlegende spiegelgleiche Weisheit verdankt ihren Namen der Eigenschaft eines Spiegels, viele Gegenstände von unterschiedlichster Gestalt gleichzeitig zu reflektieren; ebenso kann ein einziger gewöhnlicher Geist viele Gegenstände gleichzeitig wahrnehmen. Der Geist, der vergangene Erfahrungen als angenehm, schmerzhaft oder neutral erinnert, ist die grundlegende Weisheit der Gleichheit (des Gleichmuts). Die grundlegende Weisheit der auf das Einzelne gerichteten Analyse (die unterscheidende Weisheit) erinnert sich an die jeweiligen Namen der eigenen Freunde, Verwandten usw. Ein Geist, der gewöhnliche äußere Tätigkeiten, Absichten usw. erinnert, ist die grundlegende Weisheit des Vollbringens. Und die fünfte, die grundlegende Weisheit des Dharmadatu (die allumfassende Weisheit), ist der Geist, der der Same des Wahrheits-Weisheitskörpers eines Buddha ist.

4 In der hier präsentierten Anordnung hat Akshobya die Mitte des Mandala inne, und Vairochana befindet sich im Osten. Es sei darauf hingewiesen, dass die Positionen dieser beiden Buddhas gelegentlich vertauscht sein können. Bei Einweihungen in Gottheiten, die zur Lotosfamilie gehören, nimmt Amitabha die Mittelposition ein.

5 Erläuterungen zu diesen Sutras bietet Sangharakshita, *Das Buddha-Wort*, 178ff und *A Survey of Buddhism*, 354-80.

6 Sangharakshita, *A Survey of Buddhism*, 359. Die Legende von Dharmakaras Gelöbnis vor Lokeshvararaja findet sich in Campbell, *The Mythic Image*, 221-224.

7 Aus einer Sadhana des Fünf-Gottheiten-Heruka Chakrasamvara, Übersetzer unbekannt.

8 Übersetzt von Glenn Mullin und Thepo Tulku, veröffentlicht in T. Chodron, *Pearl of Wisdom*, 48-56. Siehe auch T. Yeshe, *Transference of Consciousness at the Time of Death* und K. Gyatso, *Po-wa Sadhana*, die beide die Praxis der Bewusstseinsübertragung in Verbindung mit Amitabha beschreiben; und Sogyal Rinpoche, *Das Tibetische Buch vom Leben und vom Sterben*, 257ff.

KAPITEL VIER: ERLEUCHTETES WIRKEN

1 Nach T. Gyatso, *The Union of Bliss and Emptiness*, 143.

2 Die Legenden berichten, dass aus Avalokiteshvaras Tränensee zwei Göttinnen erstanden: Tara als Sinnbild seines Mitgefühls und Bhrikuti als Sinnbild seiner Weisheit. Die Tibeter identifizieren diese beiden Göttinnen für gewöhnlich als die Grüne und die Weiße Tara, die ihrerseits wieder mit den beiden Frauen von König Songtsen Gampo in Verbindung gebracht werden. Verglei-

che Willson, *In Praise of Tara*, 12 und 25, und auch Wangyal, *Tibetische Meditationen*, 60.

3 Willson, 34. Taranathas Darstellung der Geschichte von Prinzessin Jnanachandra findet sich in Templeman, *The Origin of the Tara Tantra*, 11ff.

4 Nach Willson, 180-181.

5 Siehe Blofeld, *Bodhisattva of Compassion: The Mystical Tradition of Kuan Yin*.

6 Siehe Galland, *Longing for Darkness: Tara and the Black Madonna*. Siehe auch Willson, 11-25, zu den verschiedenen Aspekten Taras und ihren Beziehungen zu anderen weiblichen Gottheiten.

7 Galland, 59-67, bietet eine Beschreibung einer Pilgerreise zu dieser Stätte und eine Fotografie des zu Tage tretenden Tara-Bildnisses.

8 K. Gyatso, *Praise and Request to the Twenty-one Taras*, 9 und 13. Eine abweichende Übersetzung und einen Kommentar bietet Willson, 136 und 149. Siehe auch die entsprechenden Seiten in Beyer, *The Cult of Tara*.

9 Weber et al., *Tara's Colouring Book,* Einführung.

10 Übersetzung des Autors. Eine andere Version dieses Gebetes findet sich in Willson, 121.

11 Mullin, *Selected Works of the Dalai Lama I: Bridging the Sutras and Tantras*, 121.

12 Interessanterweise ist die äußere Erscheinung der Grünen Tara als Gottheit des Kriya-Tantra identisch mit ihrer Erscheinung als Gottheit des Höchsten Yoga-Tantra. Dies im Gegensatz zum Beispiel zum Buddha der Weisheit, dessen gewöhnliche Gestalt als Kriya-Tantra-Gottheit, Manjushri (Tafel 7), sich von seiner Erscheinung als Gottheit des Höchsten Yoga-Tantra, Yamantaka (Tafel 20), völlig unterscheidet. Vergleiche Anmerkung 3 zu Kapitel fünf.

13 Dieses Gebet ist aus einer unveröffentlichen Sadhana entnommen, Übersetzer unbekannt.

14 Nach K. Gyatso, *The Daily Practice of the Wish-fulfilling Circle*, 7.

15 Eine andere Version dieser Geschichte findet sich in Amdo Jamyang, *New Sun*, 7.

16 Nach Sciaky, »A General Presentation«, 25-26.

17 Diese Geschichte wurde einer mündlichen Belehrung von Geshe Ngawang Dhargyey entnommen.

18 Aus einem unveröffentlichen Manuskript, herausgegeben vom Kloster Rabten Chöling, mit dem Titel *Ushnisha Vijaya Sadhana: The Method of Accomplishing the Totally Victorious Crown of the Head,* 4.

19 Ebenda, 4.

20 Ebenda, 10.

21 Amitabha wird nicht immer in dem Nirmanakaya-Aspekt eines Mönchs abgebildet, und auch Amitayus präsentiert sich nicht immer in einem juwelengeschmückten Sambhogakaya-Aspekt. Selbst Shakyamuni Buddha selbst wird manchmal in einem glorreichen Sambhogakaya-Aspekt statt als asketischer Mönch abgebildet.

22 K. Gyatso, *The Yoga of Buddha Amitayus*, 12-14 und 22.

23 Je nach Art der Übung wird der Heilende Lapislazuli-Meister zusammen mit sechs oder – wenn Shakyamuni selbst mit dazukommt – mit sieben anderen Buddhas visualisiert. In K. Gyatso, *Medicine Guru Sadhana,* heißen die sechs weiteren Medizin-Buddhas wie folgt: König des Klaren Wissens, Wohlklingender Ozean des Verkündeten Dharma, Höchster Leidloser Ruhm, Makelloses Höchstes Gold, König des Wohllauts und Glorreicher Ruhm der Edelsten Zeichen. Siehe auch Thubten Gyatso, *Medicine Guru Sadhana.*

24 Birnbaum, *Der Heilende Buddha,* 122.

25 Siehe Sangharakshita, *Das Buddha-Wort,* 224.

26 Birnbaum, 248.

27 Siehe Wallace, *Ambrosia Heart Tantra.*

28 Ebenda, 33

29 Ebenda, 34

30 Siehe Donden, *Gesundheit durch Harmonie* und Clifford, *Tibetische Heilkunst.*

31 Nach Thubten Gyatso, *Medicine Buddha Sadhana*, 9.

32 In dem Pali-Sutra mit dem Titel *Die Atanata-Schutzverse* wird der Wächterkönig des Nordens als König Vessavana bezeichnet, was dem Sanskritnamen Vaishravana entspricht. Siehe Walshe, 471-478.

33 Diese Geschichte wurde von verschiedenen Lamas mündlich mitgeteilt.

KAPITEL FÜNF: DER WEG VON GLÜCKSELIG-KEIT UND LEERHEIT

1 Diese Auffassung wird besonders deutlich in Waddell, *Tibetan Buddhism*, erstveröffentlicht 1894. Sie taucht auch auf in Getty, *The Gods of Northern Buddhism*, erstveröffentlicht 1914.

2 Siehe Moacanin, *Archetypische Symbole und tantrische Geheimlehren.*

3 Die vier Tantraklassen heißen in der Reihenfolge zunehmender Tiefgründigkeit: Kriya- (Handlungs-), Charya- (Ausübungs-), Yoga- und Anuttara-Yoga- (Höchstes Yoga-) Tantra. Eine Erläuterung ihrer verschiedenen Charakteristika findet sich in Tsong-ka-pa, *Tantra in Tibet*, 52-53, 74-76, 129-38, 201-09. Siehe auch T. Gyatso, *Kalachakra Tantra*, und Mullin, *The Practice of Kalachakra.*

4 Zu den vielen Büchern über die Vorbereitenden Übungen gehören Tharchin, *Commentary on Guru Yoga and Offering of the Mandala;* Jamgon Kongtrul, *Torch of Certainty*; Rabten, *Preliminary Practices*; und Jig-me Ling-pa, *Innermost Essence.*

5 Übersetzt von Sharpa Tulku und Alexander Berzin, publiziert in T. Gyatso, *Kalachakra Initiation*, 71. Eine abweichende Fassung findet sich in T. Gyatso, *Kalachakra Tantra*, 426-27.

6 Sämtliche Mahayana-Wege, Sutra wie Tantra, sind eine Verbindung von Methode und Weisheit, aber nur im Höchsten Yoga-Tantra werden beide gleichzeitig als zwei Aspekte der subtilsten Schicht des Bewusstseins entwickelt. Eine ausführliche Erläuterung der Bedeutung dieser Tatsache für das Erreichen der völligen Erleuchtung der Buddhaschaft findet sich in T. Gyatsos »Vajraya-

na« und »Greatness of Mantra« in Tsong-ka-pa, *Tantra in Tibet,*
47-53, 60-66, und in *Kalachakra Tantra,* 29. Siehe auch Hopkins,
Der Tibetische Buddhismus. Sutra und Tantra.

7 Tenzin Gyatso, *Kalachakra Initiation,* 73. Siehe auch T. Gyatso, *Kalachakra Tantra,* 431.

8 Eine ausführliche Erläuterung dieser vier bietet
Dhargyey, 77-80.

9 Siehe Wayman, *Yoga of the Guhyasamajatantra.*

10 Siehe Nalanda Translation Committee, *The Life of Marpa the
Translator,* 15-17, 23, 52-54 usw.

11 Mullin, *Path of the Bodhisattva Warrior,* 286-287. Auf Seite
287-293 dieses Buches skizziert der Dreizehnte Dalai Lama die
Übungen Guhyasamajas.

12 Tibetan Art Calender (Wisdom Publications) für den Dezem-
ber 1989, mit einem erklärenden Text von Lokesh Chandra.

13 Mullin, *Path,* 294, führt die verschiedenen indischen Überlieferungslinien Guhyasamajas auf.

14 Erläuterungen über die Erzeugungsstufe und ihre Verbindung
von Leerheits- und Gottheiten-Yoga bieten Cozort, *Highest
Yoga Tantra;* Tsong-ka-pa, *Tantra in Tibet,* 117-128; und
Hopkins, *Der Tibetische Buddhismus,* (155-164). Siehe auch
Hopkins' Erörterung dieses Themas in T. Gyatso, *Kalachakra
Tantra,* 23-38, 48-58.

Wie bereits erläutert, bedeutet der Ausdruck *Mantra* »Schutz des
Geistes« (vergleiche die Einführung, Anmerkung 6); der Schutz,
der dem Geist durch die Übungen der Erzeugungsstufe des
Höchsten Yoga-Tantra gewährt wird, wird vom Dalai Lama, Tenzin Gyatso, folgendermaßen erklärt:
Die Übung des Mantra besteht aus zwei Hauptfaktoren: aus dem
Stolz auf sich selbst als Gottheit und aus der klaren Erscheinung
dieser Gottheit. Göttlicher Stolz schützt einen vor dem Stolz,
gewöhnlich zu sein, und die klare göttliche Erscheinung schützt
einen vor den gewöhnlichen Erscheinungen. (Tsong-ka-pa, *Tantra in Tibet,* 47.)

15 Die Art und Weise, in der eine eng begrenzte Ich-Identität Leiden hervorbringt, und die tantrische Lösung dieses Problems

werden erläutert in Yeshe, *Wege zur Glückseligkeit. Einführung in Tantra, 44 ff.*

16 Eine ausführliche Darstellung der Erzeugungsstufe findet sich in Cozort, 65ff, und durchgängig in K. Gyatso, *Clear Light of Bliss.* Siehe auch Mullin, *Path*, 290-292.

17 Bei der Darstellung der verschiedenen Vajrayana-Techniken »zur Manifestation des grundlegenden angeborenen Geistes des Klaren Lichtes« schreibt der Vierzehnte Dalai Lama: Im *Guhyasamaja-Tantra*... geht es vor allem darum, die Achtsamkeit ganz und gar auf die Winde zu lenken; im *Chakrasamvara*- und im *Hevajra-Tantra* geht es vor allem um die vier Freuden, und die Technik der Manifestation des Klaren Lichtes vermittels nicht-begrifflicher Meditation findet sich vor allem in der Lehre der Großen Vollendung (Dzog-chen) innerhalb der Nyingma-Schule und in der Lehre des Großen Siegels (Mahamudra) innerhalb der Kagyü-Schule. Alle diese Lehren sind Übungsweisen, die in gültigen und verlässlichen Quellentexten des Höchsten Yoga-Tantra beschrieben sind. (Nach T. Gyatso, *The Kalachakra Tantra*, 163.)

18 Eine andere Version dieser Geschichte bietet Getty, *The Gods of Northern Buddhism*, 152-153.

19 T. Gyatso, *Logik der Liebe*, 135. Joseph Campbell gibt in *The Power of Myth*, 222, folgende psychologische Deutung der Erscheinung friedvoller und zornvoller Gottheiten: »Wenn du mit aller Gewalt an deinem Ego und an seiner kleinen vergänglichen Welt von Freuden und Sorgen hängst und um keinen Preis loslassen willst, dann wird der zornvolle Aspekt der Gottheit erscheinen. Er wird schreckenerregend sein. Doch in dem Augenblick, in dem dein Ego aufgibt und kapituliert, wird eben derselbe Meditationsbuddha als Spender von Glückseligkeit erlebt.«

20 Die *Lo-jong*-Literatur ist sehr umfangreich, und gegenwärtig sind viele Texte und Kommentare verfügbar, unter anderem Rabten, *Advice from a Spiritual Friend*; K. Gyatso, *Universal Compassion*; und T. Gyatso, *Logik der Liebe*, 137ff.

21 Dharmarakshita, *The Wheel of Sharp Weapons*, 17.

22 Ebenda, 17.

23 Ebenda, 27.

Bilder des Erwachens

24 Ebenda, 38-39.

25 Eine Liste und eine Erläuterung dieser Kategorien bietet Sangharakshita, *Das Buddha-Wort*, 36ff, und Dhargyey, 293-294.

26 Siehe Kapitel eins, Anmerkung 29.

27 Nach Aussage der höchsten Schule der buddhistischen Philosophie gibt es nur eine Leerheit: das Nichtvorhandensein von inhärenter Existenz. Es lassen sich jedoch verschiedene Arten von Leerheiten unterscheiden im Hinblick auf ihre jeweilige Grundlage, d.h. auf die Phänomene, denen diese inhärente Existenz abgesprochen wird. Siehe Hopkins, *Meditation on Emptiness*, 204-205. Die sechzehn Leerheiten heißen wie folgt: 1. die Leerheit von inneren Wesenheiten, 2. von äußeren Wesenheiten, 3. von Innerem und Äußerem, 4. die Leerheit der Leerheit, 5. der Unermesslichkeit, 6. des Letztendlichen, 7. des Bedingten, 8. des Nicht-Bedingten, 9 dessen, was jenseits der Extreme liegt, 10. dessen, was weder Anfang noch Ende hat, 11. dessen, was nicht beiseite gelassen werden darf, 12. der eigenen Natur eines Phänomens, 13. aller Phänomene, 14. definierender Merkmale, 15. des Nicht-Erfassbaren und 16. der Nicht-Dinge. Diese sechzehn werden erläutert in Lama Tsong Khapas Kommentarwerk *Klare Erhellung der Bedeutung*, das den Gedankengang von Chandrakirtis *Einführung in den Mittleren Weg* interpretiert; siehe Geshe Rabten, *Echoes of Voidness*, 85-90.

28 Die acht großen Verwirklichungen und die acht Kräfte werden folgendermaßen aufgelistet: Die acht Verwirklichungen sind die Siddhis der Arzneikugel, der Augenarznei, des Unter-die-Erde-Gehens, des Schwertes, des Himmels, des Verschwindens, der Unsterblichkeit und der Zerstörung von Hindernissen. Die acht Kräfte sind die des Körpers, der Rede, des Geistes, der Magie, die Fähigkeit, überall hinzugelangen, die Kraft des Ortes, die Fähigkeit, alles Gewünschte zu vollbringen, und die Kraft des Glückes.

29 Pabongka Rinpoche, *Liberation in the Palm of Your Hand*, 342. Eine andere Übersetzung dieses berühmten Zitats bietet Sogyal Rinpoche, *Das tibetische Buch vom Leben und vom Sterben*, 59.

Die Angst vor dem Tod
hat mich in die Einsamkeit der Berge getrieben.

Wieder und wieder habe ich
über die Ungewissheit der Todesstunde meditiert
und so die Festung der unsterblichen,
unendlichen Natur des Geistes erobert.
Jetzt ist es mit aller Angst vor dem Tod vorbei.

30 Das folgende Material über den Sterbeprozess stammt von K.
Gyatso, *Clear Light of Bliss*, 67-87. Siehe auch Lati Rinbochay,
*Tod, Zwischenzustand und Wiedergeburt im Tibetischen Bud-
dhismus*, 32-48; Sogyal Rinpoche, *Das tibetische Buch vom Leben
und vom Sterben* 293ff, und Gedun Chopel, *Tibetan Arts of Love*,
95-120.

31 Das Wort »auflösen« ist hier ausschließlich in übertragenem
Sinn zu verstehen. Das Erdelement löst sich zum Zeitpunkt des
Todes nicht wirklich in Wasser auf; vielmehr scheint in dem Maße,
wie die Fähigkeit des festeren Elements abnimmt, als Träger des
Bewusstseins zu fungieren, das subtilere Element an Stärke zuzu-
nehmen und die Oberhand zu gewinnen. Die Ausdrucksweise der
traditionellen Texte ist als Hilfe für die Meditation gedacht.

Die Elemente selber werden folgendermaßen erklärt:
Das erste heißt »Erde«, aber es bedeutet vor allem Festigkeit und
Widerstand. »Wasser« ist das Flüssige und Befeuchtende; »Feuer«
bezieht sich auf Hitze und Verbrennung; »Wind« bezeichnet auf
einer gröberen Ebene die Luft, die wir ein- und ausatmen, und auf
subtiler Ebene versteht man darunter die Energieformen, welche
Bewegung, Wachstum und Veränderung ermöglichen. (T. Gyatso,
Die Lehre des Buddha, 46.)

32 Aus einer privat vertriebenen Broschüre mit zwei Yamantaka-
Sadhanas, publiziert 1975 von Vajrahammer Publications, 33.

33 Mullin, *Path*, 283.

34 Das folgende Material stammt aus K. Gyatso, *Guide to Dakiniland*, 3ff.

35 Biographien dieser vierundachtzig Mahasiddhas finden sich in
Robinson, *Buddha's Lions*, und in zwei Büchern von Dowman:
Die Meister der Mahamudra und *Meister des Tantra*. Das letztere Buch enthält schöne Illustrationen von Robert Beer; sein Bild
von Ghantapas Davonschweben in den Raum liefert eine packen-
de Veranschaulichung der folgenden Geschichte. Siehe auch K.

Gyatso, *Guide to Dakiniland*, 10-15; dort finden sich biographische Berichte zu Luipa, Ghantapa, Darikapa, Kusali und anderen großen Praktizierenden von Chakrasamvara und Vajrayogini. Es sei darauf hingewiesen, dass sich die hier vorgestellte Version der Geschichte Ghantapas (die aus *Guide to Dakiniland* übernommen ist) von derjenigen in *Meister des Tantra* in einigen Punkten unterscheidet.

Eine Erläuterung zur Luipa- und zur Ghantapa-Überlieferungslinie von Chakrasamvara bietet Mullin, *Path*, 296-298.

36 Dowman, *Meister der Mahamudra*, 34.

37 Ebenda, 34.

38 Siehe Günther, *The Royal Song of Saraha*.

39 Nach K. Gyatso, *Guide to Dakiniland*, 10.

40 Dowman, *Meister der Mahamudra*, 323.

41 Siehe Chang, *Six Yogas of Naropa* und Günther, *The Life and Teachings of Naropa*.

42 Wie Geshe Thegchok in seinem Kommentar zu Je Tsong Khapas *Lobpreis des Bedingten Entstehens* auf Seite 45 schreibt: In dem *Sutra, das von Dritarashtra erbeten wurde*, lehrte Buddha die nicht-inhärente Existenz in Bezug auf die *drei* Tore zur Befreiung. Das erste Tor besteht darin, dass die *eigene Wesenheit* aller Phänomene leer von inhärenter Existenz ist; das zweite besteht darin, dass *Ursachen* frei von dem Zeichen inhärenter Existenz sind; und die dritte besteht darin, dass *Resultate* nicht innerhalb der Sphäre der inhärenten Existenz erzeugt werden. (Hervorhebungen J. Landaw.)
Zur nicht inhärenten Existenz von eigener Wesenheit, Ursache und Resultat lässt sich ein viertes Tor zur Befreiung hinzufügen, nämlich die Tatsache, dass *Handlungen* nicht inhärent existent sind.

43 Die folgenden Ausführungen basieren auf einer von Lati Rinpoche mündlich empfangenen Unterweisung. Weitere Hinweise über die integrierte Praxis dieser drei Hauptgottheiten bietet T. Gyatso, *The Union of Bliss and Emptiness*, 12-15.

44 Eine Erläuterung dieser vier Freuden bietet K. Gyatso, *Clear Light of Bliss*, 93-99.

45 Eine detaillierte Beschreibung dieser Gottheit und ihrer Praxis findet sich in K. Gyatso, *Guide to Dakiniland*. Siehe auch Yeshe, *Vajrayogini*.

46 Die beiden anderen Hauptformen dieser – manchmal auch Vajradakini genannten – Gottheit wurden den indischen Meistern Indrabhuti und Maitripa geoffenbart.

47 K. Gyatso, *The Quick Path*, 119-20.

48 Ebenda, 10-11.

49 Ebenda, 11.

50 K. Gyatso, *Clear Light of Bliss*, 124.

51 Ebenda. Ein ähnlicher Hinweis findet sich in Yeshe, *Wege zur Glückseligkeit. Einführung in Tantra*, 153.

52 Die folgende Darstellung basiert auf mündlichen Unterweisungen verschiedener Lamas und auch auf Kalu Rinpoche, *Mahakala*.

53 Siehe Dowman, *Die Meister der Mahamudra*, 60-62, dem das folgenden Material entnommen wurde.

54 Trungpa, *Visual Dharma*, 22.

55 Gendun Drub, *Bridging the Sutras and Tantras,* 162-163.

KAPITEL SECHS: EINE LEBENDIGE TRADITION

1 Nalanda, *The Life of Marpa*, 92.

2 Einen historischen Abriss der Verbreitung des Buddhismus von Indien nach Tibet und der Entwicklung der wichtigsten buddhistischen Überlieferungslinien in Tibet – einschließlich ausgewählter Belehrungen aus diesen Überlieferungslinien – bietet Batchelor, *The Jewel in the Lotos*. Siehe auch Tarthang Tulku, »A History of the Buddhist Dharma«, 127ff und »History«, 75ff. Eine Geschichte der wichtigsten tibetischen Überlieferungslinien und eine Erörterung ihrer künstlerischen Entwicklung findet sich in Rhie und Thurman, *Wisdom and Compassion*, 26, 165-309.

3 Die Ansichten Seiner Heiligkeit des Vierzehnten Dalai Lama zu diesem Thema sind erläutert in T. Gyatso, *Ein menschlicher*

Weg zum Weltfrieden. Vergleiche auch Anmerkung 19 zu diesem Kapitel.

4 Jamyang Khyentse Rinpoche, »The Opening of Dharma«, in T. Gyatso, *Four Essential Buddhist Texts*, 16.

5 Dowman, *The Legend of the Great Stupa*, 74. Einige Elemente dieses Berichtes über die wunderbare Geburt Guru Rinpoches erscheinen in dem folgenden Gebet des Siebten Dalai Lama, Kelsang Gyatso (1708-1757), mit dem Titel »Ein Gebet an den Lotosgeborenen«:

> Im nordwestlichen Land Urgyan (Orgyan),
> Einem durch Zauberkraft erzeugten Tal von vollkommener
>   Schönheit,
> Sprießt eine mächtige Lotosblüte,
> Und auf ihr erscheint eine wundersame, magische
>   Verwandlung.

> Auf ihr sitzt der lotosgeborene Guru,
> Ein Träger diamantenen Wissens,
> Der in seiner Hand einen funkelnden Vajra hält,
> Der in der furchtlosen Kraft jener Weisheit erstrahlt,
>   die kühn die Wahrheit erschaut.

> O Lotosgeborener samt deinen acht Emanationen,
> Der du Stärke verleihst, die jedes Hindernis zu überwinden
>   vermag:
> Befriede die Umstände, die den Lebewesen Schaden bringen,
> Und entfalte alle Umstände, die Güte, Licht und Befreiung
>   erwirken.

(Mullin, *Selected Works of Dalai Lama VII*, 164.)

6 Yeshe Tsogyal, *Life*, 186.

7 Eine Beschreibung der Hauptmanifestationen Guru Rinpoches bietet Sogyal, *Dzogchen & Padmasambhava*, 29-35. Von besonderem Interesse sind die acht Manifestationen Guru Rinpoches, die auf Thangkas und bei den – von maskierten Tänzern aufgeführten – »Lama-Tänzen« im ganzen Himalaya-Gebiet dargestellt werden. Diese acht werden von Lama Tharchin, einem zeitgenössischen Nyingma-Meister, in Verbindung mit ihren jeweiligen spezifischen Aktivitäten so beschrieben:

a) Padmasambhava: er erscheint als der Lotosgeborene, völlig rein.

b) Gyagar Panchen: er zeigt die Qualitäten eines großen indischen Gelehrten.

c) Loden Chokse: er besitzt einen von Manjushri untrennbaren, allwissenden Geist.

d) Pema Gyalpo: er offenbart sich als König, der alle Daseinsbereiche beherrscht.

e) Nyima Oser: er vertreibt die Dunkelheit der Unwissenheit.

f) Shakya Senge: er erscheint als der Mönch, der zum großen Befreier aller Lebewesen wurde.

g) Senge Dradok: er vernichtet extreme falsche Sichtweisen und die dämonischen Kräfte, die entstehen, wenn tantrische Gelübde gebrochen werden.

h) Dorje Drolo: er erscheint als grimmiger Vernichter von Widersachern und alles dessen, was die Erleuchtung verhindert. In dieser Gestalt erschien Guru Rinpoche, als er den Dharma nach Bhutan brachte.

Weitere Hinweise zu diesen acht Manifestationen bieten Tarthang Tulku, »The Vajra Guru Mantra«, 17-39; Olschak, *Mystic Art of Ancient Tibet*, 25-32; und Yeshe Tsogyal, *The Life and Liberation of Padmasambhava*, 191-218.

8 Evans-Wentz, *The Tibetan Book of the Great Liberation*, 146. Der auf wundersame Weise entstandene See wurde identifiziert als Rewalsar in der Nähe der nordindischen Stadt Mandi.

9 Schriften dieses großen Meisters sind publiziert in Longchenpa, *You are the Eyes of the World*, und Thondup Rinpoche, *Buddha Mind*.

10 Siehe Jig-me Ling-pa, *The Dzogchen Innermost Essence Preliminary Practice*.

11 Biographien dieser großen Yogini sind Tarthang Tulku, *Mother of Knowledge*, und Dowman, *Sky Dancer*.

12 Eine ausführliche Darstellung der Geschichte und der Lehren der Nyingma-Tradition bietet Seine Heiligkeit Dudjom Rinpoche, *The Nyingma School of Tibetan Buddhism*. Die Reinkarnation dieses großen Tertön wurde am 9. Oktober 1990 geboren und von seiner Heiligkeit dem Dalai Lama offiziell anerkannt.

13 Unter den publizierten Werken dieses Meisters ist auch sein *Wish-fulfilling Jewel.*

14 Dowman, *Legend of the Great Stupa*, 104-107.

15 Dhargyey, 10-11.

16 Nach Dhagyey, 11.

17 Ebenda, 19.

18 Doboom Tulku, 11.

19 In Geshe Dhargyeys Kommentar über diesen Vers aus Atishas *Der Juwelenkranz eines erwachenden Kriegers* (in Geshe Rabten und Geshe Dhargyey, *Advice from a Spiritual Friend*, 128) finden sich folgende Bemerkungen über die Bedeutung religiöser Toleranz:

> Wir sollten einem spirituellen System folgen, das unseren eigenen Fähigkeiten am besten angemessen ist, und es vermeiden, andere Traditionen zu kritisieren. Menschen mit unterschiedlichen Voraussetzungen folgen natürlicherweise unterschiedlichen Traditionen. Es ist nicht an uns, nur deswegen, weil wir einem bestimmten System anhängen, andere von dem von ihnen gewählten Weg abbringen und sie kritisieren zu wollen, indem wir ihrer Entscheidung die Berechtigung absprechen. Wenn wir andere religiöse Systeme herabwürdigen, dann begehen wir den schwerwiegenden Verstoß, den Dharma preiszugeben. Buddha Shakyamuni hat gesagt: »Die Konsequenzen religiösen Sektierertums sind viel schlimmer als das Töten von Heiligen oder die Zerstörung so vieler religiöser Bauwerke, wie Sandkörner im Ganges sind.«

20 Ebenda, 99-102.

21 Amipa, *A Waterdrop from the Glorious Sea*, 15.

22 C. Trichen, *The History of the Sakya Tradition*, x.

23 Seine Heiligkeit Sakya Trizin, *Parting from the Four Attachments*, 40. Dieser Text enthält mehrere Kommentare zu diesen Versen. Einer dieser Kommentare, derjenige aus der Feder des im fünfzehnten Jahrhundert lebenden Meisters Ngorchen Kunga Zangpo, ist auch enthalten in Batchelor, *The Jewel in the Lotos*, 209-247.

24 Die Fünf Herausragenden sind Könchog Gyalpos Sohn Kunga Nyingpo (1092-1158), Kunga Nyingpos Söhne Sönam Tsemo (1142-1182) und Dagpa Gyaltsen (1147-1216), Kunga Nyingpos Enkel Kunga Gyaltsen (1181-1251) und sein Urenkel Chögyal Pagpa (1235-1280).

25 Amipa, *A Waterdrop from the Glorious Sea*, 39.

26 Ebenda, 39-40.

27 Nagarjuna und Sakya Pandita, *Elegant Sayings*, 112-113.

28 Nalanda Translation Committee, *The Life of Marpa the Translator*, xxiv.

29 Ebenda, xxxvii.

30 Ebenda, 92.

31 Ebenda, 99. Biographien einiger der berühmtesten Linienhalter der Tradition Marpas bietet Gyaltsen, *The great Kagyu Masters*.

32 Ebenda, 89.

33 Sogyal Rinpoche, *Dzogchen & Padmasambhava*, 38. In seinem Anmerkungen nennt Sogyal Rinpoche als Quelle dieses Zitats The International Translation Committee, Drajur Dzamling Kunchab, *The Last Public Teaching of Lama Kalu Rinpoche*, Sonada, 28. März 1989.

Die Reinkarnation Seiner Heiligkeit des XVI. Karmapa wie auch diejenige Seiner Eminenz Kalu Rinpoche wurden anerkannt und inthronisiert. S. H. der XVII. Karmapa Ogyen Drodul Trinley Dorje wurde am 27. September 1992 im Kloster Tsurphu in Tibet inthronisiert. Die Wiedergeburt Seiner Eminenz Kalu Rinpoche, der im Mai 1989 verschied, wurde am 25. Februar 1993 im Kloster Samdrup Darjay Choling in Sonada, Indien, inthronisiert.

34 Rolpe Dorje (1340-1383), der Vierte Karmapa, gab dem jungen Tsong Khapa den Namen Kunga Nyingpo und prophezeite: »Dies ist ein heiliges Kind, das den Menschen großen Nutzen bringen wird. Daher ist es wie ein zweiter Buddha, der nach Tibet gekommen ist.« (Karma Trinley, *History of the Sixteen Karmapas*, 66.)

35 Thurman, *Life and Teachings of Tsong Khapa*, 9.

36 Der Ausdruck »objektloses Mitgefühl« bezeichnet nicht ein Mitgefühl, das eines Objekts ermangelt. Er bezieht sich vielmehr auf jene Art von Mitgefühl, das mit dem Verständnis einhergeht, dass sein Objekt, die leidenden Wesen, keinerlei inhärente Existenz besitzt. Eine weitere Erläuterung dieses wichtigen Ausdrucks findet sich in Tsong-ka-pa, *Compassion in Tibetan Buddhism*, 119-22 und Newland, *Compassion: A Tibetan Analysis*, 55, etc.

37 Eine andere Version dieses Gebetes findet sich in Thurman, *Life*, 9. Eine kurze Biographie Rendawas und eine Darstellung seiner Beziehung zu Tsong Khapa bietet Tharchin, *Nagarjuna's Letter*, 1-4.

38 Eine Darstellung dieser Visualisierung findet sich auf dem Umschlag von Geshe Wangchen, *Awakening the Mind of Enlightenment*.

39 Diese Szene ist abgebildet auf dem Umschlag von Thurman, *Tsong Khapa's Speech of Gold*.

40 Thurman, *Life*, 51.

41 Ebenda, 96.

42 Thegchok, *Praise to Dependent-Arising*, 34-36. Siehe auch Thurman, *Life*, 100

43 Eine genaue Darstellung von Tsong Khapas Sicht der Vereinbarkeit von Leerheit und konventionellen Phänomenen bietet Napper, *Dependent-Arising and Emptiness*.

44 Eine Biographie von Khedrub Je findet sich in T. Gyatso, *Kalachakra Tantra*, 139-145.

45 Die *Guru Puja* enthält eine andere oft geübte Guru-Yoga-Visualisierung, bei der der eigene geistige Lehrer als untrennbar eins mit Je Tsong Khapa gesehen wird. Dabei befindet sich in Tsong Khapas Herz Shakyamuni Buddha und in Shakyamunis Herz Vajradhara. Diese Visualisierung wird ausführlich beschrieben in T. Gyatso, *The Union of Bliss and Emptiness*, 71-73.

46 Von allen Texten, die auf der Grundlage von Atishas *Leuchte auf dem Weg zum Erwachen* verfaßt wurden, ist Tsong Khapas *Große Darlegung der Stufes des Pfades* der umfangreichste. Eine Übersetzung von Atishas Wurzeltext findet sich in Atisha, *A*

Lamp for the Path and Commentary. Eine Beschreibung der acht wichtigsten auf Atishas Original basierenden Gelugpa-Texte bietet Dhargyey, xv-xvi, und T. Gyatso, *Path to Bliss*, 20-21. Schriften über die Stufen des Pfades (Lam-rim) nehmen auch in anderen Überlieferungslinien als Atishas Kadam- oder Tsong Khapas Gelug-Schule eine wichtige Rolle ein; Beispiele dafür sind Sakya Panditas *Illuminations* und *Der Juwelenschmuck der Befreiung* des großen Kagyü-Meisters Gampopa.

Unter den vielen inzwischen zur Verfügung stehenden englischen Übersetzungen von Lam-rim-Texten und -Kommentaren verdienen besonderes Interesse T. Gyatso, *Path to Bliss*, Pabongka Rinpoches *Liberation in the Palm of your Hand*, Geshe Ngawang Dhargyeys *An Anthology of Well-Spoken Advice* und K. Gyatsos *Joyful Path of Good Fortune*. Eine leicht verständliche Einführung in diese Lehren aus der Feder eines qualifizierten Westlers ist Wallace, *Von Tibet nach New York*.

47 Thurman, *Life*, 243-45.

KAPITEL SIEBEN: DER ZUKÜNFTIGE BUDDHA

1 Diese kurze Fassung des Siebengliedrigen Gebets, hier redigiert vom Autor, ist ein Bestandteil vieler verschiedener tantrischer Sadhanas. Es werden auch sehr viel längere Versionen verwendet, bei denen jeder einzelne Teil ausführlich behandelt wird. Siehe T. Gyatso, *The Union of Bliss and Emptiness*, 92-116.

2 Gendun Drub, 160.

3 Dieses Gebet wurde in den siebziger Jahren von Geshe Ngawang Dhargyey auf Bitten eines seiner Schüler verfaßt und von Alexander Berzin übersetzt.

4 »Diamantsitz« ist die Wiedergabe des Sanskrit-Ausdrucks *Vajrasana*; dieser bezeichnet den unzerstörbaren Sitz zu Füßen des Bodhi-Baums, auf dem Shakyamuni die Erleuchtung erlangte. Es heißt, die anderen Gründer-Buddhas dieses glücklichen Zeitalters werden ihr Erwachen ebenfalls an genau dieser Stelle manifestieren. Es wird jedoch eine andere Art Baum dort wachsen.

5   Dies ist eine etwas abweichende Version der Strophen, die auf die oben zitierte von Gendun Drub folgen; siehe Anmerkung 2 oben.

6   Andere Versionen dieser beliebten Geschichte finden sich in Wangyal, *Tibetische Meditationen*, 52-53; Dhargyey, 122-24; Willis, *On Knowing Reality*, 6-10, und Thurman, *Tsong Khapa's Speech of Gold*, 28-33.

7   Diese Texte werden in Thurman, *Tsong Khapa's Speech of Gold*, 29, mit ihren Sanskrit-Namen aufgeführt als 1. *Schmuck der Verwirklichungen*, 2 *Schmuck der Schriften des Universellen Fahrzeugs*, 3 *Analyse der Juwelenmatrix*, 4. *Unterscheidung zwischen Mitte und Extremen* und 5. *Unterscheidung zwischen Phänomen und Noumenon*. Bei *Analyse der Juwelenmatrix* handelt es sich um denselben Text, der weiter unten als *Höchstes Kontinuum* (*Uttaratantra*) bezeichnet wird.

8   Acharya Konchog Gyaltsen, »Nine Similes on Buddha-Nature« in Mullin, *Teachings at Tushita*, 163.

NACHWORT DES KÜNSTLERS

1   Siehe J. Russells »The Eight Places of Buddhist Pilgrimage« in G. Mullin, *Teachings at Tushita.*

2   Der Künstler Thargye war einer der Hauptinformanten für D. und J. Jackson, *Tibetan Thangka Painting*. Diese Arbeit liefert eine genaue Beschreibung der handwerklichen Fähigkeiten, die zur Herstellung eines Thangka notwendig sind, und vermittelt einen wertvollen Einblick in die Bandbreite der Fertigkeiten, über die ein nach der Tradition arbeitender tibetischer Künstler verfügen muss.

Bibliographie

Der Ehrwürdige Ajahn Chah, *Bodhinyana: A Collection of Dhamma Talks.* Bung Wai Forest Monastery, 1982.

Allione, T., *Tibets Weise Frauen.* Glonn, 1987.

Amipa, Sherab Gyaltsen, A *Waterdrop from the Glorious Sea:* A *Concise Account of the Advent of Buddhism in General and the Teachings of the Sakyapa Tradition in Particular.* Rikon: Tibetisches Institut, 1976.

Arguelles, J. and M., *Mandala.* Berkeley: Shambhala, 1972.

Arnold, Sir Edwin. *The Light of Asia.* Wheaton: Theosophical Publishing House, 1969. Erstveröffentlicht 1879.

Aryasura, *The Marvelous Companion: Life Stories of the Buddha.* Berkeley: Dharma, 1983.

Atisha, *A Lamp for the Path and Commentary.* Übers. Sherburne. London: George Allen and Unwin, 1983.

Avedon, J., *In Exile from the Land of Snows.* New York: Alfred A. Knopf, 1984.

Batchelor, S., *The Jewel in the Lotos: A Guide to the Buddhist Traditions of Tibet.* London: Wisdom, 1987.

Batchelor, S., *Der Große Tibet-Führer,* Berwang 1988.

Beer, R., »Tibetan Thangka Painting.« *The Middle Way* (August 1984) 103-108.

Benard, E., »Ma-chig Lab-dron.« *Cho-yang, The Voice of Tibetan Religion and Culture,* Nr. 3. (n.d.), 43-51.

Beyer, S., *The Cult of Tara: Magic and Ritual in Tibet.* Berkeley: University of California Press, 1978.

Birnbaum, R., *Der Heilende Buddha*, Bern, 1982.

Blofeld, J., *Bodhisattva of Compassion: The Mystical Tradition of Kuan Yin.* Boulder: Shambhala, 1978.

Blofeld, J., *Mantra: Die Macht des Heiligen Lautes.* Bern 1988

Bokar Rinpoche, *Chenrezig, Lord of Love: Principles and Methods of Deity Meditation.* San Francisco: ClearPoint Press, 1991.

Byrom, T., Übers. *The Dhammapada: The Sayings of the Buddha.* London: Wildwood House, 1976.

Campbell, J., *The Mythic Image.* Princeton: Princeton University Press, 1974.

Campbell, J., *The Power of Myth.* New York: Doubleday, 1988.

Campbell, J., *Transformations of Myths through Time.* New York: Harper and Row, 1989.

Central Institute of Buddhist Studies, *Manjushri: An Exhibition of Rare Thankas.* Varanasi: CIBS, 1986.

Chang, G., Übers. *The Hundred Thousand Songs of Milarepa.* Boulder: Shambhala, 1977.

Chang, G., Übers. *Six Yogas of Naropa and Teachings on Mahamudra.* Ithaca: Snow Lion, 1986. Erstveröffentlichung 1963 als *Teachings of Tibetan Yoga.*

Chodron, T., Hrsg. *Pearl of Wisdom: Buddhist Prayers and Practices.* 2 Volumes. Singapore: Amitabha Buddhist Centre, 1991.

Clifford, T., *Tibetische Heilkunst.* Frankfurt, 1990.

Conze, E., Übers. *The Perfection of Wisdom in Eight Thousand Lines and Its Verse Summary.* Bolinas: Four Seasons Foundation, 1973.

Cowell, E., Hrsg. *Buddhist Mahayana Texts.* New York: Dover, 1969. Erstveröffentlichung 1894 als Band XLIX der Reihe *The Sacred Books of the East.*

Cozort, D., *Highest Yoga Tantra: An Explanation to the Esoteric Buddhism of Tibet.* Ithaca: Snow Lion, 1986.

Dakpa, Geshe Palden, »An Explanation of the Name Avalokiteshvara,« *Cho-yang, The Voice of Tibetan Religion and Culture.* Nr. 3 (n.d.), 88-91.

Dallapiccola, A.L. and Lallemant, S.Z., Hrsg. *The Stupa: Its Religious, Historical and Architectural Significance*. Wiesbaden: Franz Steiner Verlag, 1980.

Dhargyey, Geshe Ngawang, *An Anthology of Well-Spoken Advice on the Graded Paths of the Mind*. Ed. A. Berzin. Dharamsala: Library of Tibetan Works and Archives, 1982.

Dharma Publishing Staff. *Dhammapada*. Berkeley: Dharma Publishing, 1985.

Dharmarakshita, *The Wheel of Sharp Weapons: A Mahayana Training of the Mind*. Dharamsala: Library of Tibetan Works and Archives, 1973.

Dilgo Khyentse, *The Wish-Fulfilling Jewel: The Practice of Guru Yoga According to the Longchen Nyingthig Tradition*. Boston: Shambhala, 1988.

Doboom Tulku and G. Mullin (Übers.), *Atisha and Buddhism in Tibet*. New Delhi: Tibet House, 1983.

Donden, Dr. Yeshi, *Gesundheit durch Harmonie*, München 1990.

Dowman, K., *Die Legende vom Großen Stupa*. Haldenwang 1981.

Dowman, K., *Meister des Tantra. Leben und Legenden der Mahasiddhas*. Basel 1988.

Dowman, K., *Die Meister der Mahamudra*, München 1991.

Dowman, K., *The Power-Places of Central Tibet: The Pilgrim's Guide*. London: Routledge and Kegan Paul, 1988.

Dowman, K., *Sky Dancer: The Secret Life and Songs of Lady Yeshe Tsogyel*. London: Routledge and Kegan Paul, 1984.

H.H. Dudjom Rinpoche, Jigdrel Yeshe Dorje, *The Nyingma School of Tibetan Buddhism*. Boston: Wisdom, 1992.

Evans-Wentz, W., Hrsg. *Das Tibetanische Totenbuch*, Olten 1971.

Evans-Wentz, W., Hrsg. *The Tibetan Book of the Great Liberation*. London: Oxford University Press, 1954.

Fremantle, F. und Trungpa Rinpoche, *Das Totenbuch der Tibeter*, Köln 1976.

Galland, C., *Longing for Darkness: Tara and the Black Madonna, a Ten-year Journey*. New York: Viking, 1990.

Gampopa, *Juwelenschmuck der geistigen Befreiung*, München 1989.

Gedun Chopel, *Tibetan Arts of Love*. Introduced and translated by Jeffrey Hopkins. Ithaca: Snow Lion, 1992.

Bilder des Erwachens

Gega Lama, *Principles of Tibetan Art*. 2 Volumes. Darjeeling: Jamyang Singe, 1983.

Getty, A., *The Gods of Northern Buddhism*. New York: Dover, 1988. Erstveröffentlichung 1914.

Goddard, D., Hrsg. *A Buddhist Bible*. Boston: Beacon Press, 1966. Erstveröffentlichung 1938.

Govinda, Lama Anagarika, »Entering the Realm of the Sacred: Buddhist Art and Architecture; the Mandala of the Dhyani-Buddhas.« *Gesar* (Spring 1980), 10-13.

Govinda, Lama Anagarika, *Grundlagen Tibetischer Mystik*. Bern 1956.

Govinda, Lama Anagarika, *Der Stupa. Psychokosmisches Lebens- und Todessymbol*, Freiburg 1978.

Guenther, H., Übers. *The Life and Teaching of Naropa*. London: Oxford University Press, 1963.

Guenther, H., Übers. *The Royal Song of Saraha*. Berkeley: Shambhala, 1973.

Karma Thinley, *The History of the Sixteen Karmapas of Tibet*. Boulder: Prajna Press, 1980.

Khenpo Konchog Gyaltsen, Übers. *The Great Kagyu Masters: The Golden Lineage Treasury*. Ithaca: Snow Lion, 1990.

Gyatso, Geshe Kelsang, *Clear Light of Bliss: Mahamudra in Vajrayana Buddhism*. London: Tharpa, 1990.

Gyatso, Geshe Kelsang, *The Daily Practice of the Wish-fulfilling Circle*. Ulverston: Manjushri Institute, 1988.

Gyatso, Geshe Kelsang, *Guide to Dakiniland*. London: Tharpa, 1990.

Gyatso, Geshe Kelsang, *Heart of Wisdom: A Commentary to the Heart Sutra*. London: Tharpa, 1986.

Gyatso, Geshe Kelsang, *Joyful Path of Good Fortune: The Stages of the Path to Enlightenment*. London: Tharpa, 1990.

Gyatso, Geshe Kelsang, *Meaningful to Behold: A Commentary to Shantideva 's Guide to the Bodhisattva's Way of Life*. London: Tharpa, 1986.

Gyatso, Geshe Kelsang, *Medicine Guru Sadhana: The Method for Making Requests to the Assembly of Seven Medicine Gurus*. Buxton: Tara Centre, 1987.

Gyatso, Geshe Kelsang, *Po-wa Sadhana*. Ulverston: Manjushri Institute, 1981.

Gyatso, Geshe Kelsang, *Praise and Request to the Twenty-one Taras*. Ulverston: Manjushri Institute, 1985.

Gyatso, Geshe Kelsang, *The Quick Path to Great Bliss* and *The Feast of Great Bliss* by Je Phabongkha. Ulverston: Manjushri Institute, 1987.

Gyatso, Geshe Kelsang, *Universal Compassion: A Commentary to Bodhisattva Chekawa's* Training the Mind in Seven Points. London: Tharpa, 1988.

Gyatso, Geshe Kelsang, *The Yoga of Buddha Amitayus*. Ulverston: Manjushri Institute, 1986.

Gyatso, Tenzin (His Holiness the Fourteenth Dalai Lama), *The Bodh Gaya Interviews*. Ithaca: Snow Lion, 1988.

Gyatso, Tenzin, *The Buddhism of Tibet*. Ithaca: Snow Lion, 1987.

Gyatso, Tenzin, *Einführung in den Buddhismus. Die Harvard-Vorlesungen*, Freiburg 1993.

Gyatso, Tenzin, »Dependent Arising.« *Cho-yang, The Voice of Tibetan Religion and Culture*. No. 3 (n.d.), 26-42.

Gyatso, Tenzin, et al., *Four Essential Buddhist Texts*. Dharamsala: Library of Tibetan Works and Archives, 1982.

Gyatso, Tenzin, *Das Buch der Freiheit*, Bergisch Gladbach 1990.

Gyatso, Tenzin, *Ein menschlicher Weg zum Weltfrieden*, Arnstorf 1985.

Gyatso, Tenzin, *Kalachakra Initiation*. Madison: Deer Park, 1981.

Gyatso, Tenzin, *Kalachakra Tantra: Rite of Initiation*. London: Wisdom, 1989.

Gyatso, Tenzin, *Logik der Liebe*. München 1986.

Gyatso, Tenzin, *Die Lehre des Buddha vom Abhängigen Entstehen*, Hamburg 1996.

Gyatso, Tenzin, *My Tibet* (Photographs by G. Rowell). Berkeley: University of California Press, 1990.

Gyatso, Tenzin, *Das Auge einer neuen Achtsamkeit*, München 1987.

Gyatso, Tenzin, *Path to Bliss: A Practical Guide to Stages of Meditation*. Ithaca: Snow Lion, 1991.

Gyatso, Tenzin, *Transcendent Wisdom: A Commentary on the Ninth Chapter of Shantideva's* Guide to the Bodhisattva's Way of Life. Übers. A. Wallace. Ithaca: Snow Lion, 1988.

Gyatso, Tenzin, *The Union of Bliss and Emptiness: A Commentary on the Lama Choepa Guru Yoga Practice.* Ithaca: Snow Lion, 1988.

Gyatso, Thubten, *Medicine Buddha Sadhana.* Ulverston: Wisdom, 1982.

Hopkins, J., *Meditation on Emptiness.* London: Wisdom, 1983.

Hopkins, J., *Der Tibetische Buddhismus. Sutra und Tantra,* Arnstorf 1988.

Tripitaka-Meister Hua, A *General Explanation of* The Buddha Speaks of Amitabha Sutra. San Francisco: Buddhist Text Translation Society, 1974.

Jackson, D. and J. Jackson, *Tibetan Thangka Painting: Methods and Materials.* London: Serindia Publications, 1984.

Amdo Jamyang, *New Sun Self-learning Book on the Art of Tibetan Painting.* Mussoorie: 1982.

Jig-me Ling-pa, *The Dzogchen Innermost Essence Preliminary Practice.* Dharamsala: Library of Tibetan Works and Archives, 1982.

Jung, C.G., *Mandala Symbolism.* Princeton: Princeton University Press, 1972.

Kalu Rinpoche, *The Gem Ornament of Manifold Oral Instructions Which Benefits Each and Every One Appropriately.* Ithaca: Snow Lion, 1986.

Kalu Rinpoche, *Mahakala: The Awakened Energy of Compassion.* San Francisco: Kagyu Droden Kunchab, 1977.

Kapsner, M., »Thangka Painting.« *Cho-yang, The Voice of Tibetan Religion and Culture.* No. 3 (n.d.), 17-24.

Kongtrul, Jamgon, *The Torch of Certainty.* Boulder: Prajna Press, 1983.

Kornfield, J., *Living Buddhist Masters.* Santa Cruz: Unity Press, 1977.

Kunga Rinpoche and B. Cutillo, (Übers.) *Miraculous Journey: New Stories and Songs by Milarepa.* Novato: Lotsawa, 1986.

Lati Rinpoche und J. Hopkins, (Übers.) *Stufen zur Unsterblichkeit. Tod, Zwischenzustand und Wiedergeburt im Tibetischen Buddhismus.* (London: Rider, 1979.)

Lati Rinpoche und J. Hopkins, (Übers.) *Meditative States in Tibetan Buddhism: The Concentrations and Formless Absorptions.* London: Wisdom, 1983.

Lauf, D., *Das Erbe Tibets*, Bern 1972.

Lessing, F. and A. Wayman, (Übers.) *Introduction to the Buddhist Tantric Systems.* New York: Samuel Weiser, 1960.

Lhalungpa, L., (Übers.) *The Life of Milarepa.* Boston: Shambhala, 1984.

Lodo, Lama, *Bardo Teachings: The Way of Death and Rebirth.* Ithaca: Snow Lion, 1987.

Longchenpa, *You Are the Eyes of the World.* Novato: Lotsawa, 1987.

MacDonald, K., *Wege zur Meditation.* Arnstorf, 1984.

MacKenzie, V., *Die Wiedergeburt*, Arnstorf 1994.

Mascaro, J., *The Dhammapada: The Path of Perfection.* Harmondsworth: Penguin, 1973.

Moacanin, R., *Archetypische Symbole und Tantrische Geheimlehren*, Interlaken 1988.

Mullin, G., Hrsg. *Die Schwelle zum Tod.* Köln 1987.

Mullin, G., Hrsg. *Meditations on the Lower Tantras.* Dharamsala: Library of Tibetan Works and Archives, 1983.

Mullin, G., Hrsg. *Path of the Bodhisattva Warrior: The Life and Teachings of the Thirteenth Dalai Lama.* Ithaca: Snow Lion, 1988.

Mullin, G., Hrsg. *The Practice of Kalachakra.* Ithaca: Snow Lion, 1991.

Mullin, G., Hrsg. *Selected Works of the Dalai Lama I: Bridging the Sutras and Tantras.* Ithaca: Snow Lion, 1985.

Mullin, G., Hrsg. *Teachings at Tushita: Buddhist Discourses, Articles and Translations.* New Delhi: Mahayana Publications, 1981.

Nagarjuna und Sakya Pandita, *Elegant Sayings.* Berkeley: Dharma, 1977.

Nagarjuna und der Siebte Dalai Lama, *The Precious Garland and the Song of the Four Mindfulnesses.* London: George Allen and Unwin, 1975.

Nalanda Translation Committee, *The Life of Marpa the Translator.* Boulder: Prajna Press, 1982.

Napper, E., *Dependent-Arising and Emptiness: A Tibetan Buddhist Interpretation of Madhyamika Philosophy Emphasizing the Compatability of Emptiness and Conventional Phenomena.* Boston: Wisdom, 1989.

Neumann, E., *The Great Mother: An Analysis of the Archetype.* Princeton: Princeton University Press, 1963.

Newland, G., *Compassion: A Tibetan Analysis.* London: Wisdom, 1984.

Nhat Hanh, T., *Das Wunder der Achtsamkeit,* Zürich 1988.

Nhat Hanh, T., *Alter Pfad, weiße Wolken,* Zürich 1992.

Nyanaponika Thera, *The Heart of Buddhist Meditation.* York Beach: Samuel Weiser, 1988. Erstveröffentlichung 1962.

Olschak, B., *Mystik und Kunst Alttibets,* Bern 1972.

Pabongka Rinpoche, *Liberation in Our Hands.* Übers. Geshe Lobsang Tharchin. Howell: Mahayana Sutra and Tantra Press, 1990.

Pabongka Rinpoche, *Liberation in the Palm of Your Hand: A Concise Discourse on the Path to Enlightenment.* Übers. Michael Richards. Boston: Wisdom, 1991.

Pal, Pratapaditya, *Light of Asia: Buddha Shakyamuni in Asian Art.* Los Angeles County Museum of Art, 1984.

Piyasilo, *Avalokiteshvara: Origin, Manifestations & Meaning.* Petaling Jaya, Malaysia: Dharmafarer Enterprises, 1991.

Rabten, Geshe, *Echoes of Voidness.* London: Wisdom, 1983.

Rabten, Geshe, *The Preliminary Practices.* Dharamsala: Library of Tibetan Works and Archives, 1974.

Rabten, Geshe, *Song of the Profound View.* London: Wisdom, 1989.

Rabten, Geshe, *Treasury of Dharma: A Tibetan Buddhist Meditation Course.* London: Tharpa, 1988.

Rabten, Geshe und Geshe Ngawang Dhargyey, *Advice from a Spiritual Friend: Buddhist Thought Transformation.* London: Wisdom, 1984.

Rhie, Marylin and Thurman, Robert, *Wisdom and Compassion: The Sacred Art of Tibet.* New York: Harry N. Abrams, 1991.

Robinson, J., (Übers.) *Buddha's Lions: The Lives of the Eighty-four Siddhas.* Emeryville: Dharma, 1979.

Sakya Pandita, *Illuminations: A Guide to Essential Buddhist Practices.* Novato: Lotsawa, 1988.

Sakya Trizin und Ngawang Samten Chophel, (Übers.) *A Collection of Instructions on Parting from the Four Attachments: The Basic Mind Training Teaching of the Sakya Tradition.* Singapore: Sakya Tenphel Ling, 1982.

Sakya Trizin, et al. *Essence of Buddhism.* New Delhi: Tibet House, 1986.

Khetsun Sangpo Rinpoche, *Die Praxis des Tantra*, München 1988.

Sciaky, K., »A General Presentation of the Doctrine of Karma and of the Differences Posited by the Theravada and Mahayana Schools.« *Dreloma*, XIII (Jan. 1985), 8-32.

Shantideva, *Eintritt in das Leben zur Erleuchtung* (Übers. E. Steinkellner). München 1981.

Der Ehrwürdige Silananda, *The Four Foundations of Mindfulness.* London: Wisdom, 1990.

Sogyal Rinpoche, *Dzogchen & Padmasambhava.* Berkeley: Rigpa, 1989.

Sogyal Rinpoche, *Das Tibetische Buch vom Leben und vom Sterben.*

Sopa, Geshe Lhundup und J. Hopkins, *Der Tibetische Buddhismus*, München 1979

Speyer, J. S., (Übers.) *The Jatakamala, or Garland of Birth Stories of Aryasura.* Delhi: Motilal Benarsidass, 1971.

Tarthang Tulku, »History.« *Crystal Mirror, IV,* 3-99.

Tarthang Tulku, »A History of the Buddhist Dharma.« *Crystal Mirror, V,* 3-307.

Tarthang Tulku, *Mother of Knowledge: The Enlightenment of Ye-shes mTshorgyal.* Berkeley: Dharma, 1983.

Tarthang Tulku, *Sacred Art of Tibet.* Berkeley: Dharma, 1972.

Tarthang Tulku, »The Vajra Guru Mantra.« *Crystal Mirror, II,* 17-39.

Templeman, D., (Übers.) *The Origin of the Tara Tantra by Jo-nan Taranatha.* Dharamsala: Library of Tibetan Works and Archives, 1981.

Tharchin, Geshe Lobsang, *A Commentary on Guru Yoga and Offering of the Mandala.* Ithaca: Snow Lion, 1987.

Tharchin, Geshe Lobsang, *King Udrayana and the Wheel of Life: The History and Meaning of the Buddhist Teaching of Dependent Origination.* Freewood Acres: Mahayana Sutra and Tantra Press, 1984.

Tharchin, Geshe Lobsang, *Nagarjuna's Letter.* Dharamsala: Library of Tibetan Works and Archives, 1979.

Thegchok, Geshe Jampa, *Lama Tsongkhapa's Praise to Dependent-Arising.* Melbourne: Nalanda Monastery, 1990.

Thondup Rinpoche, *Buddha Mind: An Anthology of Longchen Rabjam's Writings on Dzogpa Chenpo*. Ithaca: Snow Lion, 1989.

Thondup Rinpoche, *Die verborgenen Schätze Tibets*, Berlin 1995

Thurman, R., Hrsg. *The Life and Teachings of Tsong Khapa*. Dharamsala: Library of Tibetan Works and Archives, 1982.

Thurman, R., Hrsg. *Tsong Khapa's Speech of Gold in the »Essence of True Eloquence«*. Princeton: Princeton University Press, 1984. Paperbackausgabe als *The Central Philosophy of Tibet*.

Trichen, Choga, *The History of the Sakya Tradition*. Bristol: Ganesha Press, 1983.

Trungpa, Chögyam, *Feuer trinken, Erde atmen*, Köln 1982.

Trungpa, Chögyam, *Das Buch vom meditativen Leben*, München 1986.

Trungpa, Chögyam, *Visual Dharma: The Buddhist Art of Tibet*. Berkeley: Shambhala, 1975.

Tsering, P., »The Age of Maitreya, the Coming Buddha.« *Tibetan Review* (Sept. 1981), 15-19.

Tsogyal, Yeshe, *The Life and Liberation of Padmasambhava*. Emeryville: Dharma, 1978.

Tsong-ka-pa, *Compassion in Tibetan Buddhism*. Hrsg. und Übers. Jeffrey Hopkins. Ithaca: Snow Lion, 1980.

Tsong-ka-pa, *Tantra in Tibet: The Great Exposition of Secret Mantra*. London: George Allen and Unwin, 1977.

Tsongkapa, *The Principal Teachings of Buddhism*. Übers. Geshe Lobsang Tharchin, Freewood Acres: Mahayana Sutra and Tantra Press, 1988.

Waddell, L., *Tibetan Buddhism: With Its Mystic Cults, Symbolism and Mythology, and Its Relation to Indian Buddhism*. New York: Dover, 1972. Erstveröffentlichung 1894 als *The Buddhism of Tibet, or Lamaism*.

Wallace, A., (Übers.) *The Ambrosia Heart Tantra: The Secret Oral Teaching on the Eight Branches of the Science of Healing*. Dharamsala: Library of Tibetan Works and Archives, 1977.

Wallace, A., *A Passage from Solitude: Training the Mind in a Life Embracing the World*. Ithaca: Snow Lion, 1992.

Wallace, A., *Von Tibet nach New York*, Arnstorf 1994.

Walshe, M., Übers. *Thus Have I Heard*. London: Wisdom, 1987.

Wangchen, Geshe Namgyal, *Awakening the Mind of Enlightenment: Meditations on the Buddhist Path*. London: Wisdom, 1987.

Wangyal, Geshe, *Tibetische Meditationen*, Zürich 1975.

Wayman, A., *Yoga of the Guhyasamajatantra: The Archane Lore of Forty Verses*. Delhi: Motilal Benarsidass, 1977.

Weber, A., N. Wellings and J. Landaw, *Tara 's Colouring Book*. London: Wisdom, 1979.

Willis, J., *On Knowing Reality: The Tattvartha Chapter of Asanga's* Bodhisattvabhumi. New York: Columbia University Press, 1979.

Willson, M., *In Praise of Tara: Songs to the Saviouress.* London: Wisdom, 1986.

Yeshe, Lama Thubten, *Wege zur Glückseligkeit. Einführung in Tantra.* Arnstorf 1988.

Yeshe, Lama Thubten, *The Sadhana of Vajrapani: Lord of the Secret.* Boulder Creek: Vajrapani Institute, 1977.

Yeshe, Lama Thubten, *Vajra Yogini.* London: Wisdom, 1984.

Yeshe, Lama Thubten, *Transference of Consciousness at the Time of Death*. Boston: Wisdom, 1985.

Yeshe, Lama Thubten und Zopa Rinpoche, *Diamantwasser,* Rheinberg 1982, 1983.

Yeshe De Forschungsprojekt, Hrsg. »Light of Liberation: A History of Buddhism in India.« *Crystal Mirror,* VIII (1992).

Zopa Rinpoche, Lama Thubten, *Chod: Cutting Off the Truly Existent I.* London: Wisdom, 1983.

Zwalf, W., Hrsg. *Buddhism: Art and Faith.* London: British Museum Publications, 1985.

Index

Acht Bodhisattvas 65, 272
Acht Glückssymbole 131f
Acht große Ängste 109, 113
Acht große Verwirklichungen
157, 284
Acht Kräfte 157, 284
Achtfacher Pfad 86, 132
Akshobhya 95ff, 121, 144
Amida 122
Amitabha 19, 77, 95, 105, 121,
122ff, 178, 195, 226, 280
Amitayus 20, 105, 108, 118,
122ff, 219, 280
Amoghasiddhi 95, 108
Ananda 126, 195, 218
Arhat 19, 30, 52, 57, 76, 83
Aryadeva 148
Asanga 118, 221f, 226f, 235f,
290, 293
Atisha 20, 60, 105, 113f, 155,
184, 190f, 200ff, 207

Ausstrahlungskörper 24, 161,
267, 276, 280
Avadhutipa 200
Avalokiteshvara 15, 104, 105,
121, 138, 167, 183, 185, 195,
202, 206f, 210, 220 226, 232

Bardo 47, 49, 161
Benares 25
Bereich der Begierde 134
Bhaishajyaguru Vaiduryaprab-
ha siehe Medizin-Buddha
Bimbisara 36, 42, 50
Bodh Gaya 57f, 165, 234, 239
Bodhi-Baum 25, 31, 58, 131,
181, 189, 267, 293
Boudhanath 20, 61, 239, 244
Brahma 26, 116
Buddha-Natur 17, 28, 132,
150, 172
Buddha-Potential siehe Budd-
ha-Natur

Buddhapalita 223f
Buddhismus des Reinen Landes 98
Butön Rinpoche 221

Chakrasamvara siehe Heruka
Chakrasamvara
Chanda Hasa 82
Chandra-prabha 125
Chandragomin 114
Chandrakirti 114, 148, 223
Chennge Chokyi Gyalpo 219
Chöd 72, 158
Chogyal Pagpa 209
Choje Dondrub Rinchen 219

Dakini 165, 182
Dalai Lama 79, 117, 228f
Dalai Lama I 114, 185, 226, 228, 234
Dalai Lama V 198, 226
Dalai Lama VII 69
Dalai Lama XIII 89, 282
Dalai Lama XIV 12, 21, 79, 154, 185, 265f, 282, 287f
Der Juwelenkranz eines erwachenden Kriegers 290
Devadatta 88
Dhammapada 28, 52
Dharmakara 98
Dharmakaya siehe Wahrheitskörper
Dharmakirti 221
Dharmamati 202
Dharmapala 138, 154, 181ff
Dharmaraja 20, 137, 154, 185, 219
Dharmarakshita 155
Diamantgipfel 82

Die Loslösung von den vier Arten der Anhaftung 208, 290
Dilgo Khyentse Rinpoche 198
Drei Hauptaspekte 32, 137, 139f
Drei höhere Schulungen 29, 46 51
Drei Juwelen der Zuflucht 28, 69, 108
Drei Zielsetzungen 184f
Drikung 219
Drogmi 207
Drogön Chagna Dragpa 89
Dromtönpa 60, 79, 113, 204, 226
Düdjom Rinpoche 198
Dundubhishvara 109

Eigenexistenz siehe inhärente Existenz
Ein Scheitelschmuck für die Weisen 114
Eintritt in das Leben zur Erleuchtung 103
Einundzwanzig Taras 113
Einweihung siehe Inititation
Elemente 285
Erzeugungsstufe 150, 158, 175

Formkörper 114f, 161, 276
Fünf Aggregate 76
Fünf Buddhafamilien 19, 74, 91ff, 103, 121, 137, 149, 156, 164, 181
Fünf Herausragende 208, 219
Fünfgipfliger Berg 82
Fünf transzendente Weisheiten 276

Gampopa 211, 216
Ganden 218, 223
Garab Dorje 195
Gebrüder Pamdingpa 175
Geierberg 88
Gelongma Palmo 79
Gelug 10, 20, 81, 191f, 223, 226f
Gendün Drub siehe Dalai Lama I
Ghantapa 166ff, 286
Gottheiten-Yoga 150
Göttlicher Stolz 120, 150 157, 180, 282
Große Darlegung der Stufen des Pfades 228, 293
Große Darlegung des Geheimen Mantra228
Große Vollendung 195, 283
Großer König der Gebete 101, 107
Großes Siegel 166, 184, 211f, 221, 283
Gründer-Buddhas 32, 184, 229, 239
Guhyasamaja 20, 137, 148ff, 169, 208, 228, 287
Guru Puja siehe Opfergaben an den Geistigen Lehrer
Guru Rinpoche 20, 79, 81, 111, 190, 194ff, 200, 218, 228, 288f
Guru-Yoga 139, 178f, 292
Gyaltsab Je 224ff

Herr des Todes siehe Yama
Heruka Chakrasamvara 20, 100, 138, 152, 163ff, 171f, 179, 183f, 206, 208, 210, 215, 219f, 228, 283
Herz-Sutra 67, 69, 72, 76
Hevajra 200, 206f, 210, 213, 219, 221, 283
Himmel der Dreiunddreißig 118

Illusionskörper 149, 151, 228
Indra 26, 70, 118
Indrabhuti 148, 195, 287
Inhärente Existenz 16, 27, 51, 55, 67f, 140, 284
Initiation 17, 143, 150, 184, 272
Inkarnierter Lama 123
Innere Hitze 151, 174

Jambhala 130ff
Jamyang Khyentze Rinpoche 193
Jangchub Ö 203
Jnanachandra 109
Jnanapada 148
Jungfrau Maria 110f

Kadam 20, 190f, 204, 216
Kagyu 10, 20, 191f, 221, 283
Kalachakra 221
Kalu Rinpoche 291, 216f
Kapilavastu 23

Karmapa 79, 211
Karmapa IV 218f, 291
Karmapa VIII 229
Karmapa XVI 216, 291
Karmapa XVII 291
Khedrup Je 89, 226ff

Klare Erscheinung 121, 150, 180, 282
Klares Licht 26, 142,149, 151, 163, 172, 283
Könchog Gyalpo 206
Körper des vollkommenen Erfreuens 161, 229, 276, 280
Kuan Yin 110
Kunga Nyingpo 207f
Kushinagar 57f, 239, 267
Kyungpo Lhaypa 221

Lam-chung 30, 52ff, 87
Lang-darma 190, 200, 284
Lebensrad 19, 29, 42ff, 70, 84, 158, 169
Leerheit 68, 69, 76, 120, 139, 142, 160
Leerheits-Yoga 150
Leuchte auf dem Weg zum Erwachen 203, 293
Lo-jong siehe Mahayana Geistesumwandlung
Lobpreis des Bedingten Entstehens 224
Lokeshvararaja 98
Longchen Rabjampa 81, 198f
Lotos 32, 76, 131
Luipa 165f
Lumbini 23, 57f, 239, 267

Machig Labdrn 72
Madhyamika siehe Mittlerer Weg
Magadha 24, 36, 42
Mahakala 20, 138, 180ff, 206, 219
Mahamudra siehe Großes Siegel

Mahayana-Geistesumwandlung 155, 204
Maitreya 20, 118, 184, 222, 226, 229, 231ff
Maitripa 213, 287
Mandala 150, 164, 174f, 213
Mandarava 196
Manjushri 20, 65, 81ff, 83, 89, 111, 153f, 158, 169, 179, 183, 198, 197f, 206, 208f, 210, 219ff, 226, 229, 232, 279
Mantra 14, 39, 60, 65, 74ff, 78, 116, 145, 150, 282
Mara 26, 34, 58, 185, 267
Marpa 20, 116, 148, 211ff
Meditationsgottheit 10, 20, 65, 135, 142, 150
Medizin-Buddha 20, 106, 126ff, 222
Milarepa 20, 158, 191, 211ff
Mittlerer Weg 68, 202, 220
Murub Tsempo 198f
Mutter-Tantra 152, 163

Nagarjuna 114, 148, 221, 222f, 235
Nairatma 206
Nalanda 166, 171, 190, 206f
Naropa 171, 176, 178, 187, 192, 211ff, 214
Ngorchen Kunga Zangpo 291
Nirmanakaya siehe Austrahlungskörper
Nirvana 30, 50, 57, 83, 157, 165
Nyingma 10, 20, 81, 190f, 197f, 228, 276, 283
Nyung-nä 79

Objektloses Mitgefühl 220, 292

Opfergabe an den Geistigen Lehrer 292

Padampa Sangye 72
Padmasambhava siehe Guru Rinpoche
Pagmo Drupa 211
Panchen Lama 226
Parinirvana 30, 75f
Parping 111, 175
Prajnaparamita 19, 64, 67ff
Puja der Sieben Zweige 232

Rad der scharfen Waffen 155
Radreng 60, 204
Rahulagupta 200 f
Rajagriha 58, 64
Ralpachen 89
Raster 33, 35, 240ff
Ratna-chattra 231
Ratnasambhava 94f, 121
Regenbogenkörper 175
Rehpark 25f
Reines Land 19, 125f, 175, 229
Rendawa 220f, 192
Rupakaya siehe Formkörper

Sadhana 65, 120, 123, 138, 143, 157, 162, 166, 178
Sakya 10, 20, 191f, 206ff, 210, 220f, 226
Sakya Pandita 20, 81, 178, 191, 206ff, 293
Sakya Trizin 210, 290
Sankhya 58
Saraha 166

Sarma-Überlieferungslinien 190, 208, 277
Sarnath 25, 27, 57f, 239
Schatzhaus des Abhidharma 208
Scheitelerhebung 34
Schildkrötenberg 82
Schneelöwe 32, 130
Sechs Bereiche 43, 47, 84
Sechs Vollkommenheiten 26, 64, 74, 174, 181
Sechs Yogas von Naropa 168, 221
Sechzehn Arhats 52f
Shakyamuni Buddha 12, 23ff, 47, 55, 57, 64, 76, 83f, 87f, 99, 106, 118, 148, 181, 185, 189, 195, 198, 218, 224f, 232, 242, 290f, 293
Shantarakshita 197
Shantideva 44, 103
Shariputra 76, 166
Shavaripa 183f
Shravasti 58
Shuddodana 23
Siebenunddreißig Glieder der Erleuchtung 157, 271
Songtsen Gampo 79, 105, 278
Stupa 19, 31, 57ff, 82, 158, 232, 271
Sukhavati 77, 98f, 122f, 126
Surya-prabha 125
Sutras von der Vollkommenheit der Weisheit 19, 64f, 67f, 69, 81f, 88
Svayambhu Dharmadatu 82

Tara 20, 101, 104f, 108ff, 118, 179, 183, 184, 200, 204f, 210

Taranatha 114
Tashi Lünpo 226
Terma 197
Tertön 197
Thangka 9, 42, 183, 239ff
Thronhalter von Ganden 226, 228
Tilopa 171f, 211, 216, 222
Tod und Vergänglichkeit 47, 49, 158, 161, 185
Todesprozess 159ff, 285
Trisong Detsen 81, 197f
Tsong Khapa 10, 20, 81, 89, 148, 170, 184, 191, 203, 218ff, 234, 292
Tushita 229, 234f, 267

Übertragung des Bewusstseins 100, 114
Umschreiten 60
Unwissenheit 26f, 43, 48, 50, 64, 84, 272f
Upanishaden 74
Ushnisha Vijaya 10, 88, 105, 118ff, 122
Uttaratantra 237f

Vairochana 94ff, 118, 121, 150
Vaishali 58
Vaishravana 20, 106, 130ff, 185, 219, 222
Vajra-Haltung 34, 74
Vajra-Körper 141, 149, 151
Vajra-Rezitation 151
Vajradakini 287
Vajradhara 20, 136, 139ff, 164, 176, 211, 216, 277, 292
Vajradharma 20, 138, 178ff
Vajradhatu-Ishvari 141

Vajrapani 20, 65, 83, 86ff, 120f, 164, 206, 219f, 226
Vajrasattva 20, 137, 144f, 197
Vajrayogini 20, 111, 138, 171ff, 163, 184, 211
Vasubandhu 118, 208
Vater-Tantra 152
Vereinigung von Methode und Weisheit 34, 64, 141, 149, 152, 173f, 182, 281
Vidyakiloka der Ältere 200
Vier Edle Wahrheiten 27, 50
Vier Freuden 170, 283
Vier Medizin-Tantras 126
Vier starke Gegenmittel 145
Vier Tantra-Klassen 281
Vier Tore zur Befreiung 169, 286
Vikramashila 190, 203, 206
Virupa 206f
Visualisierung 15f, 38f, 93, 144, 292
Vollendungsstufe 150, 158, 175, 283
Vorbereitende Übungen 136f, 146

Wahrheitskörper 69, 141, 161, 174, 181, 188, 267

Yab-yum-Umarmung 141f
Yama 42, 47, 51, 116, 153, 158
Yamantaka 20, 137, 153ff, 169, 174, 180, 184f, 219, 279
Yasodhara 23
Yeshe Tsogyal 72, 198
Yeshin Khorlo 115ff
Yoga in Sechs Sitzungen 139, 143

Zen 99
Zentralkanal 159
Zeus 86
Zornvolle Gottheiten 13f,
     153ff
Zwei Ängste 83
Zwei Extreme 68
Zwischenzustand 47, 49, 161f
Zwölf Glieder des Bedingten
     Entstehens 19, 48, 169

Der Diamant Verlag

entstand aus der Arbeit im tibetisch-buddhistischen Meditations-
zentrum ARYATARA INSTITUT e. V. Er ist Mitglied in der Stif-
tung zur Erhaltung der Mahayana-Tradition (FPMT), einem
Zusammenschluss von etwa 70 Meditations-, Studien- und
Retreatzentren rund um den Erdball, die unter der Leitung von
Lama Thubten Zopa Rinpoche stehen.

Weitere Titel aus unserem Programm:

Lama Zopa Rinpoche, Probleme umwandeln, Wie du glücklich
sein kannst, wenn du es nicht bist. 116 S., DM 24.80 ISBN
3-9805798-0-8

Lama Zopa Rinpoche, Herzensrat eines tibetischen Meisters. 192
S., DM 32.-, ISBN 3-9805365-3-X

Mackenzie, Vicki, Die Wiedergeburt, Ein tibetischer Lama kehrt
zurück. 240 S., DM 22.- ISBN 3-9805365-7-2

Mackenzie, Vicki, Im Westen wiedergeboren. 250 S., DM 32.-
ISBN 3-9805365-1-3

Lama Thubten Yeshe, Wege zur Glückseligkeit, Einführung in
Tantra. 220 S., DM 29.80 ISBN 3-9805365-5-6

Lama Yeshe, Lama Zopa u.a., Heilung, Tibetische Lehren und
Übungen. 150 S., DM 25.- ISBN 3-9805365-0-5

S.H. XIV. Dalai Lama, Ein menschlicher Weg zum Weltfrieden.
24 S., DM 5,90 ISBN 3-9805365-9-9

Alan Wallace, Von Tibet nach New York, Alte buddhistische
Weisheit für unser heutiges Leben. 232 S., DM 36.- ISBN 3-
9805365-2-1

Kathleen McDonald, Wege zur Meditation, Eine praktische
Anleitung. 256 S., DM 29.-, ISBN 3-9805365-8-0

Prinz Siddharta, das Leben des Buddha, erzählt von Jonathan
Landaw, mit 62 Farbaquarellen von Janet Brooke. 150 S.,
DM 38.- ISBN 3-9805365-6-4

Auslieferung:

Diamant Verlag, Iris Fricke, Fuchsweg 7, D-89284 Pfaffenhofen
Bitte fordern Sie unseren Katalog an! ·